广西大学国家一流本科建设专业研究论丛

语苑璞玉

——外国语言学新动态研究

总主编　罗选民

主　编　严辰松

中国人民大学出版社

·北京·

图书在版编目（CIP）数据

语苑璞玉：外国语言学新动态研究 / 罗选民总主编；严辰松主编 . -- 北京：中国人民大学出版社，2022.11
（广西大学国家一流本科建设专业研究论丛）
ISBN 978-7-300-31150-0

Ⅰ. ①语… Ⅱ. ①罗… ②严… Ⅲ. ①语言学–研究–外国 Ⅳ. ①H0

中国版本图书馆 CIP 数据核字（2022）第 201853 号

广西大学国家一流本科建设专业研究论丛
语苑璞玉——外国语言学新动态研究
总主编 罗选民
主　编 严辰松
Yuyuan Puyu——Waiguo Yuyanxue Xindongtai Yanjiu

出版发行	中国人民大学出版社		
社　　址	北京中关村大街 31 号	**邮政编码**	100080
电　　话	010-62511242（总编室）		010-62511770（质管部）
	010-82501766（邮购部）		010-62514148（门市部）
	010-62515195（发行公司）		010-62515275（盗版举报）
网　　址	http://www.crup.com.cn		
经　　销	新华书店		
印　　刷	固安县铭成印刷有限公司		
规　　格	170 mm × 228 mm 16 开本	**版　　次**	2022 年 11 月第 1 版
印　　张	17	**印　　次**	2022 年 11 月第 1 次印刷
字　　数	336 000	**定　　价**	68.00 元

总序 PREFACE

问学入门正　研修立意高

2021 年 4 月，习近平总书记在视察清华大学时指出："我国高等教育要立足中华民族伟大复兴战略全局和世界百年未有之大变局，心怀'国之大者'，把握大势，敢于担当，善于作为，为服务国家富强、民族复兴、人民幸福贡献力量。广大青年要肩负历史使命，坚定前进信心，立大志、明大德、成大才、担大任，努力成为堪当民族复兴重任的时代新人，让青春在为祖国、为民族、为人民、为人类的不懈奋斗中绽放绚丽之花。"习总书记的话给新时代的人才培养指明了方向。

广西大学是广西壮族自治区唯一一所"211 工程"大学、部省共建大学与"双一流"建设高校，其外文系创立于 1947 年，国务院参事、悉尼大学博士骆介子先生为首任系主任，1996 年外语系组建为外国语学院。四分之三个世纪过去了，广西大学外国语学院为国家、为广西培养了许多优秀的外语人才。而今世界面临百年未有之大变局，在新文科建设的方针指引下，我们如何加强外国语言文学一流专业的建设，培养出思想过硬、作风过硬、业务过硬的外语专业人才，这是一个摆在我们面前十分艰巨的任务。

广西大学外国语学院一共有 5 个本科专业，其中英语（2019 年）、越南语（2020 年）、翻译（2021 年）、泰语（2021 年）分别获批为国家一流建设专业，日语（2019 年）获批为自治区一流建设专业。我们的人才培养基本思路是：立足广西、面向东盟、放眼全球，走内涵式发展的道路，采用跨专业、跨领域的互动教学模式，突出人文学科与交叉学科之间的深度融合，夯实中外政治历史与社会文化等通识知识，为国家培养更多具有家国情怀和国际视野、具有融合创新的专业能力、理解和通晓中外文化与政治的外语人才。我们在教学过程中，注重基础理论的传授，注意培养学生的批判性思维，强调综合能力的提升。正是基于这个办学理念，我们编辑出版了这套"广西大学国家一流本科建设专业研究论丛"。丛书包含四个分册，分别探讨翻译与跨文化传播、外国文学与比较文学、外国语言学、国别和区域研究四个方向。虽然是四个方向，但彼此之间有相通和跨界之处，如外国文学分册中涉及民族文学和地域文学作品的挖掘，探讨文学伦理、形象建构、文本细读和精神分析等；翻译与跨文化传播分册有多角度的探索，如基于自建语料库的中国特色话语日译研究、《黄帝内经》的"筋""风"的阐释学翻译、近代英文农业文献汉译反思、中国—东盟专题口译教材研究，等等；外国语言学分册涉及多种外语，立足语料，从话语的社会功能解读、语篇修辞手法、跨文化语言考察、外语教学问题等，小处入手，发现和分析问题；国别和区域研究分册则包括东盟国家的社会与文化探讨、东盟媒体涉华报道的分析、基于汉越双语平行语料的海洋法领域词汇翻译研究，等等。

丛书的四本书名《语苑璞玉》《译坛清音》《文园雅荷》《国别新声》，由广西大学君武特聘教授、解放军外国语学院原英语首席教授严辰松先生设计，表达了对外国语学院本科学生的期待。他们虽然年轻，但如同璞玉、雅荷，假以时日，必然成器，必然应景。

本论丛荟萃了广西大学部分本科生在读期间的习作，是我国外语学科融通教育、赋权增能的一次积极有益的探索。也正因为是筚路蓝缕之举，四本文集一定会存在一些不足，我们诚恳地希望国内同行批评指正。

丛书总主编　罗选民

2022 年 8 月 25 日于广西大学镜湖斋

目录 CONTENTS

一、话语的社会功能解读

二、语篇修辞手法探究

三、跨文化语言考察

四、词汇与语义探析

五、外语教学问题探讨

一、
话语的社会功能解读

中国军队形象的及物性建构
——以《中国军队参加联合国维和行动 30 周年》白皮书英译本为例

赵茂瑾[1]，宋　菁[2] [1]

摘　要：军队形象是军事软实力的核心要素，也是国家形象中不可或缺的部分。本文基于系统功能语言学的及物性系统，探讨《中国军队参加联合国维和行动 30 周年》白皮书英译本如何塑造中国军队“和平之师、正义之师、文明之师”的海外形象。研究发现，在构建中国维和部队公共形象中，物质过程发挥核心效力，同时与关系过程、心理过程等协同作用，建构了作为联合国维和行动关键力量的、积极正面的中国军队形象。

关键词：及物性；中国军队形象；中国军队参加联合国维和行动 30 周年；英译本

1. 引言

2020 年，中国人民同全世界人民迎来了抗日战争暨世界反法西斯战争胜利 75 周年，共庆联合国成立 75 周年，同时这一年也是中国军队首次参加联合国维和行动的 30 周年。作为联合国第二大维和行动出资国和安理会五大常任理事国里派出维和人数最多的国家，中国始终铭记和平与发展的时代主题，用实际行动支持国际维和事业，至 2019 年共计组织军队参加 25 项联合国维和行动，外派 4 万余人次维和官兵，在国际舞台上体现了中国和平、正义、文明之师的中国军队形象。

马伟林、崔彦杰（2020：14）认为，国家形象为国家软实力的重要构成要素之一。良好的国家形象能在国际舞台上适度提升该国国际地位，对外交环境、对外交往力量、国际发言权和影响力都有改善或增强的作用，进而推动政治目标的实现。（韩源，2006：100）

李剑、王永昌（2008：173）指出，军队形象是国家形象不可或缺的一部分，也是军事软实力的核心要素。在全球化进程中，各国间政治、经济、文化层面联系更加紧密，面临的安全威胁也趋同或类似，以至各国军队间交流和配合日渐频繁，目的是促进国与国之间的了解和国际政治等领域的协同行动，同时流媒体发展迅速，

---

[1] 1. 2017 级翻译专业学生；邮箱：zhaomaojin1210@163.com；2. 副教授，广东外语外贸大学翻译学博士生，研究方向：翻译学。

信息传播更加顺畅后，军队形象所发挥的作用亦不断加强。郑雨萌（2021：9）认为，军队形象须作多元化提升，发挥战略威慑功能（基本核心功能）、凝聚人心的政治功能、弘扬民族精神的文化功能、协调示范的社会功能。军队形象的塑造传播潜移默化地影响了民众对军队整体的认知，会关系到国内国际审视一支军队行动的正义性和合法性，影响到军事目标、国际目的的最终达成，因此如何充分利用军队形象传播渠道的重要性日益凸显。张昆、方圆（2015：109）发现，除了重大战争以外，媒体同样重视对非战争军事行动的报道。非战争军事行动是非战争状态下，军队所采取的一些军事行动，最具代表性的就是海外维和行动。

《中国军队参加联合国维和行动30周年》白皮书英译本以政府重要文件的形式颁布，被视为中国维和部队的重要外宣文本，内容包含自1990年中国首次外遣军事观察员进入联合国停战监督组织以来，所有军事行动、动机原则、部署策略的综述。在这30年期间，中国维和官兵在海外各国家和地区完成非战争军事行动，“中国蓝盔”在世界各个角落用实际行动为世界和平建设做出了贡献，无论在服务的当地还是在国际社会，都留下了中国军队和平正义、训练有素、亲民爱民的形象。

本文以《中国军队参加联合国维和行动30周年》白皮书英译本为研究对象，以系统功能语言学及物性理论为分析框架，剖析英译本是如何构建中国军队在海外的形象的。

2. 及物性理论概述

M.A.K. Halliday在系统功能语法中富有创新性地将语言的元功能分为概念功能、人际功能、语篇功能三大类（1985/1994）。其中，及物性系统（transitivity system）是概念功能里经验功能的表征手段（韩艳方、陈令君，2018：19）。Halliday（2014：213）解释说：“及物性系统为识解一系列事件中的变量提供词汇语法资源，形成以过程元素为中心的构造。”Thompson（2013：94）认为，及物性系统是分析整个小句意义表达的语义系统，超越了局限于动词及其宾语的传统意义上的及物性。其作用是把人们在现实世界中的主客观经历，包含连贯的事件、状态和动作，区分成若干种“过程”，即将经验通过语法进行范畴化，并指明与各种过程有关的“参与者”和“环境成分”。（胡壮麟，2005：71）及物性系统是小句呈现意义的主要途径，语篇作者借助这一系统表达价值取向，引导过程的选择，其中不同的参与者或行为目标体现作者不同的态度，参与者所作所为的描述更显示了语篇作者所在群体的意志。整个系统的关键作用就是表明过程中的参与者是如何发挥作用的，即“谁（什么）”对“谁（什么）”“做了什么”。从另一角度说，该系统也为语言使用者创造了分类和评估无限的事件转换成有限过程类型的机会。根据动词词组是否体现动作、事件、心理状态或存在状态，可划分物质、心理、关系、言语、行为和存在六个过程。许酉萍、彭宣维（2017：18）解释说："前三者为主要范畴，后三者为次类，分列于主类两两之间，构成一个连续的、具有互补/析取关系的系统。"这六个过程所指将在下文详述。

3.《中国军队参加联合国维和行动30周年》白皮书英译本的及物性分析

3.1 语料信息

研究语料为国务院新闻办公室2020年9月18日发布的《中国军队参加联合国维和行动30周年》白皮书英译本。我们运用UAM Corpus Tool 3.3的自动标注功能，统计全文及物性资源使用情况。全文有19 354个形符，3 099个语法单位，784个参与者，632个过程，543个环境成分，词汇密度达63.23%。根据及物性系统的过程类型，结合标注结果逐一分析，查看各个过程的分布情况，详情见表1。

表1 各过程类型数量及百分比

过程	数量	百分比
物质过程	539	85.28%
心理过程	21	3.32%
言语过程	13	2.06%
关系过程	57	9.02%
行为过程	1	0.16%
存在过程	1	0.16%
总数	632	100%

从表1得知，全篇过程分布不规则，高度集中在物质过程，以85.28%的绝对优势居首位，其后依次是关系过程（9.02%）、心理过程（3.32%）、言语过程（2.06%），末位是各仅出现一次的行为过程和存在过程。

3.2 数据分析

3.2.1 物质过程

物质过程是最基本的一种行为/事态（goings-on），表示"做"（doing）某件事的过程，表达对象是人们最主要最原始的一种客观经历（张韧，1992：66），特指有关"外在"事物和事件的经验。这个过程本身一般由动作性强的动态动词来表示，及物性最强。物质过程中的参与者分为两类："动作者"（即逻辑上的主语）和受动作影响的“目标”（即逻辑上的直接宾语）。

（1）China's armed forces resolutely delivered on the purposes and principles of the UN Charter, and sent over 40,000 peacekeepers to 25 peacekeeping missions.（30 年来，中国军队认真践行《联合国宪章》宗旨和原则，先后参加 25 项联合国维和行动，累计派出维和官兵 4 万余人次。）

（2）From a few military observers at the outset of its involvement, China's armed forces are now sending both formed units and military professionals.（中国军队派出维和官兵，从最初的军事观察员，发展到成建制部队以及军事专业人员。）

（3）China's armed forces come from the people, have their roots in the people, developed to serve the people and fight for the people.（中国军队来自于人民、植根于人民，为人民而生、为人民而战。）

例（1）（2）（3）中动作者皆是中国军队，肯定了参加联合国维和行动的中国部队的关键角色。例（1）中的过程有“践行”和“派出”，目标分别是“《联合国宪章》宗旨和原则”和“维和官兵 4 万余人次”。其一说明了中国军队在外执行任务期间一直谨记《联合国宪章》的宗旨和原则，将其当作行动指挥的原则之一，坚持会员国主权平等，以和平方式解决国际争端，尊重各国社会制度和发展道路。其二表明中国军队对于联合国维和行动的重视程度之高和参与力度之强，短短三十年时间就投入了 4 万余人次的人力资源到 25 项维和行动中去。例（2）中的过程是“派出”，目标是“建制部队和军事专业人员”，指的是中国军队从部队中挑选出适用人员派往海外冲突地区，从专攻基础设施建设的工兵分队到救死扶伤的医疗分队，还有受过专业训练的参谋军官的加入。这让整个中国维和部队类型全面，照顾到维和过程中情况的方方面面。例（3）中连用 4 个物质过程“来自”“植根”“生”“战”，范围或目标都为“人民”，实际是想阐释中国军队为何投入如此多人力物力到联合国维和行动中，是因为它来自于人民、根源于人民、服务于人民、为人民而战。

白皮书着重用物质过程来描述中国军队在海外维和中的所作所为和成就，从真实情况出发，以政府正式文件的形式，向国外民众展示中国军队用实际行动为维护世界和平贡献中国力量和中国智慧。不仅让国内人民知道中国军队肩负的重任，更是希望加深大众对中国军队的付出和努力的理解，并给予认可和肯定，激励更多的有识之士、有胆之人投身于世界和平事业的建设。同时，对那些企图扰乱或破坏他国和平的人发出警示，无论这些人如何谋划侵害他国利益，中国都愿意帮扶深陷于战争或其他困难的国家，与破坏世界和平的人抗争到底。

3.2.2　心理过程

许西萍、彭宣维（2017）结合 Halliday（2014）的说法推论出：划分物质和心理范畴的依据是人类的经验知识类别，有关“外在”世界的经验称为物质，“内在”世界则为心理。心理经验则是一种有关“内部”状态、事件或活动的自我意识，涉及意识或潜意识状态下内心事件或活动的过程，包括情感、知觉、意愿和认知。心理过程是表示“感觉”（sensing），参与者是“感觉者”（senser）和“现象”（phenomenon）。心理过程动词可大致分为三种。感觉动词（Perception），如 lock、see 等；感情动词（Affection），如 value、cherish 等；认知动词（Cognition），如 think、agree 等。

（4）The PLA has agreed with the AU on the arrangement of next aid installments.（中国军队已与非盟就下阶段军援安排达成一致。）

（5）They advocate that “a just cause should be pursued for the common good” ....（中国人民有“大道之行也，天下为公”的胸襟，……）

（6）The Chinese people suffered immensely from the scourge of war in modern times, and Chinese service members know only too well the value of peace and life.（中国人民近代饱受战乱之苦，中国官兵深知和平之宝贵、生命之无价。）

例（4）中感觉者是“中国军队”，心理过程是“达成一致”，现象是“与非盟就下阶段军援做出的安排”。多年来非洲急需国际力量的加入来维持和平，大部分维和行动都在非洲大陆展开。中国军队全面考虑非方需求，在完成首次交付军援装备和物资、交装培训非方人员的基础上，与非盟共同商讨现实需要，在下一次军援安排上达成一致。例（5）中“中国人民”为感觉者，“有”为过程，中国人民倡导“大道之行也，天下为公”。例（6）中感觉者是“中国人民”，前半句“饱受”为过程，“战乱”为现象，“近代”为范围，意指中国人民在近代社会饱受战乱之苦；后半句“知道”为心理过程，“和平和生命的价值”，表明中国官兵深知和平与生命的宝贵。例（4）（5）（6）都在为中国军队参加维和行动的动机进行铺垫。

中国军队出征联合国维和行动绝非出于私利，而是源于中国人民的博大情怀。因为近代中国在战争中遭遇史无前例的重创，人民的生活在战时和战后都过得无比艰难，即使如今国内百姓日子好了起来，中国人民心怀天下，希望其他国家人民也过得好。正是因为如此，根植于人民的中国军队更是深切体会到冲突地区人民的苦难，才会在这 30 年间持续不断地参加维和行动。同时，中国军队坚持尊重非洲国家的援助需求，照顾各方安全关切，保持公平立场，不武断，不独裁，以和平、友好的方式伸出援手，竭尽所能地支持维和地区的安全、经济和社会建设。

3.2.3　言语过程

言语过程专指用言语的形式达到交流信息目的的过程，讲述的内容发挥表达情感态度的作用，主要组成有“讲话者”（sayer）、“目标”（target）、“说话内容”（verbiage）、“范围”和“环境”。讲话者与讲话内容之间及物性一般很弱，但讲话者与受话者之间却有较强的及物性，能表现出大部分及物性特征。

（7）In the new era, China’s armed forces comprehensively implement the pledges announced by President Xi Jinping during the UN Leaders’ Summit on Peacekeeping.（进

入新时代，中国军队全面落实习近平主席出席联合国维和峰会时宣布的承诺。）

（8）Touched by the love and care from the units, children in the village called the female members their Chinese mothers.（用真情传递爱心和温暖，中国女官兵被孩子们亲切称作“中国妈妈”。）

（9）Chinese peacekeeping troops have been commended by the UN and the international community for their contribution.（中国维和部队的出色表现，受到联合国高度认可，赢得国际社会广泛赞赏。）

例（7）中的言语过程是“宣布”，讲话者是“习近平”，说话内容是“承诺”，习近平主席在联合国维和峰会上宣布的承诺，是中国军队进入新时代以后所有行动的宗旨。例（8）中过程是“称作”，内容是“中国妈妈”，村里的孩子感受到分队人员的关爱和关心，都把中国女官兵称作“中国妈妈”。例（9）里说话者变成了“联合国和国际社会”，言语过程变为“赞赏”，中国维和部队的杰出奉献，受到联合国和国际社会的赞扬。

该白皮书作为一种官方文件，要求立场明确、事实清楚，因此鲜有直接或间接引用的话语，所以言语过程占比低。中国军队听从习近平主席的命令，以服务构建人类命运共同体为目标，逐步加大行动的参与度和支持度，助力世界和平的建设。中国维和部队在保证任务圆满完成的前提下，平易近人、爱心满满，为驻地民众送去温暖，与当地人民友好相处。维和官兵的出色表现获得了联合国国际组织的认可，让其他国家目睹了训练有素、亲民爱民的中国军队形象。

3.2.4 关系过程

关系过程处于物质过程与心理过程的交叉关系中，用于反映事物之间存在的关系，是一种经验性的选择识解和重新配置，基础是那些已经激活的物质或心理概念成分（许西萍、彭宣维，2017：20）。关系过程小句分两类：“归属”（attribution）和“识别”（identification）。关系过程小句还涉及另外一个意义特征，使关系过程小句还可区别为：“所有式”（possessive）、“内包式”（intensive）、“环境式”（circumstantial）。主要构成要素有：“载体”（carrier）和“属性”（attribute）或“被认同者”和“认同者”。

（10）China is ready to join hands with all peace-loving nations to champion and pursue multilateralism, and uphold the international system centered on the UN and the basic norms of international relations underpinned by the purposes and principles of the UN Charter.（中国愿同所有爱好和平的国家一道，坚定捍卫和践行多边主义，坚定维护以联合国为核心的国际体系，坚定维护以《联合国宪章》宗旨和原则为基石的国际关系基本准则。）

（11）China's armed forces will always be a force of justice for world peace and development.（中国军队始终是世界和平与发展的正义力量。）

（12）China’s Blue Helmets have become a key force in UN peacekeeping.（中国“蓝盔”成为联合国维护和平的关键力量。）

例（10）（11）（12）里关系都应归于内包式。第一个例句的载体是“中国”，属性是“准备好”，中国做好准备，同所有爱好和平的国家一道，捍卫、践行多边主义，维护以联合国为核心的国际体系和以《联合国宪章》宗旨和原则为基石的国际关系准则。例（11）（12）的载体分别是“中国军队”和“中国蓝盔”，属性同为“世界和平的中坚力量”，肯定了中国军队永远是世界和平与发展的正义之军，中国维和部队已然占据联合国维和行动的关键位置。

作为大国，中国一直铭记并积极履行大国的责任和担当，从未单打独斗，愿意与真心追求和平的伙伴一同努力，为世界和平添砖加瓦。中国军队作为中国涉入维和行动的直接力量不畏艰险，英勇出征，通过源源不断的用心和努力，真正推动了部分地区或国家的和平进程，堪称世界和平的中坚力量。

3.2.5 行为过程

行为过程指生理或心理行为过程，居于物质与心理过程之间。由感觉者、心理过程和现象构成。感觉者是句子的动作参与者。通常由能感知的人来表示。现象由可被感知的物或事实构成。

（13）The Chinese people always dream of living in a harmonious world where everyone belongs to one and the same family.（中国人民历来有“世界大同，天下一家”的梦想。）

作为全文唯一的行为过程，该句以“梦想”为过程，现象为“世界大同，天下一家”，表明中国人民历来梦想着“世界大同，天下一家”的美好社会。而部队官兵作为中国人，怀揣同样的梦想。中国维和部队正是该思想的海外实践者，他们通过实地考察、实际行动，将建设“世界大同”的美好愿景播撒到维和驻地。正是怀揣着对和睦社会、和平世界的憧憬，中国选派出部队里的优良之士远赴联合国指派地区，为真正需要帮助、渴望和平地区的人民施以援手，恪守职能并竭尽所能。

3.2.6 存在过程

存在过程表现某事物的存在，通常只有一个“存在物”（existent）。存在过程有助于新概念的引进，单独存在，结构清晰。

（14）…and there are diverse threats to peace.（……世界和平面临多元威胁。）

例（14）是本部白皮书英译本中唯一的存在过程，说明世界和平依旧面临着多重威胁，无论是人为破坏，还是自然灾害都无可避免。仅此一句的存在过程用于说明世界维和行动仍处于面临许多威胁的客观环境，是中国维和部队出征三十年来一直在面对、应对的情况，更道明了联合国维和行动任重而道远，需要不断汇集宝贵的人力、财力、物力，举全世界之力来维护世界的和平和发展。

4. 结语

及物性系统涵盖物质、心理、关系、言语、行为和存在六个过程，文本或话语通过这六个过程建构语篇意义。本研究发现，《中国军队参加联合国维和行动30周年》白皮书英译本运用各类过程的共同目标是塑造一个完整立体、公正客观的中国军队形象。英译本通过物质过程描述中国军队在海外维和行动中所奉行的宗旨和所采取的行动，通过心理过程解释中国军队出征海外的缘由，通过关系过程强调中国军队为维护和平所秉持的决心和毅力。英译本对中国军队在维和行动中的表现高度肯定，赞赏其行动上的成就，也赞扬其思想上的清晰认知。中国军队在海外执行维和任务的同时，塑造了为和平而战、同各方友好合作、训练有素、发展全面、亲民爱民、文明礼貌的良好形象。

参考文献

[1] HALLIDAY M. A. K. An introduction to functional grammar [M]. London: Arnold, 1985/1994.

[2] HALLIDAY M. A. K, MATTHIESSEN. C. M. I. An introduction to functional grammar [M]. London: Routledge, 2014.

[3] THOMPSON G. Introducing Functional Grammar [M]. London: Arnold, 1996/2004/2013.

[4] 韩源 . 全球化背景下的中国国家形象战略框架 [J]. 当代世界与社会主义，2006（1）: 99–104.

[5] 胡壮麟 . 系统功能语言学概论 [M]. 北京：北京大学出版社，2005.

[6] 李剑，王永昌 . 论全球化背景下的中国军队形象建构 [J]. 法制与社会：锐视版，2008（19）: 173–174.

[7] 韩艳方，陈令君 . 及物性系统与中国形象建构——基于语料库的中西方“中国梦”新闻语篇研究 [J]. 当代外语研究，2018（1）: 19–30.

[8] 马伟林，崔彦杰 . 基于语料库的中国国家形象研究：及物性视角 [J]. 外语电化教学，2020（05）: 114–121.

[9] 许酉萍，彭宣维 . 及物性过程模式重构 [J]. 外语教学，2017，38（4）: 18–24.

[10] 张韧 . 及物系统的及物性及其话语功能 [J]. 外国语文，1992（1）: 64–68.

[11] 张昆，方圆 . 全球化背景下中国军队的形象定位与传播策略 [J]. 南京政治学院学报，2015（1）: 106–109.

[12] 郑雨萌 . 中国军队形象塑造与传播 [D]. 北京：北京外国语大学，2021.

南宁市公共场所语言景观及公示语翻译考察

刘瑞一[1]，安文婧[2][1]

摘　要：本研究对广西大学、青秀山景区、南宁市地铁一号线进行实地调研，总结并分析了这三类公共场所语言景观及其公示语翻译的特点。在外观形态、置放位置、分布模式方面，三类场所的语言景观各有特点，如青秀山景区公示牌类型多，趣味性强，且逐渐与科技接轨，而地铁站内外语言景观分布范围广且密集，呈立体化、空间化态势。在公示语翻译方面，青秀山景区语种数量较为丰富，而广西大学校内以及地铁站内外仅应用英语翻译；多模态翻译在青秀山景区以及地铁站内外应用较多。语言景观及其翻译的特点与社会发展以及场所的功能密切相关。

关键词：公共场所；语言景观；翻译；南宁

1. 引言

Landry & Bourhis（1997：23）指出，语言景观（linguistic landscape）是由“路牌、广告牌、街道名、地名、商店招牌以及政府建筑物公共标牌上的语言构成的”。透过这些公共标牌上使用的语言，我们不仅可以了解各个族群的地理位置分布、语族活力和社会文化特点，还可以推断出标牌的使用者对于权势地位、身份认同和经济关系的认知与期待。Landry & Bourhis（1997：25）同时指出，语言景观的信息功能（informative function）和象征功能（symbolic function）有着重要的意义。由于语言景观和空间联系的密切性，语言景观的设置方式及其公示语翻译形式丰富多样。随着我国基础设施建设的发展，公共场所语言景观的设置及公示语翻译也得到了相应的规范。本文以南宁市不同公共场所语言景观为研究对象，在语码置放、语言景观分布差异、公示语翻译等方面进行探究，为未来语言景观建设以及校园规划、景区规划、公共交通事业发展提供参考。

2. 语码置放差异

2.1　公告牌形状

公告牌形状是语言景观的载体和视觉呈现形式。研究公告牌形状可以帮助我们

[1]　1. 2020 级翻译专业学生；邮箱：853152816@qq.com；2. 讲师，博士，研究方向：翻译理论与实践。

了解场所的性质，同时可以让我们了解图像语言如何在空间中发挥作用。广西大学校内公告牌形状为方形，两面信息一致，为全校统一、标准化设计。青秀山景区内公告牌种类多样，在入口处设有方形大型公告牌，在景点分散区、道路拐角处设有树枝形指示公告牌（如图 1 所示），在花卉景点有对应的花形指示公告牌。南宁市地铁一号线设有二维和三维公告牌。在地铁站入口处设有柱形公告牌，在空间中展现为四面相同的公告牌（如图 2、3 所示）。地铁口上缘为长条形公告牌，标注线路主要信息，地铁内为统一的长条形或方形公告牌（如图 4 所示）。

图 1　青秀山景区道路交叉处树枝形公告牌

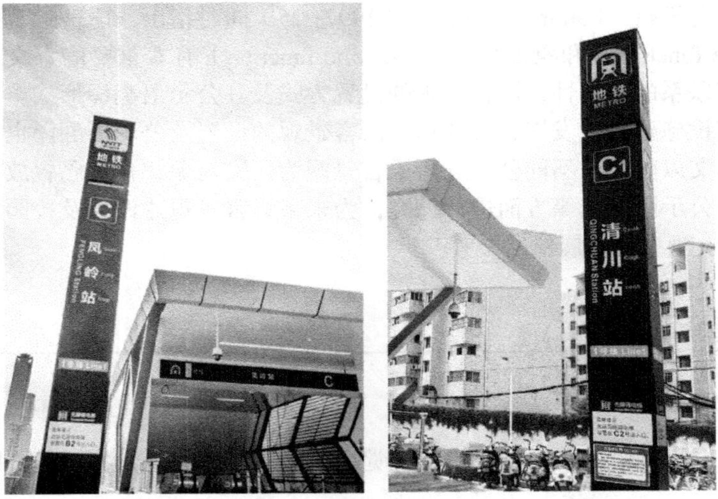

图 2、3　南宁市地铁一号线凤岭站、清川站三维公告牌

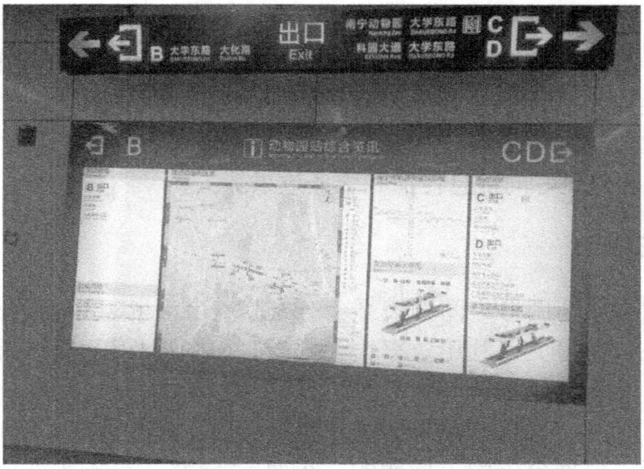

图 4　南宁地铁一号线内公告牌

由此可见，在校园内及公共交通区域，公告牌的形状较为简约，且在性质相似的区域以相同形状呈现。而在景区，公告牌的形状较为丰富多样，在不同的区域有着不同的风格。这是空间性质对语言景观造成的影响。在学校、公共交通区域等指示目的明确（多地标建筑或站点）、空间安排简单紧凑、较为系统化的区域，使用统一的公告牌形状有助于保持校园环境的美观性，同时有助于展现校园、城市风貌。而在景区，基于景区地形的复杂性、景点的多样性、游玩的趣味性等因素，公告牌图形呈多样化特征，与景区内自然景观相呼应。

以上分析表明，语言景观的形状与其所在的空间性质有着密切的关系。通过规范语言景观的形状可以达到更好地为空间以及空间内游客、乘客服务的目的。分析也表明，语言景观与社会的联系——地铁站为公众服务的目的性非常明确（柱状公告牌便于东、西、南、北四个方向的群众阅读信息），以及语言景观与经济的联系——景区吸引客流、呼应景区自然景观设置的目的非常明显。

2.2　公告牌颜色

经过实地调研，发现广西大学校内公告牌颜色较为统一，采用“左红右白，左窄右宽；红底白字，白底红字”的形式。公告牌上仅有红白两种颜色，非常简约且不突兀。青秀山景区的公告牌形式多样，颜色也比较多变。在景点处采用不同颜色的公告牌，配以相应颜色的文字及图示，显得活泼自然。在南宁市地铁一号线中，公告牌颜色醒目，大多使用“深色底色 + 白色文字”的形式。此外，“出口”“入口”“洗手间”等则将深色底色与发光亮色文字相结合（如橙色、黄色），以配合地铁在地下进行远距离信息输出。

祁国江、尹萍（2020：136）指出：不同的颜色对公众的视觉产生不同的冲击效果。红色传递禁止、停止、危险或提示消防设施的信息。黄色传递注意、警告的信息。蓝色传递指示性或指令性信息。绿色传递安全的提示性信息。黑、白色传递一般性提示信息。因此，根据语言景观不同的目的和功能，采用不同的文字、图形符号与颜色搭配，可以获得更好的信息传播和服务效果。

2.3　图形标识

语言景观中文字与图形之间的关系十分密切，二者相互配合，达成图形语言与文字融合的效果，使得文字利用效率大大提升。而图形标识与公示语以及公示语翻译的结合，提高了学生、游客、乘客等的阅读效率。

在广西大学校内，公告牌上的图形标识简洁明了，多为方向指示性标识，如“↑、↓、←、→”等，根据公告牌上标明的“东西”“南北”等指示方向辅助表示方位。这种搭配在道路标识等语言景观中也较为常见，根本目的都是通过将文字与图形相结合，达到方位指示、障碍提示等效果，同时缩短判断时间、提高判断准确率。

在青秀山景区，公告牌上的图形标识较多，且类型丰富。在人流较多的景点、公共洗手间等区域，其公告牌上会带有青秀山景区的宣传图标，起到宣传以及美观的作用，体现景区特色，增强游客记忆。在花卉、树木旁的公告牌中，除了宣传图标，还设有二维码图案。通过扫描二维码，游客可以查阅有关该植物的更多信息。这一方面体现了信息时代下科技与旅游业的结合，通过使用二维码扩大景区信息容量，另一方面向我们展示了二维码的使用对公告牌信息的压缩，节约了公示牌空间。现如今，科技高度发展，“智慧旅游”逐渐成为大势所趋。目前，“智慧旅游”仍没有一个规范、统一的定义，相关学者对其作用的解读也不尽相同，但任瀚（2013：145）指出，智慧旅游不仅是新一代信息通信技术在旅游产业各环节中综合应用的集成平台，更是新一代信息通信技术的集成创新和应用创新。因此，景区二维码图像的使用不仅发挥了图形的基本作用，创新了语言景观的形式，丰富了语言景观的内容，还体现了旅游业与科技结合的发展方向，并对此起到推动作用。

在地铁内，有一些公告牌常与图形、图示、图解有密切结合，且以图为主，以字为辅。如“爱心专座（courtesy seat）”处将爱心专座适用人群以图像形式表现出来，占据了公示牌的绝大部分版面，而中英文文字则仅被放置在了图片底部。这体现了地铁站公示语使用图形语言的意识，是由地铁站公共基础设施的性质决定的。这种性质决定在地铁站使用简洁的语言，与直观的图像相结合，进行高效的信息传递，从而确保乘客理解标识的含义。

此外，各大场所内与安全有关的语言景观与图形相结合的程度更强，通常用较为明亮的颜色呈现标识，具有警示作用。这种情况与上文地铁内示例相似，文字与图示的功能效用与通常情况下相反，以图示为主、文字为辅。

3. 语言景观分布差异

语言景观的分布差异是语言与空间关系最直接的体现，二者相互联系。广西大学校内面积相对较小，因而公告牌数量并不多，主要分布在道路交叉路口以及地标建筑附近，且公告牌密度较低，整体适应了学校的设施和人群密度。在青秀山景区，公告牌数量较为密集，分布极为广泛。不仅在入口、出口处设有大量提示性公告牌，还在公共卫生间、母婴室、道路交叉处、景点处，甚至地面设置了包含公告牌在内的各种语言景观。不仅如此，景区内还存在着在不同位置重复设置相同或相似的语言景观的现象。这一举措主要适应景区人流量大、空间面积广阔的特点。增多公告牌数量、扩大公告牌分布并且重复提示，起到增强公告牌警示性的作用。南宁市地铁一号线将公告牌分布空间化，不仅在地面设置多种公告牌，还使用了悬挂式公告牌，充分利用了地铁空间以服务于地铁站内庞大的客流。将空间层级化，在平面、中空、上空均设置公告牌，使地铁运行高效、有序、安全。

4. 公示语翻译的差异

4.1 语种数量

语种数量是对比公示语翻译最直观的一个方面。在这个方面，广西大学校内公告牌的公示语仅有英语一个语种。一方面，使用国际通用语言英语翻译足够满足校内国际学院学生对公告牌信息的接收；另一方面，有助于简化公告牌内容，使版面安排更加紧凑。南宁市地铁一号线内外的公示语翻译也仅有英语一种语言，这同样是由英语受众面广以及公共场所翻译简洁性的需要所决定的。而在青秀山景区，部分公告牌（含有重要信息）使用了多语种翻译，比如青秀山景区综合警示牌（如图 5 所示），使用了英语、日语、韩语、越南语四种语言对公告牌内容进行了翻译。

图 5　青秀山景区综合警示公告牌

以上内容表明，公示语翻译的语种数量受很多方面的影响，主要与目标语言普及率以及城市地理位置有关。首先，英语作为公示语翻译中的基础语种，普及率与使用率非常高，在公示语翻译中占据主导地位。其次，广西的地理位置以及文化传统映射了东南亚小语种翻译的需求。广西与越南接壤，与越南的关系非常密切，两国往来历史悠久，因而广西越南语的使用率高于其他省份。南宁作为广西的省会城市，在文化交流方面起着带头作用，而且在南宁的越南人数较多，所以青秀山景区在公示语翻译中使用了越南语。

以上内容同样体现了广西外语学习的特点。在壮族主要聚居地——红水河流域和左右江流域进行的社会调查表明，有约为 90.7% 的样本人数可以看懂外语（如英语）（黄南津，2018：176），这说明广西地区在外语学习的进程中有了相当大的成效。除英语外，越南语、泰语、老挝语等东南亚小语种在广西的普及也有了极大的进展，这也印证了青秀山景区使用多语翻译的合理性。景区是游客聚集的区域，在景区中使用多语翻译，是文化交流与国家友好往来的表现，同时也是促进国家文化互鉴与文化融合的工具。

4.2 多模态翻译

"模态"是指"在社会文化中形成的创造意义的符号资源"（Kress，2010：79）。"多模态"指"在设计一个符号产品或事件时使用的多个符号模态"（Kress & van Leeuwen，2006：20）。多模态翻译利用多种符号模态进行翻译，使翻译更高效、多元。

由于不同空间的功能、重要程度不同，设置于不同空间内的语言景观上公示语的翻译的方式也有所不同。多模态翻译作为跨学科研究，不仅注重书面语为主体的单模态翻译，同样重视图表、特殊符号、肢体语言等的翻译（丁肇芬，2021：149）。为了起到更好的作用，翻译通常与图形、图案、图示等结合，形成了多模态翻译形式。当今应用范围广泛、功能丰富多样的二维码（如图 6 所示）也被应用于多模态翻译的过程中，以达到更细致、准确的翻译效果。

图 6　青秀山景区夏堇公告牌

上文提到的地铁内爱心专座的翻译以及青秀山景区内大型防溺水、防跌倒、防坠落综合警示公告牌中的文字翻译，都在进行文字翻译的基础上使用了图像解读，以视觉辅助公众理解公示语，也是多模态翻译的体现。

4.3 规范化翻译

不同公示牌语言的翻译形式也不尽相同，但翻译大都较为规范，且通用性较强。

由于高校、景区、地铁站三类场所都属于公共场所，公示语大多为国内通用、国际通用，公示语翻译也以英语翻译为主。如“禁止吸烟”“禁止攀爬”的翻译分别为“No Smoking”“No Climbing”，为典型的国际通用翻译，形式为单首字母大写。而在青秀山景区的石板路上，对“小心台阶”的翻译为“WATCH YOUR STEP”（如图 7 所示），其采用全字母大写，有加强提示、警示的作用，同时使呈现在地面上的公示语更加整齐、美观。游客在攀爬台阶时，受地面材质、台阶高度、天气情况、身体状况等因素的影响，不免存在受伤的风险，而且此类风险几率远超在平地行走、游玩时受伤的几率。因此，字母大写的强调、突出作用，对于维护景区安全具有重要意义。而对于长句翻译，如景区注意事项、名称翻译等，此类翻译以传达信息、使群众理解为主要目的，因此在翻译时较为灵活，翻译方式也较为多样，使语言景观中的语言文字严谨但不死板。

图 7　青秀山景区地面公示语“WATCH YOUR STEP”

通用、规范化翻译体现了“拿来主义”。杨潇远（2022：247）指出，地铁站内公示语的英语翻译可以运用“拿来主义”，比较简单、高效的方式是借用英语国家已有的固定的表达方式。当中英文中具有相同功能的公示语时，可以直接用英语中的固定用法，既“省事”，又足够精准。

在世界各国联系日渐密切的趋势下，规范化翻译在减少交流障碍、破除文化隔阂方面有着重要的作用。公共场所是不同群体生活、交流的主要场所，加强对公共场所公示语的规范化翻译，有助于便利世界各国人民的相互访问与交流。

5. 结语

对广西大学校内、青秀山景区、南宁市地铁一号线进行实地调研后，可以总结出三类公共场所中语言景观及其公示语翻译的特点。首先，在语言景观的语码置放方面，1）公告牌形状：青秀山景区丰富多样，广西大学校内以及地铁站内外较为统一；2）公告牌颜色：青秀山景区色彩鲜艳多变，广西大学校内以及地铁站内外较为单一，多为有警示性的颜色；3）图形标识：青秀山景区类型多，趣味性强，且逐渐与科技接轨，而广西大学校内图示较为简单，地铁内外图示多样，作用相较文字更加突出。在语言景观分布方面，青秀山景区语言景观分布分散、数量众多，而广西大学校内语言景观位置较为固定，地铁站内外语言景观分布范围广且密集，呈立体化、空间化。在公示语翻译方面，1）语种数量青秀山景区较为丰富，有东南亚小语种翻译，广西大学校内以及地铁站内外仅应用英语翻译；2）多模态翻译在青秀山景区以及地铁站内外应用较多；3）规范化翻译为主要形式。语言景观及其翻译的特点与社会发展以及场所的特点密切相关，青秀山景区此类盈利机构以构建良好的景区环境吸引客流发展产业、同时保障游客人身安全、营造轻松愉快观景氛围为目的。广西大学校园、南宁地铁等场所以高效服务人民大众为目的。同时，在对公示语翻译的研究中可以发现语言应用与经济发展、文化交流之间的关系。因此，合理设立语言景观并准确翻译公示语，对校园规划、景区规划、公共交通事业发展以及语言自身的发展都将起到重要作用。

参考文献

[1] KRESS G, VAN LEEUWEN T. Reading images: the grammar of visual design [M]. London: Routledge, 2006.

[2] KRESS G. Multimodality: a social semiotic approach to contemporary communication [M]. Abingdon: Routledge, 2010.

[3] LANDRY R, BOURHIS R. Linguistic landscape and ethnolinguistic vitality: an empirical study [J]. Journal of language and social psychology, 1997 (16): 24–49.

[4] 丁肇芬 . 专门用途英语中的多模态翻译研究——以“新能源电力英语”为例 [J]. 中国电力教育，2021（12）: 149–151.

[5] 冯德正，张德禄 . O’HALLORAN K. 多模态语篇分析的进展与前沿 [J]. 当代语言学，2014（1）: 88–99.

[6] 黄立鹤，张德禄 . 多核并行架构：多模态研究的范式、路径及领域问题之辨 [J]. 外语教学，2019（1）: 21–26.

[7] 黄南津 . 广西壮族自治区国家通用语言文字使用情况研究调查 [M]. 上海：社会科学文献出版社，2018.

[8] 刘丽芬，张莉．语言景观符号学阐释 [N]. 中国社会科学报，2022-02-08（3）.
[9] 祁国江，尹萍．俄语语言景观色彩应用研究 [J]. 黑河学院学报，2020（10）：104–106，136.
[10] 任瀚．智慧旅游定位论析 [J]. 生态经济，2013（4）：142–145.
[11] 杨潇远．地铁站内公示语英语翻译的特点和技巧 [J]. 城市轨道交通研究，2022（3）：246–247.

基金项目：本文系广西高等教育本科教学改革工程一般项目“新国标背景下综合类院校本科翻译专业学生翻译能力提升与培养体系建设研究与实践”（编号2019JGB118）和广西自治区级大学生创新项目“中国传统文化在东盟传播的影响与外宣新形式的探究——以孔子学院为例”（编号202210593422）阶段性成果。

英语经济新闻中的体育隐喻及翻译方法
——以新冠肺炎疫情及能源危机报道为例

黄雪梅[1]，黄佳萍[2][1]

摘　要： 在全球新冠肺炎疫情与能源危机的背景下，经济英语中出现了大量关于通货膨胀、能源紧缺的内容。为了体现市场竞争的激烈，也为了使英语经济新闻的内容更便于理解，西方读者熟悉的体育隐喻被普遍使用于英语经济新闻中。本文基于概念隐喻的分类，立足于西方文化以及中西方体育文化的差异，通过分析西方主流报纸中有关新冠肺炎疫情与能源危机的经济新闻中出现的体育隐喻所包含的内在含义，总结出翻译英语经济新闻中体育隐喻的相关方法。

关键词： 英语经济新闻；体育隐喻；新冠肺炎疫情；能源危机；翻译

1. 引言

2020年，新冠肺炎疫情暴发并在全球范围迅速蔓延，给社会、经济和人们的生活带来了巨大冲击。全国和世界各地的经济都不同程度地受到疫情的重创。随着全球新冠病毒变异株的变化，疫情严重程度似乎正在减缓，但其产生的“余震”却不断给全球经济带来挫折：供应链几近断裂，发达经济体通货膨胀率急剧上升，能源危机更是迫在眉睫。这种对经济和社会的冲击，就像赛场上激烈的比赛。一直以来，体育运动在全世界范围内都广受欢迎，在众多的经济英语新闻报道中我们可以看到众多的体育隐喻，在当前的背景下更是如此。因此，探究英语经济新闻中的体育隐喻的含义和翻译技巧，分析体育隐喻从源域到目标域的认知映射过程，可以让人们更加了解经济英语中的体育隐喻，更好地认识我们当前面对的世界。

2. 英语经济新闻和概念隐喻分类

经济新闻作为新闻的重要板块之一，传递着世界各地最新的经济信息。在全球新冠与能源危机的背景下，经济英语新闻主要围绕通货膨胀、能源紧缺、经济增速陡降、失业率上升、贸易与跨境投资减少等经济冲击现象进行报道。

[1]　1. 2019级英语专业学生；邮箱：272262870@qq.com；2. 2019级英语专业学生；邮箱：1640318231@qq.com；指导教师：谢建奎副教授。

面对崭新的经济形势，经济英语的专业用语相对复杂难懂，为了使读者了解经济现状，新闻撰写者通常会使用概念隐喻对经济相关概念进行说明。借助概念隐喻，那些抽象的、不断更新的经济英语概念更易于理解和传播。根据 Lakoff 和 Johnson 在《我们赖以生存的隐喻》（Lakoff，1980）一书中的相关理论，概念隐喻可分为以下三类：

2.1 实体隐喻（Ontological Metaphor）

实体隐喻是指将事件、活动、情感、想法等抽象的概念视为实体，这样人们就可以通过熟知的、具体的事物或概念去认识无形的、抽象的事物或概念。这为理解抽象概念提供了基础。在经济新闻中，抽象的概念通常被赋予实体化的概念，例如，“市场是一只看不见的手”就属于这一隐喻概念，将经济市场的调节性和引导性具体为“一只手”。这种拟人修辞手法使得经济活动或事件具有人所具有的情感、特性和目的等。

2.2 结构隐喻（Structural Metaphor）

结构隐喻是指用一类概念的结构来构造另一类概念，它与文化息息相关，极大地影响着人们对世界的认识以及人们的经验。在英语经济新闻报道中，通常把经济活动或事件比作战争。经济与战争在概念结构上具有相似性，像“贸易战”“占领市场”之类的结构隐喻经常在经济新闻中发现。很多原本形容战争的词语用来描述经济活动和经济规律，体现经济竞争的激烈性。

2.3 方位隐喻（Orientational Metaphor）

方位隐喻是参照人类在探索世界的过程中身体首先感知到的空间方位而组建的一系列隐喻概念，用诸如“上下、前后”等空间概念来组织另外一类概念系统。在英语经济新闻报道中，“上”和“下”通常用来表示经济的繁荣上升与衰败下降。表示“上”的空间概念词汇包括 up、rise 等，用来描述经济景气的形势；而表示“下”的空间概念词汇如 down、drop、fall 等则用来表达经济不景气。此外，“前”与“后”、“高”与“低”等方位词也能表达经济的发展与否，这些词汇使得经济新闻报道更加具体形象，便于读者理解。

3. 体育隐喻和西方人喜好的体育项目

3.1 体育隐喻及其认知基础

在现实生活中，为了展示竞争的激烈，战争隐喻必不可少。然而，虽然当今世界还不太平，但对大多数人来说，战争离他们有点远，而体育竞争则很近，因而出现了大量体育隐喻。体育隐喻指的是体育领域相关的概念隐喻。如赛跑在体育中的定义是：比赛跑步速度的运动。赛跑的隐喻义有三种：其一是为了实现领先的目标而竞争；其二是两种对抗性力量之间的持续不断的竞争；其三是抢时间。这些内涵都可以运用到其他领域作为隐喻。

体育隐喻的认知基础主要表现在社会、文化基础和个人自身经验方面。从社会和文化基础的角度分析，体育运动已经成为现代人生活重要的组成部分，尤其在新冠疫情背景下，人们对健康的重视尤为明显。吴恩锋的基于经济报道标题语料库的概念隐喻研究表明，当今时代的网络、电视、报刊等媒体中，体育不仅成为单独栏目，而且在各大经济类新闻报道中也大量出现体育领域中使用的词汇，这足以说明世界各国对体育的重视。我们可以看到，新闻中出现大量的体育隐喻，如“跳水、接力、领跑、冲刺……”这些原本都是日常生活中很常见的普及型体育运动项目。（吴恩锋，2008：182）从个人自身经验方面来说，体育对一个人的全面发展至关重要。许多国家都制定了相关法律和教育的政策，以确保体育在学校教育中的重要地位。因此，体育隐喻的出现有着丰厚的认知基础，而体育隐喻中高频词的产生也和学校教育紧密相关。

3.2 体育隐喻中的高频词和西方人喜好的体育项目

在经济报道中，体育隐喻词被广泛使用，具体可分为参与者、体育项目、比赛规则三个方面。从中映射出西方人喜好的体育项目。西方人普遍爱好体育运动，但就具体国家而言，人们又有各自的偏好。就美国而言，开展的较为广泛的是球类运动：橄榄球、棒球和篮球，例如：Getir, a Turkish delivery app, has sacked over 4,000 people (or 14% of its workforce).（Anon，2022c）其中 sack 为橄榄球用语，意为“削减”。在英国，足球、赛马（horse racing）、羽毛球等体育运动非常盛行，例如：Less familiar is the origin of the dark horse of the Mars empire, pet food (Schumpeter，2022)。其中 dark horse 是赛马运动用语。在澳大利亚，人们比较喜欢帆船（sailing boat）等水上运动，或海滨球场高尔夫等和水有关的运动。例如：Oil sinks below \$100 as demand weakens（Grossman，2022）中就使用了 sink 作为体育隐喻，译为“下跌至”。而从整体来看，中西方普遍盛行和熟知的是田径类运动项目。

4. 经济英语中的体育隐喻及其翻译原则

由于体育运动在西方的盛行，体育熟语在读者群体中广泛传播，体育隐喻也不断进入经济英语领域。在英语经济新闻中，这些生动新鲜的体育隐喻的使用让读者能更了解经济形势，让人回味无穷。此处，我们将经济英语中的体育隐喻分为两大类进行翻译分析，一是所有体育项目都通用的体育用语，另一个则为特定的具体的体育项目使用的体育用语。针对这两大类体育隐喻，从中国读者熟悉与不熟悉的两种情况出发，进行分析与翻译，并讨论可行的翻译技巧。结合近两年的西方主流媒体有关新冠肺炎疫情和能源危机的经济新闻报道，我们分析以下例子中的体育隐喻及其翻译原则。

4.1 通用项目

通用项目指的是所有体育项目都会用到的体育用语，如“胜败”（win or lose）、“比赛”（game 或 competition）、“参赛者”（competitor 或 player）等。例子如下：

（1）Share prices in Chinese tech companies continued their winning streak. (Anon, 2022d)

（2）The OECD also cut its forecast for growth, but played down the risk of stagnation. (Anon, 2022d)

4.2 具体项目

在近两年的西方主流报纸媒体中，我们在经济板块摘录到关于跑步、足球、射击（用箭或枪）和骑行等相关运动领域的术语。这些术语在经济英语中起到体育隐喻的作用，有助于经济英语语篇内容的理解。

4.2.1 跑步

跑步作为一项中西方都普遍盛行的体育项目，中国读者很熟悉，所以相关的体育隐喻也较多。翻译上以直译为主，再加上转换法即可让中国读者明白相关经济概念与事件。

（3）Inflation is running at a four-decade high, prompting the Federal Reserve to rapidly boost interest rates. (Pancevski & Kantchev, 2022)

4.2.2 射击

射击作为一项运动在欧洲已经有数百年的历史，西方国家非常了解相关的体育术语。在中国，射击运动是一个较为年轻的体育项目，1955 年是中国射手第一次参加国际比赛的时间。因此，其相关比赛用语对中国读者来说可能不太熟悉。所以在翻译的时候要考虑增译、转换或插入等译法。例句如下：

（4）The wisdom of this proposal is that it targets what matters most. (Anon, 2022a)

4.2.3 足球

足球运动在西方极受欢迎，因此经济英语新闻中不可避免地出现许多关于足球的体育隐喻。作为足球起源的国家，中国读者对足球了解丰富，其比赛规则和相关术语更易被中国读者接受。因此，针对此类体育隐喻，翻译上以直译为主，意译为辅。

（5）Once that kicks in, Russia might find itself faced with a permanent reduction in demand for its oil. (Anon, 2022a)

4.2.4 骑行

西方，特别是欧洲国家多平原山地，又大多沿海，所以骑行运动盛行。但在中国，民众大多并未参与真正的骑行运动，因此可能对骑行术语不太熟悉。针对骑行的体育隐喻，翻译时要注重增译和归化，用中国读者熟悉的语言和形式来翻译，尽可能达到原文的意义和功能。

（6）If you invested pandemic-era gains in the stock market, get ready for an anxiety-inducing ride. (Anon, 2022e)

4.3 翻译原则

在对经济英语中的体育隐喻的翻译中，直译法、意译法、直译与意译相结合法几乎能解决所有的隐喻翻译。此外，还要了解源语的文化背景，才能准确做出对应的翻译。通过比较英语隐喻和汉语隐喻的相互关联性和文化缺失性，分析隐喻在英汉翻译中的各种困难、问题和前人的一些尝试，刘法功（2007）提出隐喻翻译的如下三个原则：

4.3.1 保持隐喻特征

这指隐喻原文经过翻译之后，原文的喻体特征连同寓意能够在译文中保持下来，译文中的对应喻体及寓意与原文的喻体及寓意保持基本一致，使译文读者能够产生与原文读者相同的信息和意象感受。要想保持原文喻体特征，最好的翻译方法为直译法。

直译法翻译指的是在译文中既保持原文的内容，又保持原文的形式的翻译方法，一般用于源语和目的语国家都相对熟悉的内容的翻译。例如：

（7）U.S. consumers expect prices to rise even faster over the next year, and that will propel spending to a record, according to a survey from the Federal Reserve Bank of New York. (Anon, 2022b)

译：纽约联邦储备银行的一项调查显示，美国消费者预计明年物价上涨速度会更快，这将推动消费达到创纪录水平。

record 在体育中指世界纪录，中国读者也很熟知这一体育概念。因此，翻译时将 record 直译，既忠实于原文，也更容易被读者所理解。

（8）...which insures deposits in banks, should a crypto bank lack funds during a run. (Zeitchik, 2022)

译：如果加密银行在此期间缺乏资金，它会为银行存款提供保险。

在体育项目中，run 作名词时指的是跑步的时间或距离。此例句将体育中跑步时间及距离的概念扩展到经济领域，变成度量一个经济周期的单位，生动形象，便于读者理解。此处翻译用的是省略加直译的方法，使句子简洁凝练，又能表达相关内涵。

（9）U.S. consumers expect prices to rise even faster over the next year. (Anon, 2022b)

译：美国消费者预计，明年物价上涨速度会更快。

faster 作为在体育项目、特别是田径项目常出现的词，表达的是跑步过程中迅速的状态，将这一概念用于经济英语中，能够表达物价增长速度之快。中文表达中也有类似的情况，中文读者很熟悉这一用法，所以此处采用的是直译法。

4.3.2 接通隐喻关联的文化内涵

这是指隐喻的译者在掌握汉英语言和文化的基础上寻找原文和译文喻体所表达的两个事物或概念关联的内涵，在原文与译文隐喻概念上建立起某种同质或相似与相近的寓意关系，使原文与译文的喻体形式和喻指相吻合，达到译文与原文都传递同一个隐喻。原文与译文之间喻体意象的对应转换是衡量隐喻翻译成功与否的重要标志，意译法是喻体意象对应转换最好的选择。

意译法就是注重原文内容，而不保持原文形式的翻译方法，也称解释性翻译法。对中国读者不太熟悉的体育运动项目，在翻译时应该采取意译的方法，才能让中国读者领略英语经济新闻中体育隐喻的奇妙之处。

（10）He said, adding that it would take at least five years for the country to find solid footing again. (Pietsch, Masih & Farisz, 2022)

译：他补充说道，该国至少需要五年时间才能重新找到坚实的立足点。

在体育项目中，footing 表示慢跑，将这一概念用于经济英语时，着重表现的是经济稳步进行的状态，又可引申为立足点、基础之意。在此处的翻译用的是意译法。

（11）Share prices in Chinese tech companies continued their winning streak. (Anon, 2022d)

译：中国科技公司的股价继续上涨。

a winning streak 在体育中的意思是“连胜”，我们经常用 hit a winning streak 来表示“接连获胜”。streak 有“一连串、一系列”之意，如 a losing streak 指的是一连串的失败。使用意译法，用来表示中国科技公司的股价继续上涨。将该词从体育领域运用到经济领域中，要考虑到目标读者的理解，因此要将 winning streak 译为“上涨”。

（12）The OECD also cut its forecast for growth, but played down the risk of stagnation. (Anon, 2022d)

译：经合组织也下调了增长预期，但淡化了经济停滞的风险。

Play 在体育中作动词指的是“同……比赛”，down 作动词指的是“打倒、击败”。而在经济英语中多译为“贬低、降低、缩小”。此处采用了结构隐喻，翻译方法为意译。

（13）Once that kicks in, Russia might find itself faced with a permanent reduction in demand for its oil. (Anon, 2022a)

译：一旦这种情况发生，俄罗斯可能会发现它自己也面临对石油需求的永久性削减。

在足球运动中，kick 是最重要也是最主要的肢体语言和运动方式，kicks in 在足球中意为“踢进球”。在此处用了结构隐喻，in 表示深入内部，再结合 kick 的内涵可引申为“得分”“起效”。此处意译为“（情况的）发生”，还用了增译法，补充了相关情况和背景。

（14）Getir, a Turkish delivery app, has sacked over 4,000 people (or 14% of its workforce). (Anon 2022c)

译：土耳其快递应用 Getir 公司解雇了 4 000 多人（占其员工总数的 14%）。

在橄榄球用语中，sack 的意思是“擒杀”，指四分卫被阻截放倒，扯掉其腰旗的行为。这样截停对方的进攻球员的比赛行为会造成对方码数的损失，让对方处于不利的局面。Sack 在此句中意思为“削减”，削减员工人数会对公司造成劳动力损失、内部人心浮动的不利影响，与在橄榄球比赛中的 sack 有异曲同工之妙。此处采用的是意译的翻译方法，为了让中国读者了解不熟悉的橄榄球比赛术语，所以又可引申为“解雇”。

4.3.3 根据语境弥补文化喻体缺失

译者翻译民族文化意象深刻的隐喻时，经常要从原文的跨文化交际的角度假设语境，把原文的文化意象在译文中充分而准确地传递出来。为把翻译中的文化意象亏损减少到最低程度，译者有时必须根据语境在译文文化中寻求与原文的文化意象紧密关联的喻体来弥补文化差异。

在某些特定的情况下，单纯的直译与意译并不能表达原文使用的体育隐喻的含义，所以要使用直译与意译相结合的方法。

（15）Inflation is running at a four-decade high, prompting the Federal Reserve to rapidly boost interest rates. (Pancevski & Kantchev, 2022)

译：通货膨胀达到 40 年来的最高水平，这促使美联储迅速提高利率。

在体育项目中，running 作动词时指的是“跑某段距离”，在例句中可表达“达到”的意思。这一体育隐喻将 running 的宾语从具体的某个地点或赛道转变成一个经济阶段，将直译与意译相结合，具体概念抽象化，以使读者理解通货膨胀的发展能达到的阶段。

（16）The wisdom of this proposal is that it targets what matters most (Anon, 2022a).

译：这项建议的明智之处在于，它针对的是最重要的东西。

射击项目中，target 指的是“目标、靶子”。在翻译时，target 这一词用了转换法，把名词转换为动词，译为“针对”。直译加意译的方式既能表示体育隐喻中瞄准靶子的状态，也能表达经济活动中的目的性。

（17）If you invested pandemic-era gains in the stock market, get ready for an anxiety-inducing ride. (Anon, 2022e)

译：如果你把疫情时期的收益投资于股市，那就准备好迎接一场引发焦虑的旅程。

骑行运动中，ride 作名词时表示骑行的路程，在例句中表示的是新冠疫情时期，股市投资会带来的后果。原文用了生动形象的“ride”来表达股市投资后心惊胆战的、焦虑的过程。因为中国读者不太熟悉骑行运动，所以在翻译时用了归化的方式，译为“旅程”，用中国读者熟悉的语言和形式来翻译，直译加上意译，尽可能地达到原文的意义和功能。

（18）Oil sinks below $100 as demand weakens. (Grossman, 2022)

译：随着需求的减少，油价跌至 100 美元以下。

在水上运动中，sink 一般表示“下沉”。在此处将抽象的油价实体化，让它也能成为“下沉”的实体对象。此处采用的是直译与意译相结合的办法，译为“下跌”，既符合 sink 下沉的动作轨迹，又符合油价下降的实际情况。

5. 结论

在经济英语新闻报道中，存在大量的体育隐喻。这些隐喻让以英语为母语的读者更好地在全球新冠肺炎疫情与能源危机的背景下认识新的经济形势，也为中国读者提供了了解国际经济形式的机会，以相对熟知的体育概念解释陌生抽象的经济概念，便于认知与理解。本文通过对体育隐喻从外延到内涵的分析与翻译，希望能丰富体育隐喻的内容和使用场景，使经济英语不再晦涩难懂。

参考文献

[1] ANON. Russian oil is booming [N]. The Washington post, Friday, June 24th, 2022a.

[2] ANON. Survey: Consumers expect rising prices [N]. The Washington post, Tuesday, June 14th, 2022b.

[3] ANON. The great Silicon Valley shake-out [N]. The economist, July 2nd, 2022c.

[4] ANON. The world this week business [N]. The economist, June 11th, 2022d.

[5] ANON. What does the bear market mean for investor and the U.S. economy? [N]. Time, July 4th/ July 11th, 2022e.

[6] SCHUMPETER. Mars unwrapped [N]. The economist, July 2nd, 2022: 63.

[7] PANCEVSKI B, KANTCHEV G. Economies in U.S., Europe Ebb [N]. The Wall Street journal, Friday, June 24th, 2022.

[8] PIETSCH B, MASIH N, FARISZ H. Sri Lankan prime minister says economy has “collapsed” [N]. The Washington post, Friday, June 24th, 2022.

[9] LAKOFF G, JOHNSON M. Metaphors we live by [M]. Chicago: The University of Chicago Press, 1980.

[10] GROSSMAN M. Oil sinks below $100 as demand weakens [N]. The Wall Street journal, Wednesday, July 6th, 2022.

[11] ZEITCHIK S. Cryptocurrency bank Celsius freezes all withdrawals, chilling the market [N]. The Washington post, Tuesday, June 14th, 2022.

[12] 刘法公 . 谈汉英隐喻翻译中的喻体意象转换 [J]. 中国翻译，2007（6）: 46–50.

[13] 吴恩锋 . 基于经济报道标题语料库的概念隐喻研究 [D]. 杭州：浙江大学，2008.

论英语政治类语篇中的隐喻及其汉译

方欣欣[1]，袁卓喜[2][1]

摘　要： 隐喻在政治类语篇中，能够帮助解释复杂的政治术语，劝服引导受众价值判断。文章从修辞学家哈里克提出的象征资源，即论辩内容、诉求策略、美学手段为出发点，探讨英语政治语篇中隐喻的使用现象及其翻译。文章认为，英语政治类语篇中隐喻的翻译应以读者为中心，斟酌文化内涵与意识形态的传达，采取不同的翻译策略。具体包括：保留源语喻体以最大传达诉求；舍弃源语喻体，突出论辩内容；以及转换源语喻体，强化美学手段等。

关键词： 政治语篇；隐喻；汉译策略；象征资源

1. 引言

近代以来对隐喻的研究不再限于一种文学修辞手法，而上升为一种思维模式和认知手段。人的思维在很大程度上都是隐喻性的，隐喻成为人们日常生活中重要的表征机制（Lakoff & Johnson，1980：3）。因此，隐喻在不同语篇中的研究已然成为一个热门的研究趋势，聚焦于政治类语篇中隐喻翻译的研究也颇为丰富，然而大多翻译研究以译本为中心，讨论隐喻的功能，以读者为中心的翻译研究虽然日益得到重视，但是其特殊性并未得到凸显。因此，本文从哈里克的论辩手段、诉求策略、美学手段等认知角度出发，探讨以读者为中心的隐喻汉译手段。本文选取近四年美国总统国情咨文中的句子为语料，考察政治类语篇中隐喻的功能，并基于这些功能探讨其汉译策略的选择，以期从这三个认知角度，为政治类语篇中的修辞功能及其汉译的研究提供新的参考。

2. 政治类语篇中的隐喻翻译

政治类语篇包括政客演讲文本、政治新闻报刊等，是政治领导人呈现政治现实、反映政治观点和实施方针政策的话语形式，包含大量重要治国理政与意识形态的信息。政客往往使用隐喻包装自己的政治观点，拉近与群众的距离，以实现政治意图，具有强烈的诱导与劝说目的。同时，政治类语篇中也包含大量的隐喻，以起到阐释的作用。这些隐喻带有民族特有的文化内涵，在翻译时需要着重考虑译入语读者。

[1]　1. 2017 级英语专业学生；邮箱：1825741778@qq.com；2. 副教授，博士；主要研究方向为外宣翻译。

2.1 以受众为中心的译本翻译

译本以受众、即以译入语读者为中心的翻译思想尤受新修辞学家的推崇，他们认为，修辞是通过语言对听众进行说服的辩论活动，而所有辩论的发明与构思都以受众为出发点，要知道受众的想法，必须以受众为转移，使言语与受众相适配（高兆金，2020：34）。李克、朱虹宇（2022：108）认为，翻译研究经历了以原文本为中心，文化转向、译者转向几个阶段之后，愈发注意到读者的重要性。过去以读者为中心的修辞翻译常是伴随译本或社会文化的因素共同出现，其特殊性并未得到凸显，反映出以读者为中心的译本研究的匮乏。陈小慰（2013：201）指出，隐喻翻译考虑译入语读者，主要指译者在翻译时以读者为依归，进行必要的改写，突出受众想要了解的内容，尊重读者的理解能力，尊重读者自我。

翻译以读者为中心具有重要意义。从修辞层面来说，文本中隐喻的使用，核心是要达到“说服”的目的，是通过修辞的功能劝服他人在心理或行动上作出改变，让受众与作者拥有共同的感觉、概念、想象、观点、态度，由此达到认同并接受作者的目的（Burke，1969：21）。这种目的在政治类语篇中尤为凸显，政客往往使用隐喻的手段推动受众的认同与接受，如果翻译时不加以斟酌，没有以译本读者为中心的意识，就可能会产生政治误解。

从译者本身来说，译者应与读者保持和谐一致。受众是最直接受到翻译作品效果影响的群体。陈小慰（2013：19）指出，修辞翻译是一种译者精心选择语言资源，从而通过译本对受众产生影响的行为。因此翻译隐喻时应考虑一定的翻译策略，关注读者反馈，提升译本的接受度及普及性（张晓雪、窦卫霖，2020：81）。李克、朱虹宇（2022：110）等也认为，翻译的整个过程是一场译者对读者接受的诉求。由此可见，译者翻译时不仅需要考虑经济效益、传播价值、外宣文化，还应寻求读者认同，将读者的角色凸显。

从传播层面来说，翻译的核心目的是实现文化的交流与传递。译者翻译，是通过译本向译入语读者传播源语价值形态、文化背景、甚至国家观念的过程，受到文化差异、认知差异等诸多因素的影响，但究其根本，是使译本获得译入语读者的认同。李克、朱虹宇（2022：109）认为，译本是构建读者认同的直接依据，是读者接触源语文化最直接的窗口，因此译者需努力构建读者认同，作出最适合的翻译选择。

2.2 隐喻翻译与象征资源

哈里克提出的象征资源（Resources of symbols），分别是论辩内容（Argument）、诉求策略（Appeals）、美学手段（Aesthetics）。象征是指“以一事物代表另一事物”（何星亮，2003：40），与修辞密切相关，哈里克指出修辞活动是通过象征中的各种资源来达成劝说的。这三种象征资源以受众为中心，通过语言的象征力量呈现事实，以获得受众认同，应用到隐喻翻译中同样具有阐释力。

论辩内容指，当某个结论给出时，支持结论的理由所组成的内容部分（Herrick，2001：13）。这部分是译本传播和构建译者认同的核心。在论辩内容中，源语文化价值观或者作者观点密集出现，隐喻的使用随处可见。通过使用隐喻，人的思想过程和状态等抽象概念得以简洁而清楚的表达（Newmark，2001：8）。在翻译这部分的隐喻时，为了达到以读者为依归的翻译目的，译者适当对隐喻进行增、删、改的翻译策略。

诉求策略是除了论辩内容之外一个重要的修辞翻译象征资源，指一种在激发情感或者促使听众产生忠诚或允诺时的策略（Herrick，2001：13）。在政治语篇中，隐喻的使用往往是通过情感、理性、人格的诉求，引导和感化大众的价值判断和情感倾向，隐喻是说服的技艺，具有影响人类情感与行为的神奇力量（胡传胜，2018：142），隐喻性修辞的神奇力量不是压迫性的，而是在情感的涵化与认同中完成的（丁云亮，2018：111）。

美学手段在诗歌或文学作品中带给读者意境或音韵的美感，应用于政治类语篇中则体现“在象征性表达中增加形式、美感及力量的因素”（Herrick，2001：14）。亚里士多德早在《诗学》中就论述了隐喻具有的美学功能，认为“隐喻自当取自美好的事物”。Dagut（1976：21）认为隐喻的主要功能是通过创造审美冲击来震撼读者。Fainsilber 和 Ortony（1987：251）也指出隐喻的表达使丰富复杂的意义简明易懂、生动形象，隐喻的美学功能使语言更加流畅和引人深思。隐喻的使用常常负载了相关文化与语境，承载的文化信息与深刻含义常常让读者产生特定的语义联想，给读者带来语言的力量美。

3. 政治类语篇中隐喻的汉译策略

近代以来，学界普遍认同我们赖以思维和行动的日常概念系统在本质上基本是隐喻的（袁卓喜、唐舒航，2019：85），隐喻翻译与受众的日常生活与思维方式息息相关。政治类语篇中隐喻的汉译过程应将新修辞学中论辩内容、劝服引导的诉求策略与美学手段等象征资源植入隐喻翻译，充分考虑受众的文化与生活背景，以译入语读者为依归，实现政治语篇中隐喻信息的最佳传达。

3.1 保留源语喻体，传达诉求策略

英语政治语篇中不乏借助隐喻进行情感诉诸的例子，核心目的是激发受众情感，获得受众的认可或承诺，以调动受众的情感。情感诉诸具有渗透力，在翻译时尽量还原，有助于引领读者认同，此外，在政治类特别是政治类报刊中，对语言忠实的要求比其他类型的语篇要严格得多，一字之差可能会带来巨大的理解偏差，因此保留源语隐喻喻体是较为保险的一种策略。

（1）Because with so much uncertainty, with everything suddenly up for grabs, this is your generation's world to shape.（因为不确定性太多了，世界变得扑朔迷离，世界需要你们这一代来塑造。）

（2020 奥巴马毕业生致辞）

采用隐喻进行情感诉诸更能达成演说效果。例（1）的话语激活了建筑架构，“shape”喻指雕塑，只要你精心刻画总会成为你想要的样子。这一隐喻情感色彩强烈，具有引导大学生积极乐观，敢于追求自己梦想的劝服效果。译文沿用了源语的隐喻喻体，可以让中国受众直接感受到演讲者的情感诉求，也有助于中国读者了解美国政治演说惯用的修辞技巧。

（2）As president, I'm committed to making Washington work better, and rebuilding the trust of the people who send us here.（作为总统，我致力于让华盛顿更好地运转，重建把我们送到这里的人民的信任。）

（2014 奥巴马《国情咨文》）

“Rebuilding”隐喻激活建造高楼大厦的图景。奥巴马使用建筑隐喻传达战胜困难的积极态度，表达了将更好地治理美国的决心，并以此激发受众的信任与支持。译文保留了源语喻体，既忠实再现了原作的情感内涵，也在内容与形式上体现了原作的修辞意图。

3.2 舍弃源语喻体，突出论辩内容

论辩内容是使某一结论得到支撑的各种理由的组成部分，是促使读者对译本产生心理认同的关键（李克、朱虹宇，2022：111）。在政治语篇中，论辩内容随处可见，演讲者言有所依，才能使民众信服、接受自己的政治观点。对于论辩内容中的隐喻，译者可以采取删除舍弃的手段，进行细微调整，突出论辩内涵，实现以读者为中心的翻译考量。

（3）... nor have we succumbed to the fiction that all society's ills can be cured through government alone.（我们同样不屈服于这一谎言：一切的社会弊端都能够只靠政府来解决。）

（2013 奥巴马就职演说）

例（3）中，奥巴马使用拟人化的隐喻，传达了“社会存在弊病，仅仅依靠政府是不够的，还需要大众共同努力进行整治”的意思，强调了政府与民众团结一心的重要性。译文舍弃源语“根治社会疾病”的隐喻，改用“解决社会弊端”，保留了原作的论辩内容，但表达上更符合汉语习惯。

（4）The words have been spoken in the course of rising tides of prosperity and the still waters of peace. However, every so often the oath is taken amid gathering clouds and raging storms.（总统的宣誓有时面临的是国家和平繁荣的盛况，但在很多时候，面对

的是乌云满天的紧张局势。)

（2009 奥巴马就职演说）

在例（4）中，奥巴马运用“高潮”（“rising tides”）、“静水”（“still waters”）、“乌云和风暴”等一连串自然隐喻表达领导人可能面临的不同局势。译文作了灵活处理，将“rising tides”与“still waters”的喻体舍弃，突出了主题内容“繁荣”和“和平”；“clouds and storms”的喻体则被处理为“乌云密布”，同时增译“盛况”和“紧张局势”，让句子的核心思想更加清晰明了。英语以“rising tides”表达“蒸蒸日上的盛景”，以“still waters”表达和平安宁的景象，然而汉语没有对应的比喻。此外，保留喻体逐一翻译会使译文繁杂，影响目标读者理解。译者这样处理既突出了论辩内容，又从目标语读者的角度实现了跨越文化的翻译考量。

3.3　转换源语喻体，强化美学手段

隐喻、典故、节奏等美学手段应用于语篇中，能增强语言表达的象征力（Herrick 2001：14）。在政治语篇中，美学手段的鲜活应用，能使文本或话语简洁生动，劝服力倍增。在将此类文本或话语的英语隐喻进行汉译的过程中，可以采用转换喻体的美学手段，获得异曲同工的修辞效果。这样做的理由有二。其一，中国文化博大精深，一些汉语典故与熟语可以巧妙地用来传达英语原文的意思；其二，英文中一些具有美学效果的隐喻在汉语中不能引起共情，因此有必要将隐喻转换为具有同样美学效果的相似隐喻。

（5）Will we respond to the changes of our time with fear, turning inward as a nation, and turning against each other as a people?（我们当下正面临着这样的选择。面对时代的变化，我们是将以恐惧对之，闭门造车，各自为战？）

（2016 奥巴马《国情咨文》）

例（5）将源语的隐喻转换为汉语中具有同样美学效果的熟语。原文中“自闭内省”（“turning inward”）将国家拟人化。译文在此切换到目标语视角，改用“闭门造车”的中文隐喻表达“自我封闭不与世界交流”的意思。当然，这一汉译不无缺陷。“turning against each other as a people”的意思应为“作为同胞互相争斗”，而不是“各自为战”。

（6）I think there are outdated regulations that need to be changed, and there's red tape that needs to be cut.（我认为，有些过时的规则需要改变，有些繁文缛节需要摒弃。）

（2016 奥巴马《国情咨文》）

例（6）的译文转换了喻体。在中美文化中，都有“官方冗杂的办事程序”的共同认知，然而文化象征却大有不同。在西方文化中，官僚文件都用红色带子捆绑，用“cut the red tape”暗示省去不必要的复杂程序。在中国的封建统治文化中，官员

向上级汇报文件总是有很多礼仪要遵循，省去不必要的礼节利于提升办事效率，“red tape”与“繁文缛节”灵活对应。

4. 结语

人类世界本身就是修辞的产物，人类的行为与思维都离不开隐喻这一修辞手法的引导（陈小慰，2019：53）。象征资源在隐喻翻译中的应用，为我们提供了一个看待隐喻的新视角。本文在讨论政治语篇中隐喻的翻译策略时，结合新修辞学视角，总结出了“保留源语喻体，传达诉求策略”“舍弃源语喻体，突出论辩内容”“转换源语喻体，强化美学手段”三种汉译策略。借鉴新修辞学主张的“以受众为中心”的翻译观点，本文认为，政治语篇的翻译应以读者为依归，具有受众意识。政治语篇翻译应以传递必要的政治信息和构建良好的政策为导向，以实现政府与民众之间的良好交流为目的，从而在进行保留、舍弃、转换隐喻喻体的翻译考量时，力求体会政治语篇中作者想要传达的思想，将作者的诉求策略和论辩内容恰当编改后进行翻译。

参考文献

[1] BURKE K. A rhetoric of motives [M]. Berkeley: University of California Press, 1969.

[2] DAGUT M. Can “metaphor” be translated? [J]. Babel. 1976, 22 (1): 21–33.

[3] FAINSILBER L, ORTONY A. Metaphorical uses of language in the expression of emotions [J]. Metaphor & symbol. 1987, 2 (4): 239–250.

[4] HERRICK J. The history and theory of rhetoric: an introduction [M]. Boston: Allyn and Bacon, 2001.

[5] LAKOFF G, JOHNSON M. Metaphors we live by [M]. Chicago: University of Chicago Press, 1980.

[6] NEWMARK P. A textbook of translation [M]. Shanghai: Shanghai Foreign Language Education Press, 2001.

[7] 陈小慰 . 翻译与修辞新论 [M]. 北京：外语教学与研究出版社，2013.

[8] 陈小慰 .“翻译修辞学”之辨与辩 [J]. 中国翻译，2019（3）: 44–54，188–189.

[9] 丁云亮 . 媒介化社会国家认同的修辞建构 [J]. 学术界，2018（4）: 110–120.

[10] 高兆金 . 新修辞学视角下中国传统哲学话语翻译研究 [D]. 上海：上海外国语大学，2020.

[11] 何星亮 . 象征的类型 [J]. 民族研究，2003（1）: 39–47.

[12] 胡传胜 . 高尔吉亚与古希腊修辞术的开端 [J]. 东南大学学报（哲学社会科学版），2018（6）: 140–145，148.

[13] 李克，朱虹宇 . 翻译修辞视角下的译本认同建构——以《保卫延安》沙博理英译本为例 [J]. 外国语文，2022（1）: 107–115.

[14] 袁卓喜，唐舒航．论政治语篇中的隐喻及其英译策略 [J]. 内蒙古农业大学学报（社会科学版），2019（1）：85–89.

[15] 张晓雪，窦卫霖．“翻译说服论”视域下汉语新词英译效果与策略研究———以一项汉语新词英译的接受度调查为例 [J]. 上海翻译，2020（1）：76–81.

外宣新闻信息传播的编码与解码
——以中国云南野生象群北迁事件报道为例

谭超玲[1]，王文捷[2][1]

摘　要： 基于霍尔的“编码与解码”理论，本文对国内外主流媒体对云南野生象群北迁事件的报道及海外读者对报道的反应进行了文本分析。从编码角度看，中国主流媒体把握全球共同关注的话题，及时、轻松、不失幽默地报道正面事实，回应国际期待，主导了议程设置，塑造了良好的国家形象。西方主流媒体对此事件的报道较为正面客观，但价值倾向相比而言弱于中国媒体的报道。从解码角度看，海外受众对中国主流媒体关于此次事件的报道大多采用完全接受和认同的态度和立场。中国主流媒体对此次事件的报道为讲好中国故事提供了很好的样板。

关键词： 新闻传播；编码；解码；云南野生象群北迁事件

1. 引言

党的十八大以来，习近平总书记高度重视我国国际传播能力建设，并做出了一系列重要论述。2021 年 5 月 31 日，在十九届中央政治局第三十次集体学习的讲话中，总书记就强调要注重把握好基调，既开放自信也谦逊谦和，努力塑造可信、可爱、可敬的中国形象。然而，受美国霸权主义和西方媒介偏见等因素综合影响，许多海外群众对中国有着负面的刻板印象。因此，寻找有效的对外传播方式，向世界讲好中国故事是当前的一项重要使命。

自 2021 年 5 月开始，中国云南省野生象群“一路向北”迁徙的新闻引发了全球的关注和热议，中外主流媒体如 *China Daily*、CGTN、CNN、BBC、NBC 等都对此事件进行了跟踪报道。本文拟以斯图亚特·霍尔的“编码与解码”理论为指导，对国内外媒体对云南象群北迁事件的报道和海外读者对中国媒体报道的跟帖评价内容进行文本分析，探讨中国主流媒体及西方主流媒体在报道此次事件时采用的信息编码框架，解读海外读者对中国主流媒体针对此次事件的报道采取的解码方式，总结此次事件报道对我国新闻外宣的启示，探讨讲好中国故事的有效路径。

[1]　1. 2018 级英语专业学生；邮箱：260720280@qq.com；2. 资深翻译，研究方向：翻译理论与实践。

考虑到此次云南象群北迁事件的时间跨度较大，在国外引起的热度有限，且媒体报道的内容大同小异，本文根据事件发展的时间轴挑选了 35 篇典型的报道进行分析，其中中国主流媒体 20 篇，来自 *China Daily* 和 CGTN，另外 15 篇来自 BBC、CNN、Global Times、NBC、*The Guardian* 和 *The New York Times* 六家海外媒体的报道。

2. 霍尔的编码与解码理论

被誉为“当代文化研究之父”的英国伯明翰文化传播研究学派奠基人之一斯图亚特·霍尔于 1973 年发表《电视话语的编码与解码》一文（Hall, 1973），提出了“编码与解码”理论。该理论正式的版本被收录在其《文化、媒介与语言》（Hall，1980）一书中，后来被称为“霍尔理论”。该理论打破了美国经验学派一贯主张的“受众没有能动性，只能被动接受信息”的观点。Hall（1980）认为，传播者和接受者双方地位是平等的，要重视受众的主观能动性。他指出，从信息的编成到流通再到接收和了解，各个环节都存在多元的可能性：信息编码时可能会受到编码者职业道德和意识形态等方面的影响；而解码者也会受到其社会地位及政治倾向的影响。他认为，受众解码的方式呈现出三种地位：“主导 – 霸权地位”“协商地位”以及“对抗地位”。霍尔理论一经提出便引发了学术界的关注，迄今对“编码解码”理论的研究层出不穷。

霍尔提出传播分为“生产、流通、使用（他称之为‘分配’或‘消费’）和再生产”四个阶段，每个阶段都相对独立。这意味着信息的编码虽然会影响其解码，但其影响不是绝对的。

生产阶段是文本故事的设计制作阶段，即传播者编码的过程。文本设计者将具有特定意义的内容“装进”故事。意义来自处于一定社会文化结构中的传播者的意图。有意义的文本是传播发生的前提。

信息的编码受到多种因素影响，包括“知识架构”、“生产关系”和“技术基础结构”的影响。具体而言，信息编码受到制度结构、传播媒介和方式、编码者的知识结构、技术水平、职业道德、价值观念、社会以及历史地界等因素的影响。在编码阶段，编码者的意识形态占据了主导地位。因此，如何取舍材料，如何建构“现实”，都掌握在编码者的手里。

流通阶段是文本故事流动，分配给不同受众的阶段，故事内容在视觉、听觉形式中被转化成为一系列符号，符号赋予故事具有象征意义的风格。霍尔将这些符号称为“代码（符码）”，只有代码才能够让受众走入故事的文本中。

接收阶段是传播到达受众、产生效果的阶段。在这一阶段，受众不是被动接受故事文本的意义，而是以阅读的方式审视故事内容，揣摩文本意义，并对自己的立场进行判定。霍尔提出在这个阶段中受众的解码立场分为赞同、妥协、抵抗三种。

3. 云南象群北迁报道中的信息编码与解码

3.1 中西主流媒体在象群北迁报道中的信息编码

通过对来自 *China Daily* 和 CGTN 的 20 篇报道进行关键词提取并确定内容主旨，除去没有规律且不好分类的其他内容后，我们发现中国主流媒体在对此次云南野生象群北迁事件的信息进行编码时主要涉及以下几个方面（见图 1）:

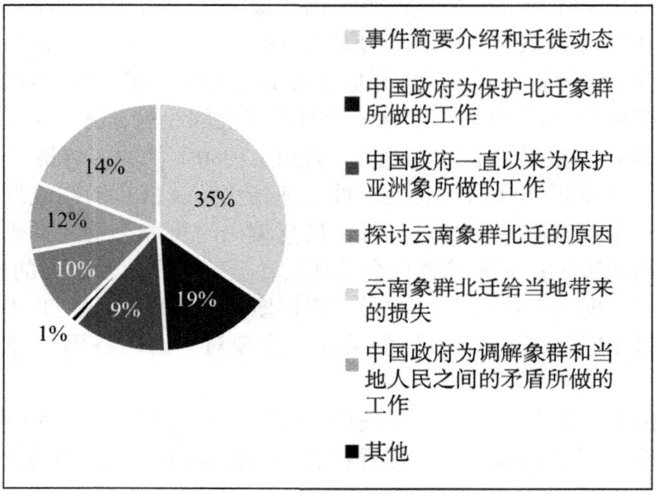

图 1

分析编码文本的内容构成后发现，两家媒体对此次事件的报道主要针对事件本身。图 1 显示，对象群北迁事件的介绍和象群迁徙的动态报道内容占了 35%。例如：“15 头野生亚洲象离开了它们在中国西南部云南省西双版纳国家级自然保护区的森林家园，开始向北行进，没有人知道真正的原因。”“象群仍在行进中，目前已经行进了 400 多千米，它们距离省会昆明只有 100 千米左右。”这表明，在这次“突发”事件中，中国主流媒体比较注重在第一时间及时发布事件的最新进展，注重满足中外人民的好奇心。这些内容偏向于提供事实和信息，价值倾向较弱。

图 1 显示，中方媒体对中国政府为保护北迁野生象群所做的努力的报道内容占 19%；中国一直以来对亚洲野生象的保护工作的内容占 9%；中国政府为调解当地人民和大象之间的矛盾所做的工作和努力的内容占 12%。例如：“另一项重要的日常工作是为北迁象群准备成吨的食物，尽量减少它们对当地社区的干扰，同时引诱它们返回。”“据总部表示，更多的无人机和人员已被派往玉溪市红塔区监控大象的活动。一个多月来，为了确保动物和居民的安全，已经采取了预防措施。周一，209 人被动

员，1 573 名居民被疏散，并为大象提供了 1 吨食物和 3.6 千克盐。”

总的来说，中国主流媒体对此次象群北迁事件的对外报道的编码过程始终在主流意识形态的框架下完成。在象群北迁事件引起国内外人民的关注和热议后，两家主流媒体的报道满足了国内外读者的好奇心需要。但事件报道更大的价值是向全世界人民展现中国致力于保护亚洲野生象群所取得的成就，展现和表明中国为保护世界生物多样性所做的贡献和决心。这是塑造一个正面的大国形象，改变部分海外读者对中国刻板印象的一个非常好的机会。

通过对 6 家西方主流媒体的 15 篇报道提取关键词并确定内容主旨，除去没有规律且不好分类的其他内容之后，可发现外国主流媒体对此次象群北迁事件的信息编码主要涉及以下几个方面的内容（见图 2）：

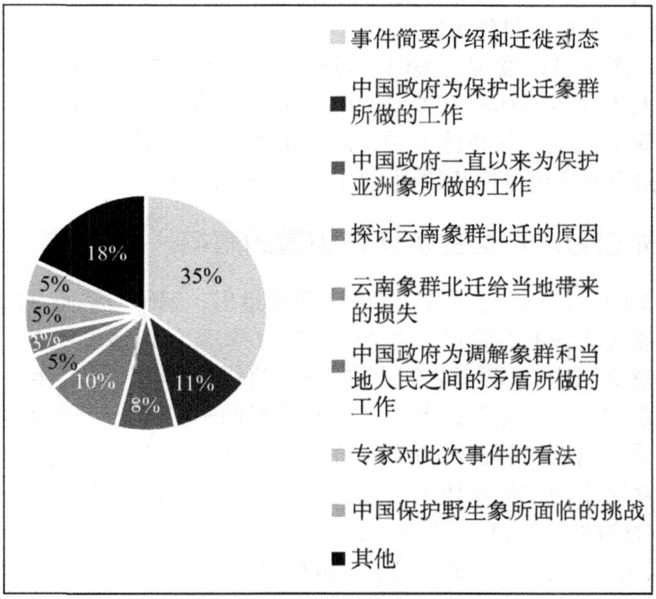

图 2

分析编码文本的内容构成后发现，西方 6 家主流媒体对此次事件报道的主要内容也是象群北迁事件的本身，如：“据国家通讯社新华社报道，大象从西双版纳自然保护区穿越云南省西南部，到达了拥有 260 万人口的玉溪，行程 500 千米，沿途留下了许多破坏痕迹。”图 2 显示，对象群北迁事件本身的介绍和象群迁徙动态的报道内容占了 35%。由此可见，西方主流媒体也同样非常关注云南野生象群事件的发展动态，注重满足外国公众的好奇心。针对事件本身的报道主要偏向于提供事实和信息，价值判断色彩较弱。

图 2 还显示，关于探讨象群北迁原因的报道内容占了 10%，专家对此次事件的看法占了 5%，中国保护野生象面临的挑战占了 5%，象群北迁过程中带来的破坏和造成的损失占了 5%。与前面对事件本身的报道内容相加，这些内容所占比重已经超过了一半。此外，不少西方媒体还直接引用了中国媒体的报道内容或数据，例如："周一，玉溪红塔区发现大象后，有关部门就成立了一个 24 小时监控大象的指挥中心，并出动了 360 多人、76 辆警车和垃圾车、9 架无人机，还准备了 18 吨大象食物。据新华社报道，目前还没有人员伤亡报告。"

西方主流媒体对此次事件的报道总体上较为客观、正面。其中，对中国政府为保护北迁象群所做的努力的报道内容占了 11%，中国一直以来对亚洲野生象所做的保护工作占了 8%，中国政府为调解当地人民和大象之间的矛盾所做的工作和努力占了 3%。这些内容加起来一共是 22%。与以往西方媒体对中国的歪曲报道相比，此次对象群北迁事件的报道明显较为客观。

比较图 1 和图 2 可以发现，编码的过程会受到编码框架的影响。中国主流媒体的编码框架与西方主流媒体存在差异。中国主流媒体对此次象群北迁事件的报道带有较强的价值倾向。虽然从整体上看，西方主流媒体对此次事件正面报道的色彩较为明显，但其报道的价值倾向相比而言弱于中国媒体的报道。

3.2 海外读者对中国主流媒体报道的解码

Hall（1973）在《编码与解码》一文中明确指出，编码与解码之间没有必然的一致性，因为传播交流并不能做到"完全清晰"。在实际的传播过程中，编码者与解码者各有一个"意义结构"，两者之间也许没有"直接的同一性"。由于信息编码者和解码者之间关系和地位的差异以及二者之间符码的不对称性，形成了解码者的三种解读方式：主导 – 霸权式解读、协商式解读和对抗式解读。对新闻跟帖评论的分析发现，海外受众对中国主流媒体关于此次象群北迁事件的报道大多是持霸权解读的立场，协商和对抗性的解读比例非常小。

1）霸权式解读。这一解读方式是指解码者完全接受和认同编码者赋予事物的意义，解码者的态度和立场也完全和编码者保持一致。此时，编码者的传播目的可以很好地实现，因为这是一种完全不失真的传播。在象群北迁事件引发全球热议和讨论后，*China Daily* 和 CGTN 都及时发布对外报道，满足外国公众的好奇心，而大多数外国读者对 *China Daily* 和 CGTN 报道的评价都是霸权式解读。例如："云南市民和当地政府保护这些野生象群做得好！你们向世界展示了中国富有同情心的一面！""这不仅让我了解了这些聪明而伟大的生物的生活和心理，也让我难得地看到了普通中国公民的生活；难以置信的耐心和善良。""谢谢你，中国！很高兴看到这个视频，鉴于我们通常通过美国媒体看到的所有负面消息！我们可以一起努力，中国！让我们找到更多的共同点。"在这种情况下，这些读者完全认同编码者的立场，根据编码者赋予该事件的意义来进行解码。

2）协商式解读。这种解码方式是指在解码过程中，解码者虽然认同编码者对事件赋予的主导意义，但是保留有自己的看法，因此产生了相抗衡的因素。也就是说，对于编码者传递的主导意义，解码者既肯定其中的合理成分，也试图根据自己的文化背景和立场进行适当的修正。在此次象群北迁事件的对外报道中，大多数海外读者对这些报道都进行了霸权式解读，但是也有少部分人采取了协商式解读。例如："中国人与野生大象共存。但每次迁徙农民都会损失数百万美元，这是值得深思的问题。"这位读者虽然认可中国政府对北迁象群的保护，但同时也提出关于政府对当地居民的保护和赔偿问题的思考。又如："现在只要他们不吃猫狗和其他任何他们能得到的动物就好了。"这位外国读者虽然认可中国政府和人民对此次北迁野生象群的保护，但却基于自身对中国的刻板印象联想到了另一些与此次事件无关的内容，因此这也算是一种协商式解读。在这种情况下，编码者所要传达的主导意义并没有很好地为解码者所接受。

3）对抗式解读。这种解码方式是指解码者虽然知道编码者赋予事物的主导意义是正确的，却选择另一种意义框架来进行解码。也就是说，这种解码方式使得编码者的传播意图完全被扭曲，消解了主导的话语结构。在此次事件的海外读者评论中也出现少部分对中国主流媒体报道的对抗式解读，例如："我从来不相信中国人会做有同情心的工作！""中国人只是在养肥它们，然后再吃掉。""他们这样做只是在浪费大家的钱。"这些评论全是对中国的负面评价，并且完全背离了编码者的传播意图，与主流意识形态形成了激烈的对抗，消解了编码者试图构建的"主导文化秩序"。

4. 中国主流媒体象群北迁新闻事件的传播特点

4.1　采用轻松、幽默的新闻叙事风格

通过文本分析，我们发现，中国主流媒体在秉持客观的态度报道象群北迁事件的同时，叙事风格也较为幽默。例如，除了使用"大象"这个词外，中国主流媒体还会用一些较为有趣的词来描述它们，像"旅行团""巨人""淘气的象群"和"长牙游客"。在描述北迁野生象群给当地带来破坏时，媒体是这样描述的："但在某些情况下，这些顽皮的大象却'令人讨厌'。他们袭击了农田，大量食用玉米、水稻和甘蔗等农作物。它们还用自己的长牙戳进村民的门，自己取食，留下巨大的混乱。但当地人对它们表现出了宽容，甚至是友好。"这样的叙事字里行间都充满着对野生象的包容。

在实时更新野生象的迁徙动态时，中国主流媒体会选择一些较为有趣的方面进行报道，比如 CGTN 在报道中几次提到野生象在北迁过程中曾"偷喝"当地人家的酒，

并且还喝醉了，如“一些有趣的瞬间被捕捉下来并上传到网上，包括它们在村民家里吃庄稼和喝酒的样子”。2021 年 7 月 19 日，*China Daily* 还发表了一篇名为“Wild Elephant Herd Takes Cool Break from Heat Wave”的文章。文章描述了野生象在北迁过程中因天气炎热在水池中洗澡的场景。CGTN 也有过类似的报道。不管是幽默俏皮的词语，还是轻松愉快的叙述，这些内容不仅吸引了国内外民众的关注，还为报道增加了娱乐性，更接地气，更容易为人们所接受。

4.2　把握云南野生象群可爱的传播力

日本学者四方田犬彦在论著中曾指出：“一旦被实施了‘可爱’这种魔法，无论多么平凡的事情，都会迅速充满着亲切感，向我们展示充满善意的表情。”（2011：13）可爱的事物会让人心生喜爱，让人联想到美好的事物，产生一种保护欲。中国传媒大学赵新利在其《萌力量：可爱传播论》（2017）一书中提出了“可爱传播”理论。他认为可爱传播能够从激发本能的层面吸引眼球，拉近距离，塑造温和、可爱的形象，赢得好感，而动物则在传播可爱方面具有与生俱来的优势。此次事件的主角——大象，正好拥有可爱无比的形象，足以让世界人民对它们充满怜悯之心，流露出善意，从而对此次事件的报道也就会充满善意。我国主流媒体正是找准了这一点，在报道中不断突出大象可爱的细节，让外国友人对其喜爱不已。例如，CGTN 会发布一些用无人机拍摄的野生象在一起玩耍打闹、在泥巴中打滚的视频。之前火爆国内外的大象蜷缩在一起睡觉的照片，也是国内媒体报道出来的。照片中野生象群正在酣睡，憨态可掬，十分可爱，赢得了无数网友的喜爱。正是这种可爱的力量超越了国家意识形态，超越了文化隔阂。

4.3　及时报道正面事实和回应国际期待

西方主流媒体对象群事件的正面报道与我国主流媒体在短时间内提供一些正面的事实，引领舆论导向密不可分。在对此次事件的报道中，我国主流媒体及时发声，率先主导了这一热点事件在国际舆论场中的议程，及时避免一些外媒带偏事实真相和舆论方向。面对国内外人民的关注和好奇，中国主流媒体实时更新象群的迁移动态，回应国际期待。在 CGTN 和 *China Daily* 的报道中，都有描述中国政府为保护野生象群，引导它们回到保护区所做的努力，如“云南省林委主任万勇表示，云南省部署了超过 2.5 万名警察和工作人员，以及 1 500 辆应急车辆来跟踪和喂养大象，确保公众安全”。除此之外，还报道了当地人民对野生象的宽容和爱护，如“‘它们只是饿了，并不是故意制造麻烦的，’当地一名妇女这样说道。”报道中还凸显了我国对云南当地居民的人文关怀，如：“我们已经敦促相关保险公司开始进行损失评估和赔偿。云南省林业和草原局官员项汝武在新闻发布会上说：‘我们会尽最大努力维护居民的合法利益。’”

除了就事论事之外，中国主流媒体还延伸了传播内容，论及这些年来中国对保护亚洲野生象所做的努力，并且还提到保护所取得的巨大成就，如："亚洲象在中国属于国家一级保护动物，主要分布在云南。由于加强了保护工作，该省的野生大象数量从 20 世纪 80 年代的 193 头增加到现在的 300 头左右。"这样可以让国际上更多人知道中国为保护生物多样性做了不懈的努力，从而增加对中国的好感。

在此次象群北迁过程当中，不论是中国政府为保护象群所做的努力，还是当地人民对象群的宽容和保护，都让全世界人民赞叹和佩服。这样的作为也让西方主流媒体动容，对事件的报道更加客观公正。

5. 中国故事传播的策略

5.1 报道事件性新闻

事件性新闻具有明确的时间、地点、人物、主要情节和因果关系，同时还突出和重视事件的动态变化性。事件性新闻本身的故事性和戏剧性对受众具有更强的吸引力，比非事件性新闻更易于传播。野生象群北迁事件就是一则事件性新闻，有明确的时间、地点、人物和发展情节，并且该事件还具有偶发性、突发性、故事性和戏剧性，更加吸引人。关于我国为保护野生象群所做的努力等一系列正面的报道使该事件多了一层积极的传播效果。当我们正面叙述一个人物时，我们倾向于去传播和分享该人物的优秀事迹和正面案例，通过叙述真实的事件增强受众的代入感和共鸣。在塑造国家形象的时候亦是如此。面对西方主流媒体的刻板印象，我们必须秉持摆事实、讲证据的态度，客观公正地叙事。

5.2 寻找引发全球共同关注的话题

新闻受众对新闻报道的解码受到不同文化背景、价值观和意识形态的影响。在这样的背景下，我国新闻外宣需挖掘共同的话题，寻找共情点。象群北迁事件之所以在国际上获得较多的正面报道，是因为野生象迁徙背后隐含有关动物保护的话题，这也是人类共同关注的话题。人们乐于关注象群迁徙的动态，了解象群在迁徙过程中发生的趣事。这些共同情感能够让人们摘掉有色眼镜，真正感受到中国政府和人民为保护大象所做的一切努力。因此，对待这样的话题西方媒体也必须依据事实进行报道。

5.3 主导议程设置和塑造国家形象

要想取得有效的对外传播，向世界展示真正的中国形象，我们就必须改变"他塑"的状态。在此次事件中，我国主流媒体及时进行了报道，并且做到实时更新信息，把握了此次事件的议程设置主导权，奠定了舆论的方向，做好了中国国家形象的“自塑”。“自塑”的国家形象和自设的议题也是西方媒体开展“他塑”的原始资料。西方媒体对此次事件的报道大量引用了中国媒体的信息和资料，比如中国政府为保护北迁野生象所采取的措施，大象迁移过程中带来的破坏和损失和当地人民对野生象群的保护等等。这样的直接引用，可以如实向世界人民展示中国为保护野生象群所做的努力，塑造一个负责任的大国形象。

有效的对外传播不仅要关注编码的过程，还需要关注解码的过程。只有当信息被清晰、成功地传递、接收和理解时，对外传播的效果才能得以实现。因此，在编码的过程中，编码者必须考虑所有可能会影响解码者解码的因素，预测解码者可能的反应，才能更好地调整编码的方式，寻找恰当的方法使解码者更好地接收编码的信息。

6. 结语

从编码角度看，关于此次象群北迁事件，中国主流媒体把握动物保护这一全球共同关注的话题，及时报道正面事实，回应国际期待，并采用轻松、幽默的新闻叙事风格，主导了议程设置，塑造了良好的国家形象。西方主流媒体对此事件的报道较为正面客观，但报道的价值倾向相比而言弱于中国媒体的报道。

从解码角度看，海外受众对中国主流媒体关于此次事件的报道大多采用完全接受和认同的解码方式，态度和立场与编码者保持了一致。

中国主流媒体对此次云南野生象群事件的报道及时、成功、高效，为讲好中国故事提供了很好的榜样，为新闻外宣提供了有益的启示。

参考文献

[1] HALL S. Culture, media, language [M]. London: Routledge, 1980.

[2] HALL S. Encoding and decoding in the television discourse [Z]. University of Birmingham Centre for Contemporary Cultural Studies, Stencilled Paper no. 7, 1973.

[3] 四方田犬彦 . 论可爱 [M]. 济南：山东人民出版社，2011.

[4] 赵新利 . 萌力量：可爱传播论 [M]. 北京：人民日报出版社，2017.

政治语篇中概念隐喻英译的解析

——以2022年《政府工作报告》英译为例

袁月明[1]

摘　要： 在2022年《政府工作报告》中，方位、建筑、物品、机器、容器和战争这六种隐喻类型出现频次位于前列。考察这些隐喻在英译版中的翻译，我们发现，政治语篇中概念隐喻的翻译应综合考虑中西方文化差异、中英文不同的语言特征等多种因素，选择恰当的翻译方式。当中英文词汇具有相似的语义和文化内涵时，尽可能采取直译的方式，最大程度地保留喻体的特色。当中英文词汇的文化内涵有差异且直译难以使目标语读者接受时，可以采用意译的策略，通过转换喻体或关键词词性帮助读者更好地理解。

关键词： 概念隐喻；政治语篇；翻译方法

1. 概念隐喻与政治语篇

Lakoff和Johnson在*Metaphors We Live By*（2003）一书中提出的隐喻理论现被称为概念隐喻理论（conceptual metaphor theory）。他们提出的"源域""目标域""映射""映射域""恒定原则"等概念，已成为学界研究隐喻性语言现象的常规术语。在概念隐喻理论中，作为通过一种事物来理解另一事物的手段，隐喻是把一个概念域（源域）中的某些结构映射到另一个概念域（目标域）中（王勤玲，2005）。

概念隐喻主要有三大类：结构隐喻、方位隐喻和本体隐喻。此外，Lakoff和Johnson所提出的概念隐喻的一个最大特点就是人们最初在使用它们的时候是无意识的、被迫的（束定芳、汤本庆，2002：2），这意味着由于认知能力或历史条件的限制，人们为了理解新事物只能借助于已经被理解的事物。

政治、语言和权力三者的联系紧密。古希腊哲学家亚里士多德曾提出人天生就是政治动物的观点，而语言作为政治交际的主要手段，影响甚至决定着政治关系（李佳妍，2021：6）。郑东升、刘晓杰（2010）认为，狭义的政治语篇是关于政治家行为的语篇，例如总统演讲、媒体采访等等。基于这些学者提出的定义和笔者的理解，政治语篇是指政治参与者为了实现其政治目的而使用的话语，在话语基础上整理成

[1] 2017级翻译专业学生；邮箱：1051844593@qq.com。

的语篇，例如新闻发布、政府工作报告和政治采访等。政治语篇首先是语篇，其次是政治（陈国兴、菅爱丽，2019：57）。政治语篇是典型的人文语义场，它立足于政治决定和行为对社会的影响和结果，通过语言的表征发挥作用（陈国兴、菅爱丽，2019：57）。

关于概念隐喻和政治语篇的关系，正如 Thompson（2018）的标题所示："没有隐喻的政治就如同无水之鱼"（"Politics without Metaphors is Like a Fish without Water"）。这一标题简洁明了地诠释了概念隐喻在政治领域中的重要作用。

2. 概念隐喻的翻译方法

概念隐喻是以约定俗成的方式将结构相对容易理解的源域映射到结构较难理解的目标域上（汪少华、樊欣，2009：25）。在隐喻的理解过程中，两个概念范围即源域和目标域牵涉其中，隐喻可以理解为从一个喻体范围向一个本体范围的映射（黄华，2001：20）。根据恒定性原则，隐喻映射在与目标域的内在结构保持一致的前提下，保留源域的认知布局（即意象图式结构）（Evans，2006：302）。例如，在容器图式结构中，容器的外部将映射到目标域的外部，内部映射到目标域的内部（束定芳、汤本庆，2002：2）。

陈国兴、菅爱丽（2019：58）认为，政治语篇是典型的表达型功能文本，尊重作者、贴近原文是其翻译的基本原则。基于此，他们提出了直译、意译、直译加意译说明、更换部分喻体词、直译加注等五种翻译方法。

胡文婷（2021：70）以《习近平谈治国理政》（第二卷）为语料研究概念隐喻的英译方法，总结出五种概念隐喻的翻译方法：1）当概念隐喻在原文和译文中都属于同一概念隐喻子类别，译者应把概念隐喻翻译到同一子类别内；2）当概念隐喻在原文和译文中属于不同的子类别时，译者应按照原文和译文概念隐喻所属的子类别进行翻译；3）把原文的概念隐喻译为明喻；4）把概念隐喻翻译为不具有隐喻意义的表达方式；5）把不具有隐喻意义的表达方式翻译为概念隐喻。

上述翻译方法都是研究者根据某一政治语篇中概念隐喻的英译总结得出的。除了考虑概念隐喻本身，在具体的翻译实践中，译者还需要结合具体的语境因素、文化背景、目标读者等来考虑具体的翻译方式。

3.《政府工作报告》中概念隐喻英译的解析

本文以 2022 年《政府工作报告》双语版为语料进行分析，该报告的中文版和英文版都来自中国日报网，语料真实可靠。笔者仔细研读该报告，识别并提取其中的隐喻表达式，发现文中运用了多种概念隐喻来陈述和总结过去一年政府的工作内容和工作成果。全文共有方位隐喻、战争隐喻、旅途隐喻、人体隐喻、建筑隐喻、机器隐喻、物品隐喻、植物隐喻、流体隐喻、容器隐喻、家庭隐喻等十一种隐喻类型。在这十一种隐喻类型中，方位隐喻和建筑隐喻出现频次最高，其次是物品隐喻、机器隐喻、容器隐喻和战争隐喻。根据概念隐喻的分类，建筑隐喻、机器隐喻、战争隐喻属于结构隐喻，物品隐喻和容器隐喻属于本体隐喻。

下文将对这六种出现频次位于前列的隐喻类型按照出现频率高低进行排序，并对其译文进行逐一分析。下文列举的译例中，对比部分以划线部分标注。为更有针对性地进行译文对比分析，每一译例仅用于探讨此例的概念隐喻类型。

3.1 方位隐喻

方位隐喻就是利用人们对空间概念的认知及文化基础，划分出一个空间方位概念，用来理解一些抽象事物的变化，比如“上—下”“里—外”“前—后”“上去—下来”“深—浅“中央—外围”等（张慧、刘曼，2022：189）。

（1）人民生活水平稳步提高。

Living standards rose steadily.

（2）改革完善中央财政科研经费管理，提高间接费用比例，扩大科研自主权。

We reformed and refined the management of central government funding for scientific and technological research, increased the proportion of indirect expenses for research projects, and gave institutes more decision-making power over their research.

（3）从全年看，主要宏观经济指标符合预期，财政赤字率和宏观杠杆率下降，经济增速继续位居世界前列。

Over the course of last year, all major macroeconomic indicators stayed in line with projected targets, the deficit-to-GDP ratio and macro leverage ratio decreased, and China's economy remained one of the fastest-growing economies in the world.

上述三个例子中的“提高”和“下降”都属于概念隐喻中的方位隐喻，且都是动词。动词“提高”在英译时都采用了直译，但例（1）译为“rise”，例（2）译为“increase”。在英语中，“rise”多用于数量或水平的增加，“increase”则多用于比率、比例和价值方面的增加，所以根据原文，同一个动词“提高”英译为两个不同的动词“rise”和“increase”。例（3）中的“下降”也直译为“decrease”，保留了原文的方位隐喻。由此可见，在人们对于空间概念的认知一致的基础上，翻译方位隐喻可采用直译。

3.2 建筑隐喻

建筑隐喻是结构隐喻中的一个子类。结构隐喻指以一种概念的结构来构造另外一种概念，使两种概念相叠加，将谈论一种概念的各方面的词语用于谈论另一概念

（周红、朱芙蓉，2010：85）。结构隐喻使抽象的、内容深刻的政治语篇语言浅显易懂，增强了政治语篇的可读性和趣味性（杨海英、周密，2021）。

（4）建立常态化财政资金直达机制，将2.8万亿元中央财政资金纳入直达范围。

We established a regular mechanism to directly allocate budgetary funds to prefecture- and county-level governments and placed 2.8 trillion yuan of central government funding under this mechanism.

（5）加强市场体系基础制度建设，推进要素市场化配置等改革。

We worked harder to develop the underlying institutions for a market system, and pushed forward reforms to ensure production factors are allocated by the market.

（6）宏观政策有空间有手段，要强化跨周期和逆周期调节，为经济平稳运行提供有力支撑。

We have both macro-policy tools and space available to us, and we should use them to intensify cross- and counter-cyclical adjustments and to provide strong support for a stable economic performance.

（7）大力拓宽就业渠道，注重通过稳市场主体来稳就业，增强创业带动就业作用。

We will work to broaden the employment channels, promote employment stability by keeping the operations of market entities stable, and harness the role of business startups in boosting employment.

（8）引导大型平台企业降低收费，减轻中小商户负担。

We will encourage large platform enterprises to lower service fees and lighten the burden on small and medium businesses.

从上述五个例子的中英文对照可以发现，建筑隐喻可以通过动词和名词来体现。中文的动词"建立"形象生动地展现了我国政府在管理财政资金方面的举措，可根据搭配译为"established"；而中文名词"基础""支撑""渠道""平台"则表达了在市场、经济、就业等方面打下的坚实基础，其中的"支撑""渠道""平台"可保留原本的词性，直接译为"support、channels、platform"。因"基础制度"这一短语也可理解为"基础（的）制度"，加之英语多使用形容词来修饰名词，而汉语则更倾向于把形容词名词化，与其修饰的名词组成四字短语，故"基础"一词在英译时转换词性为形容词用以修饰"institutions"，译为"underlying"。

由此可见，在中英两种语言中，政治语篇的概念隐喻英译基本符合概念隐喻的理解过程，即隐喻映射从源域映射到目标域且与目标域的内在结构保持一致。因此，在英译政治语篇中的建筑隐喻时，大部分情况下可采取直译的方法，保留喻体，也可以采取转换词性的翻译方法。

3.3 物品隐喻

（9）四是强化创新引领，稳定产业链供应链。

We promoted innovation-driven development and stabilized industrial and supply chains.

（10）政策发力适当靠前，及时动用储备政策工具，确保经济平稳运行。

These policies should produce effects early on, and the policy tools we have in reserve should be promptly deployed to ensure stable economic performance.

（11）各方面要共同努力，装满“米袋子”、充实“菜篮子”，把 14 亿多中国人的饭碗牢牢端在自己手中。

Everyone must work together to ensure that the country's "rice bag" and "vegetable basket" are well-filled, and that we have a secure food supply for more than 1.4 billion Chinese people.

（12）深入实施外资准入负面清单，落实好外资企业国民待遇。

We will see that the negative list for foreign investment is fully observed and ensure national treatment for all foreign-invested enterprises.

（13）我们要更加紧密地团结在以习近平同志为核心的党中央周围，高举中国特色社会主义伟大旗帜，以习近平新时代中国特色社会主义思想为指导。

We must rally more closely around the CPC Central Committee with Comrade Xi Jinping at its core, hold high the banner of socialism with Chinese characteristics, and follow the guidance of Xi Jinping Thought on Socialism with Chinese Characteristics for a New Era.

在政治语篇中，日常生活中常见的物品多被用于作为某一特定的政治概念的具体形象，利用源域和目标域之间的相似性帮助民众更好地理解抽象的政治概念，增强政治文本的可读性（张慧、刘曼，2022：189）。因此，在翻译物品隐喻的过程中，大部分情况下采用直译法，正如上述例子所示：“链”直译为“chains”，“工具”直译为“tools”，“米袋子”直译为“rice bag”，“菜篮子”直译为“vegetable basket”，“清单”直译为“list”。例 11 中的物品隐喻在翻译过程中采用了意译法，把“饭碗”内在的含义翻译出来了，故译为“food supply”。例 13 中的物品隐喻关键词“旗帜”在翻译的过程中转换了喻体，译为“banner”，其原因可能是考虑到在英美文化中人们对于横幅或标语更为熟悉，更容易理解中国特色社会主义对于中国人民的重要性。

3.4 机器隐喻

（14）加大农村义务教育薄弱环节建设力度，提高学生营养改善计划补助标准，3 700 多万学生受益。

We intensified efforts to shore up weak links in rural compulsory education, and increased subsidies in the nutrition improvement program for compulsory-education students in rural areas, benefiting over 37 million students.

（15）启动全国碳排放权交易市场。

The China Carbon Emission Trade Exchange was launched.

（16）完成今年发展目标任务，宏观政策要稳健有效，微观政策要持续激发市场主体活力，结构政策要着力畅通国民经济循环，科技政策要扎实落地，改革开放政策要激活发展动力，区域政策要增强发展的平衡性协调性，社会政策要兜住兜牢民生底线。

To fulfill the development goals and tasks for the year, we should pursue prudent and effective macro policies, micro policies that can continuously energize market entities, and structural policies that facilitate smooth flows in the economy. Science and technology policies should be fully implemented, reform and opening-up policies should lend impetus to development, regional policies should ensure more balanced and coordinated development, and social policies should meet basic living needs.

机器运作是机器内部各个零部件相互配合、相互合作运行的一个过程，且其各个零部件的功效各有特点，所以各个零部件在机器运行的整体过程中发挥的效度也有所差别。如果将社会运转比作一台机器的话，只有各个部门之间明确分工、相互配合才能让机器健康有效地运转下去（张慧、刘曼，2022：188）。

上述几个例句中的动词“启动”、“激发”和“激活”与名词“环节”“循环”和“动力”都体现了机器隐喻。动词“启动”“激发”和“激活”都分别直译为“launch”、“energize”和“lend”，而名词的机器隐喻英译则各有特点。例（14）中的机器隐喻关键词“环节”译为“links”，农村义务教育是一个整体，整体中存在强势和弱势，每个部分都相互联系，加大对薄弱环节的建设力度有利于农村义务教育这个整体更好地完善和发展，故采用直译的方法，保留了喻体。例（16）中的机器隐喻关键词“动力”直译为“impetus”，也保留了喻体，主要是为了突出改革开放政策在推动经济发展方面的重要作用。但是例（16）中的机器隐喻关键词“循环”并没有在英文例句中翻译出来，即采用了省译的翻译方法。原因可能是这一小句强调的重点是政策要促进国民经济畅通，加之“畅通”一词本身意为无障碍流通，所以“循环”这一机器隐喻关键词可省略不译。

3.5 容器隐喻

（17）教育改革发展迈出新步伐。

New steps were taken in the reform and development of education.

（18）深入实施国企改革三年行动。

We continued implementation of the three-year action plan for SOE reform and supported the healthy development of private businesses.

容器隐喻属于本体隐喻的一种。任何有边界或是能构想出边界的物理空间都是“容器”（史顺良、赵斐，2021：44）。由于人们对于容器十分熟悉，有关容器的隐喻在日常生活中较为普遍。正是因为人们对于容器这一认知域十分熟悉，所以翻译容器隐喻一般采用直译法，如例（17）和例（18）把“迈出”和“深入”分别译为“taken”和“continued”。

3.6 战争隐喻

（19）国家战略科技力量加快壮大。

Our strategic science and technology capabilities were expanded at a faster pace.

（20）污染防治攻坚战深入开展，主要污染物排放量继续下降，地级及以上城市细颗粒物（PM2.5）平均浓度下降 9.1%。

Thanks to further steps taken to prevent and control pollution, the discharge of major pollutants continued to fall and the average concentration of fine particulate matter (PM2.5) dropped by 9.1 percent in cities at and above the prefecture level.

（21）消费和投资恢复迟缓，稳出口难度增大，能源原材料供应仍然偏紧，输入性通胀压力加大，中小微企业、个体工商户生产经营困难，稳就业任务更加艰巨。

It is getting more difficult to maintain steady growth in exports, the supply of energy resources and raw materials remains inadequate, and imported inflationary pressure has increased. Many MSMEs and self-employed individuals face difficulty in production and business operations, and the task of stabilizing employment is more formidable.

战争隐喻属于结构隐喻的一种，是对结构序列的概念化，有助于强化论争的强度或力度。“战争”是分阶段的，不同阶段的映射也是各有特点，其中不乏人们经常使用却不易察觉的隐喻映射（史顺良、赵斐，2021：43）。

对于战争隐喻的英译，也有不同的翻译方法。例（19）中战争隐喻的关键词“战略”在英译时把名词转换词性为形容词，译为“strategic”。例（20）中的“攻坚战”采用省译的翻译方法，因为“污染防治攻坚战深入开展”这一小句主要是强调污染防治方面所取得的成就，而并没有突出“战争”——即没有强调污染防治的困难程度。例（21）中的“艰巨”则直译为“formidable”，突出保障人民就业的任务的难度。

4. 结语

通过对以上译例的分析可以发现，概念隐喻在政治语篇中的应用范围较广。在英译政治语篇中的概念隐喻时，应综合考虑中西方文化差异、中英文不同的语言特征等多种因素，选择恰当的翻译方式。在翻译过程中，当中英文词汇具有相似的语义和文化内涵时，尽可能地采取直译的方式，最大程度地保留喻体的特色，给读者留下一些理解的空间。当中英文词汇的文化内涵相似性不大即直译难以使目标语读者接受时，可以采用意译的策略，通过转换喻体或转换概念隐喻关键词词性帮助读者更好地理解。总之，在不影响文章忠实度的前提下，为方便读者阅读译文，译者可在英译概念隐喻时基于原文的语义及中西方的文化基础适当调整翻译方法，以实现更好的翻译效果。

参考文献

[1] EVANS V. Cognitive linguistics [M]. Edinburgh University Press, 2006.

[2] LAKOFF G, Johnson M. Metaphors we live by [M]. University of Chicago press, 2003.

[3] THOMPSON S. Politics without metaphors is like a fish without water.//Metaphor: implications and applications. Psychology Press, 2018: 185–201.

[4] 陈国兴，菅爱丽 . 政治语篇中的科技隐喻及其英译策略研究——基于《习近平谈治国理政》的平行语料库 [J]. 外语电化教学，2019（5）：56–61.

[5] 胡文婷 .《习近平谈治国理政》第二卷中概念隐喻及其英译方法研究 [D]. 无锡：江南大学，2021.

[6] 黄华 . 试比较概念隐喻理论和概念整合理论 [J]. 外语与外语教学，2001（6）：20–22, 34.

[7] 李佳妍 . 评价理论视角下中文政治语篇英译研究 [D]. 北京：北京外国语大学，2021.

[8] 史顺良，赵斐 . 政治语篇中的概念隐喻及其翻译策略 [J]. 阜阳师范大学学报（社会科学版），2021（3）：42–47.

[9] 束定芳，汤本庆 . 隐喻研究中的若干问题与研究课题 [J]. 外语研究，2002（2）：1–6.

[10] 汪少华，樊欣 . 概念隐喻、概念整合与语篇连贯——以一则商业报道为例 [J]. 外语研究，2009（4）：24–29.

[11] 王勤玲 . 概念隐喻理论与概念整合理论的对比研究 [J]. 外语学刊，2005（1）：42–46.

[12] 杨海英，周密 . 政治语篇中的概念隐喻及英译研究 [J]. 湖北经济学院学报（人文社会科学版），2021，18（2）：117–120.

[13] 张慧，刘曼 . 概念隐喻视域下的政治语篇研究——以 2020 年《政府工作报告》为例 [J]. 汉字文化，2022（5）：187–189.

[14] 郑东升，刘晓杰 . 政治语篇的人际功能——关于布什话语的个案研究 [J]. 河北师范大学学报（哲学社会科学版），2010，33（5）：75–82.

[15] 周红，朱芙蓉 . 政治演讲中隐喻的翻译 [J]. 湖南人文科技学院学报，2010（01）：85–87.

《恺撒大帝》中安东尼演讲的多模态话语分析

陈映池[1]

摘　要： 现代社会蓬勃发展的多媒体信息技术为人们获取信息的方式带来了崭新变化。曾经以语言为主导的信息渠道已被语言、图像、声音、动作等多种符号系统组合的呈现形式所取代。多模态已成为众多学科中学者关注的话题。莎剧《恺撒大帝》中，安东尼在恺撒葬礼上的演讲创造了人类历史上最成功的演讲杰作之一。其荧幕演绎的意义传递效果实现最大化，多模态话语的呈现功不可没。安东尼的演讲中符号系统的融合打破了语言、文化与认知上的壁垒，使语义传递有效化，使观众感同身受，引起共情。本研究运用多模态话语分析理论，以《恺撒大帝》（1970）电影版本中安东尼的演讲片段为研究对象，探究符号系统的融合及其传达的语义和效果，以揭示该演讲如何对受众产生如此大的影响力，为电影演讲素材的多模态研究提供一定证据，也为演讲教学提供借鉴。

关键词： 多模态话语分析；符号系统；安东尼演讲；电影演讲

1. 引言

电影《恺撒大帝》（1970）改编自莎士比亚同名戏剧，其中安东尼的演讲一幕颇为经典。学界有关安东尼演讲的语言和修辞研究一直备受青睐。研究往往基于演讲稿文本，内容大多有关修辞分析、翻译和评价以及演讲策略，而对荧幕版本的研究寥寥可数。

随着多媒体和信息技术的迅速发展，信息传递的方式逐渐多样化，单一语言模态已不能满足人们的获取和传递信息的需求，语言、图像、声音和动作等各种符号系统的融合逐渐成为主流。Kress & van Leeunwen（2001：1–2）认为，“我们的社会正在从以单模态为主导转向以多模态为主导”。Lim（2004：220）也认为，“我们生活在一个多模态的社会中，通过符号资源的共同部署来创造意义”。不同的模态对应不同的符号系统，当各种符号系统结合在一起共同作用，就会构建特定的意义。电影《恺撒大帝》中的安东尼演讲便是使用多种符号模态系统融合的范本。

本文旨在探讨马克·安东尼演讲中的模态和符号系统的融合，以及它们如何构建意义来实现演讲的劝说效果。研究问题包括：

[1]　2018 级英语专业学生；邮箱：1198998412@qq.com；指导教师：庄柔玉教授。

1）安东尼的演讲中蕴含哪些模态和符号系统的融合类型？

2）安东尼的演讲要传达哪些意义信息？

3）安东尼的演讲中符号系统的融合如何构建意义信息？

2. 研究回顾

2.1 多模态话语分析

Forceville & Urios-Aparisi（2009：22）将模态定义为“通过特定感知过程产生的可解释性符号系统”，可分为1）图形或视觉模态；2）听觉或声音模态；3）嗅觉模态；4）味觉模态；5）触觉模态。在日常生活中，交流所体现的模态形式是多样的。例如，图形图像、书面符号、口头符号、手势、声响、音乐、气味、口感味道、触摸。书面符号和手势都属于视觉模态，而口头符号和非语言声音都属于听觉模态。

多模态是指不同的符号系统在形成文本特定意义的过程中被共同部署和共同情境化的不同方式（Baldry & Thibault，2006）。根据Halliday（1985）、Hodge和Kress（1988）和张德禄（2009）的观点，多模态交流有两种或两种以上模态共同作用，协同构建话语的社会意义，其中涵盖多种模式或交际形式，如数字形式、视觉形式、空间形式和音乐形式。

国内外的学者已经在海报、电影、广告、纪录片等各个领域对多模态话语分析进行了全面、深入的研究。O'Toole（1994）的著作 *The Language of Displayed Art* 和 Kress & van Leeuwen（1996）的 *Reading Images* 标志着多模态话语分析研究领域正式发端。O'Toole试图将功能语言学理论应用于艺术分析中。Kress & van Leeuwen（1996；2001）研究了模态和媒介之间的关系，探索了包括视觉图像、颜色语法、报纸布局设计和各种媒体功能表达意义的多模态现象。近些年多模态话语分析也已引发大量国内学者的关注与研究，如电影电视节目的多模态分析（李战子、向平，2007；李妙晴，2007）。本文选取演讲视频为研究对象，探讨这类视频如何调动多种符号手段建构语义，极具探讨价值。

2.2 《恺撒大帝》电影演讲

作为世界经典，对《恺撒大帝》中演讲的研究颇丰。目前，有关《恺撒大帝》中演讲的研究大多集中于演讲文稿而非其视觉形式。有关研究可大体分为两类：一是从语言与修辞的角度，基于演讲文本分析演讲策略，例如，Cheetham（2017：128）指出，布鲁特斯和安东尼的演讲在内容、目的、修辞风格、修辞密度、细节程度、讽刺的使用、演讲者与观众的关系、散文或诗歌的使用以及许多其他重要领域都完全不同；王永红、翟雅丽（2015：52）通过对安东尼的演讲进行案例研究，总结提炼其中的演讲策略，分析了安东尼控制观众心理的高超语言艺术。二是从语言学相关角度分析演讲文本，如 Thomas（2016）总结道，安东尼的演讲把政治行为变成了个人行为；张保艳（2013）从言语行为理论视角出发，研究了安东尼的演讲在哪些方面较布鲁特斯的演讲效果更佳。

成功演讲的背后是实现高效沟通的智慧。为了探索有效沟通的实现，研究其中的要素是必不可少的，这便是从多模态话语分析的角度来探索演讲的目的。

3. 安东尼演讲的意义建构

3.1 安东尼演讲的模态与符号系统

安东尼的演讲包含四种模态和符号系统：图形图像、口头语言、手语身势、背景声响。其中，图形图像是承载整个视觉内容和信息的基础，视频中的每个镜头都以画面的形式提供信息。口头语言是演讲中第二显著的模态，从听觉角度构成了演讲的主要内容。手语身势和背景声响作为丰富演讲意义的补充元素同样具有重要的作用。手语身势大多伴随演讲者的话语形成、手势和面部表情等肢体语言，与言语一起共同表达特定的含义。演讲中的背景声响主要体现为群众发出的声音，包括脚步声、低语等。这四种模态作为不同的符号系统，都能独立或协同地发挥作用。

3.2 安东尼演讲的意义信息

安东尼的演讲可归纳出两大类意义信息：对恺撒的赞美和对布鲁特斯及众人的控诉。其中，“对恺撒的赞美”可以进一步分为三点：1）恺撒并没有野心；2）恺撒有怜悯之心；3）恺撒值得被哀悼和爱戴。“对布鲁特斯及众人的控诉”同样可细分为三点意义信息：1）布鲁特斯不是一个正直可敬的人；2）人们已经失去了判断力；3）由于布鲁特斯和盲从的大众导致恺撒的死，演讲者陷入了巨大的悲痛。随着这些意义信息的成功构建，安东尼的意图更容易被人们充分理解，其暗含的目的都得以成功实现。

3.3 安东尼演讲的意义建构

3.3.1 “恺撒并没有野心”的意义构建

尽管安东尼几乎在整个演讲中都在强调“布鲁特斯说恺撒雄心勃勃”，但他想揭示的事实是“恺撒并没有野心”。为了达到此目的，安东尼让人们回忆恺撒三次拒绝加冕的行为。此处构建意义信息的符号系统有图形图像、口头语言和手语身势。

图 1 展示了安东尼强调人们早已见证恺撒并无野心这一事实。他通过两件事成功地传达该信息：一是通过说“你们都在 Lupercal 上看到了”，另一件是伸手指向人群。前者运用口头语言，把“did”放在“see”前面，加以强调。这句话至少指出了三条信息：“你是见证人，而不是其他人”“你确实亲眼所见，不是我说的”和“就是在 Lupercal 发生的事实”，涉及参与者、真实性和事件场合这些重要因素。后者属于手语身势符号系统，安东尼伸出手臂，用手指指着人群，这一举动表明了安东尼意在强调众人都是目击者，让他们有参与感。

图 1　口头语言和“指”的手势

图 2 中，安东尼陈述了恺撒回绝三次加冕这一事实。他采用两种模态传达了这一信息：陈述“我三次为他加冕，他三次回绝”，以及做出数字手势“3”，分别对应口头语言符号和手语身势符号。“我三次为他加冕，他三次回绝”指出了所发生的核心事件。这里的“王冠”不仅指的是物体本身，更象征着王位与权力。通过陈述“恺撒三次拒绝王冠”的事实，构建了“恺撒并没有野心”的意义信息。数字“3”的手势则在很大程度上帮助传递了这一信息。

图 2　口头语言和数字手势

图 3 显示安东尼说“难道这是野心吗?”。他将双手放在面前的台子上，往人群方向前倾，直视众人。通过口头语言和肢体语言，他让众人思考恺撒是否有野心，同时强烈暗示恺撒所为绝不是野心。他所说的话带给听众强烈的心理暗示，身体前倾及俯视的肢体语言给他们施加了压力，促使听众开始反思。表 1 展示了本节所涉及的符号系统及其意义构建过程。

图 3　口头语言和俯视姿势

表 1　“恺撒并没有野心”的意义构建

符号系统	过程	意义信息
口头语言“你们都在 Lupercal 上看到了”和“指”的手势	⟶	人们是事实的见证人
口头语言“我三次为他加冕，他三次回绝”和数字“3”手势	⟶	恺撒拒绝加冕
口头语言“难道这是野心吗?”和俯视姿势	⟶	恺撒根本没有野心

3.3.2　“恺撒有怜悯之心”的意义构建

为了使对恺撒的赞美更有说服力，马克 · 安东尼不仅提到了恺撒没有野心，而且还强调了他的仁慈。他讲述了恺撒为哭泣的穷人落泪的故事，并将恺撒的心与“冷酷的东西”形成对比，强调他是有怜悯之心的，与野心无关。此处意义构建涉及的是图形图像、口头语言和手语身势符号的融合。

图 4 显示的是群众的画面。他们微微抬起头，无言地盯着安东尼。这里传递的语义信息是：听众在某种程度上相信安东尼所说的话，侧面证明了安东尼确实达到了他的说服目的。安东尼说：“当穷人哭泣，恺撒也落泪了”。“落泪”表示恺撒对穷人的怜悯和同情。安东尼所传递的口头语言和众人的姿势结合在一起，有效地构建了“恺撒存在怜悯之心”的意义。

图 4　口头语言和听众反应

图 5 是安东尼面部表情的近镜头。他说："野心应该由更冷酷的东西构成"。"更冷酷的东西"的隐含意义是性格更为杀伐果断、无仁慈之心。说完这句话，安东尼皱起了眉头。皱眉属于面部表情，它会导致前额出现皱纹，显示出严肃、愤怒或焦虑的情绪。此处安东尼带着否认的意思皱着眉头，他用一种愤怒和严肃的身势符号指出恺撒没有杀伐果断之心。表 2 展示了本节所涉及的符号系统及其意义构建过程。

图 5　口头语言和皱眉

表 2　"恺撒有怜悯之心"的意义构建

符号系统	过程	意义信息
口头语言"当穷人哭泣，恺撒也落泪了"和听众抬头无言望着安东尼	⟶	恺撒对穷人的怜悯之心
口头语言"野心应该由更冷酷的东西构成"和皱眉	⟶	恺撒的心与"更冷酷的东西"毫无关联

3.3.3 “恺撒值得被哀悼和爱戴”的意义构建

在描述恺撒美德的基础上，安东尼进一步向听众传达了“恺撒值得被哀悼和爱戴”的意义信息。这里影片使用了从远到近镜头的转换，呈现了不同的整体画面。此外，安东尼的口头语言和肢体语言仍然扮演着重要的角色。

图 6 用远镜头拍摄，容纳了包括安东尼和听众在内的整个场景。安东尼此处所说的是，“你们的确都曾爱戴他，而且不是没有理由的”。这是安东尼提醒人们过去对恺撒的爱戴，并强调这份情感的合理性。从视觉效果上看，远镜头不仅展示了演讲者，还展示了下面庞大的人群，旨在表明曾经爱戴恺撒的人很多。

图 6　口头语言和远镜头

图 7 是安东尼面部表情的特写镜头。他问听众“是什么原因阻止你们为他哀悼?”在提醒他们曾经的情感后，安东尼开始质问他们现在的行为。安东尼指出，人们不哀悼和爱戴恺撒是不合理的，他使用了反问句，让听众自己反思。这种说服效果是通过适当的口头语言、特写镜头和安东尼的面部表情的结合来实现的。说话时，他的五官似乎都在发力，意味着感情非常强烈，足以使听众产生情感共鸣和心理暗示。表 3 展示了本节所涉及的符号系统及其意义构建过程。

图 7　口头语言和近镜头

表 3 “恺撒值得被哀悼和爱戴”的意义构建

符号系统	过程	意义信息
口头语言“你们的确都曾爱戴他，而且不是没有理由的”和整体画面的远镜头	⟶	恺撒过去被人们爱戴是有理由的
口头语言“是什么原因阻止你们为他哀悼?”、近镜头和面部表情	⟶	人们应该为恺撒哀悼

3.3.4 “布鲁特斯不是一个正直可敬的人”的意义构建

为了达到最大化的说服效果，安东尼采取反面论证的策略，通过说明“布鲁特斯不是一个正直可敬的人”来烘托恺撒的可敬。此处采取了图形图像、口头语言、手语身势和背景声响符号来构建信息。

如图 3，图 8 也同样显示了安东尼向众人前倾的画面，同样反映出给听众施加压力促其思考的效果。区别在于，此次安东尼试图说服他们认清关于布鲁特斯的真相。此处所涉及的口头语言是“但布鲁特斯还说他有野心”。结合前文描述恺撒功绩的话，安东尼意在强调布鲁特斯说恺撒有野心实在荒谬。“还”这个字眼背后的深层含义是，尽管恺撒做了那些可以证明他没有野心的事情，布鲁特斯却仍然在颠倒黑白，表明布鲁特斯是卑鄙和不诚实的。通过口头语言结合肢体语言所施加的压力，迫使听众思考这一含义，从而实现说服效果。

图 8 口头语言和身体前倾姿势

图 9 展示的是听众听到安东尼说话后的反应。安东尼说完后，人们有了不同的反应。与此同时，人群中交头接耳的低语声响起。此处口头语言是安东尼所说“当然，他是一个高尚的人”，用反讽的手法，反话正说，而不是直接指出布鲁特斯并非可敬之人。听完这番话，有些听众自省似地低头，有些人带着不确定和后悔的眼神望着安东尼，窃窃私语，背景音一片嘈杂。可以合理推断，听众的低语声是针对“布

鲁特斯是高尚的人”的一连串嘘声。显然，听众几乎被安东尼说服，相信“布鲁特斯不是一个可敬的人”。表 4 展示了本节所涉及的符号系统及其意义构建过程。

图 9　口头语言和人群反应

表 4　“布鲁特斯不是一个正直可敬的人”的意义构建

符号系统	过程	意义信息
口头语言“但布鲁特斯还说他有野心”和身体前倾姿势	⟶	布鲁特斯的卑鄙和不诚实
口头语言“当然，他是一个高尚的人”、听众的各种肢体反应和主要由低语声构成的背景声响	⟶	布鲁特斯实非可敬之人

3.3.5　“人们已经失去了判断力”的意义构建

安东尼不仅指责布鲁特斯的行为，还谴责其他人的行为。布鲁特斯确实难逃罪责，但盲目追随他的人也导致了恺撒的死亡。因此，对这些人的指控必须被提出。此处涉及“图形图像 + 手语身势”和“图形图像 + 口头语言 + 手语身势”的融合。

图 10 的画面为安东尼低着头。这里的意义建构的特别之处在于在无声的情况下，意义得到了顺利的传递。画面涵盖了安东尼和现场的人群，安东尼在众人面前低头的形象让我们瞬间感受到失望、压抑的情绪。具体而言，低头的姿势象征着悲伤、绝望、愤怒等负面情绪。安东尼对人们的选择表现出失望和愤怒是显而易见的。

图 11 的画面是紧接着图 10 的后一帧。当他说“哦，判断力！你逃到了野兽那里”时，安东尼抬起原本低着的头，眼睛直视观众。“野兽”一词有修辞意义，象征着邪恶和可怕的东西。安东尼看似在批判“判断力”，而真正的批评对象是有负恺撒的众人。他暗示人们失去了自己的判断。抬头姿势所传达的信息是，安东尼对他所说的话坚信不疑，也将此传达给了听众。表 5 展示了本节所涉及的符号系统及其意义构建过程。

图 10　整体画面和低头姿势

图 11　口头语言和抬头姿势

表 5　“人们已经失去了判断力”的意义构建

符号系统	过程	意义信息
整体画面和安东尼的低头姿势	⟶	安东尼的失望和愤怒
口头语言“哦，判断力！你逃到了野兽那里”和抬头姿势	⟶	人们已经失去判断力

3.3.6 “由于布鲁特斯和盲从的大众导致恺撒的死，演讲者陷入了巨大的悲痛”的意义构建

为了控诉布鲁特斯和众人，安东尼表达了他的悲伤。这种方式可引起这些人的内疚感，间接地达到说服效果。为了表现他的痛苦，图形图像、口头语言和手语身势这几种符号都共同发挥了作用。

图 12 是安东尼低头的画面。当他说“我的心随着恺撒在那棺材里，我必须停下来，直到它回到我身边”时，他几乎一直低着头，只是偶尔抬起，以便与听众的眼

神交流。正如图 10，此处也同样表现了人的消极情绪，肢体语言传达了安东尼悲伤的信息。口头语言则进一步解释了这种情绪的来源，安东尼声称他的心已与恺撒同在，意味着他对恺撒的死感到万分悲痛。当某人声称他的心已不在自身体内，而是在其他地方时，在我们的认知中，会联想到“此人很悲伤”，类似表达出现在我们接触的许多情境中。因此，当安东尼使用这种口头语言和情感对应的肢体语言时，形成的整个画面会让屏幕前的观众印象深刻。表 6 展示了本节所涉及的符号系统及其意义构建过程。

图 12　口头语言和低头姿势

表 6　“由于布鲁特斯和盲从的大众导致恺撒的死，演讲者陷入了巨大的悲痛”的意义构建

符号系统	过程	意义信息
口头语言“我的心随着恺撒在那棺材里，我必须停下来，直到它回到我身边”和低头姿势	⟶	恺撒的死引起了安东尼的巨大悲痛

3.4　电影演讲中符号系统融合的典型

安东尼的演讲中有四种符号系统发挥作用：图形图像、口头语言、手语身势、背景声响。经过分析，根据六大类意义信息，总共有十二种符号的融合。有些融合不止一次出现，因此可以根据它们的类型进行分类归纳。最后可得出有四种符号系统的融合类型：图形图像 + 口头语言 + 手语身势、图形图像 + 口头语言、图形图像 + 手语身势、图形图像 + 口头语言 + 手语身势 + 背景声响。其中，图形图像 + 口头语言 + 手语身势的融合出现最为频繁，总共有九次，占总数的 75%。其余三种类型的融合分别出现一次。由此，我们可初步得出结论，在该演讲中，最常见的符号系统的融合类型是图形图像 + 口头语言 + 手语身势。从单个符号系统的出现频率来看，图形图像、口头语言和手语身势也排在首位。因此可以推论，使用图形图像、口头语言和手语身势符号系统的融合是电影演讲成功的关键。

4. 结论

本文基于多模态话语分析理论，探究了《恺撒大帝》(1970)中安东尼演讲的符号系统和意义信息。研究发现：1)安东尼的演讲主要包含四种模态和符号系统：图形图像、口头语言、手语身势、背景声响。演讲中所出现的符号系统的融合共有四种类型，其中出现频率最高的为图形图像+口头语言+手语身势。2)演讲主要包含两大意义信息：对恺撒的赞美以及对布鲁特斯及盲从者的控诉。在这两大信息类别下，通过进一步分析发现所构建的意义均体现安东尼演讲隐含的目的。3)演讲中每处信息的传达都伴以多模态形式呈现，由两种及两种以上符号系统融合进行意义构建，即视频中的整体画面、安东尼的言语及手语身势、背景声响、群众反应等电影中演讲本身的劝说效果和对电影外观众的影响通过不同的符号系统组合得以实现。4)安东尼的演讲成为演讲典范的主要原因为：一方面，符号系统的融合打破了语言、文化与认知上的壁垒，使语义传递有效化；另一方面，多种模态所建构的含义使观众感同身受，引起共情。

本研究有望促进演讲研究和教学的发展。公共演讲课教师可以通过传达“现在请关注演讲者的全身”或“现在请关注演讲者的面部表情”等类似指令引导学生，实现类似电影中镜头的视角转换。对演讲初学者，这项研究可以剖析展示演讲的基本因素，指引他们在正确方向上提高演讲技能。此外，通过此研究中意义构建的分析，可指导提高人们日常生活的交流效率，并对社会和国际领域的公共演讲和交流提供一定的启示。

参考文献

[1] BALDRY A, THIBAULT P J. Multimodal transcription and text analysis [M]. London: Equinox Publishing Ltd, 2006.

[2] CHEETHAM D. Rhetorical flaws in Brutus' forum speech in *Julius Caesar*: a carefully controlled weakness? [J]. Advances in language and literary studies, 2017 (3): 126–132.

[3] FORCEVILLE C, URIOS-APARISI E. Multimodal metaphor [M]. Berlin: Mouton de Gruyter, 2009.

[4] HALLIDAY M. A. K. An introduction to functional grammar [M]. London: Arnold, 1985.

[5] HODGE R, KRESS G. Social semiotics [M]. New York: Cornell University Press, 1988.

[6] KRESS G, LEEUWEN T. V. Reading images: the grammar of visual design [M]. London: Routledge, 1996.

[7] KRESS G, LEEUWEN T. V. Multimodal discourse: the modes and media of contemporary communication [M]. London: Arnold, 2001.

[8] LIM F. V. Developing an integrative multi-semiotic model [J]. Multimodal discourse analysis: systemic functional perspectives, 2004: 220–246.

[9] O'TOOLE M. The language of displayed art [M]. London: Leicester University Press, 1994.

[10] THOMAS M. F. Political acts and political acting: Roman gesture and *Julius Caesar* [J]. Early modern literary studies, 2016, 19 (1): 1–24.

[11] 李妙晴 . 改编电影的多模态话语分析以《大红灯笼高高挂》为例 [J]. 电影文学，2007（8）: 98–100.

[12] 李战子，向平 . 当代中国新话语之一《一个馒头引发的血案》巴赫金式解读 [J]. 四川外语学院学报，2007（6）: 21–24.

[13] 王永红，翟雅丽 . 例谈掌控听众心理的演讲策略 [J]. 文学教育（下），2015（09）: 52–54.

[14] 张保艳 . 用言语行为理论分析《恺撒》中布鲁特斯和安东尼的演讲 [J]. 大学英语（学术版），2013（01）: 290–294.

[15] 张德禄 . 多模态话语分析综合理论框架探索 [J]. 中国外语，2009（1）: 24–30.

[8] LIM F. V. Developing an integrative multi-semiotic model[J]. Multimodal discourse analysis: systemic functional perspectives, 2004: 220-246.
[9] O'TOOLE M. The language of displayed art[M]. London: Leicester University Press, 1994.
[10] THOMAS M. F. Political art and political culture: Roman gesture and [illegible][J]. Early modern literary studies, 2016, 19(1): 1-24.
[11] [illegible]
98-100.
[12] [illegible]
[illegible] 21-24.
[13] [illegible] 2015 [illegible]
[14] [illegible]
2013 (01): 290-294.
[15] [illegible] 2009 [illegible]

二、
语篇修辞手法探究

英文广告修辞与受众反应研究

冯菡紫云 1，覃柳环 2，林思怡 3 [1]

摘　要： 修辞手法目前已被广泛应用到广告及各类媒体传播之中，常见手法包括双关、比拟、夸张等。随着修辞学与心理学的交叉研究不断深入，修辞手法的运用越来越多地考虑到受众对象的反应。广告渠道的多元化，极大地拓宽了广告受众面。在受众心理研究和运行机制的研究框架下，本文从信息传达的角度，就广告修辞使用对受众反应的影响做出分析，并结合广告实例，探寻其内容、形式、语言表达等方面的特色与可鉴之处。

关键词： 英文广告；广告修辞；受众反应；传播效果

1. 引言

广告是信息时代有效的媒体传播途径，修辞是对广告语言进行修饰的良好手段，是使广告语言准确鲜明、形象生动的技巧。常用的修辞手法有比喻、比拟、夸张、反复、对偶、排比、双关等。这些手法的巧妙运用可以使广告文案绘声绘色、熠熠生辉；广告的效果又与受众反应息息相关。因此，广告修辞中的受众反应研究值得探讨。

2. 广告修辞研究回顾

早在 20 世纪 60 年代，英国语言学家 Geoffrey Leech 就将词汇选择理论应用于广告创作的研究，在其《英语广告》（*Advertising in English*，1966）一书中列出了英文广告语中最常出现的动词：make、get、give、have、see、buy、come、go、know、keep、look、need、love(like)、use、feel、take、start、taste。近些年来，许多西方学者都把研究的焦点集中于具体的修辞手法，如 Cook（1992）从语篇角度研究广告语言和修辞；Myers（1994）关注广告中的头韵、类韵、和韵、反问和双关等问题。Leigh（1994）则提出了影响广告成功的两个层面的因素：一个是修辞格，另一个是印刷广告标题和广告图片之间的关系。他曾对 2 183 个带有标题的印刷广告内容进行分析，以调查广告标题中修辞格及其类别的使用频率，并基于相似性列出了一个包括 41 种修辞格在内的表格，给出了每种修辞格的定义。（郑奕，2009）

[1] 1. 2019 级英语专业学生；邮箱：2745214118@qq.com；2. 讲师，硕士，研究方向：翻译理论与实践；邮箱：466170961@qq.com；3. 2019 级英语专业学生；邮箱：1787560587@qq.com。

视觉修辞是一种新兴的修辞学分析方法和研究视角，20 世纪初开始逐渐引起图像研究者的关注。在图像和视频产出极大丰富的时代，视觉主导的文化逐渐渗透生活的方方面面。广告作为再现性的媒介文本，在图像研究中占有重要地位，与视觉修辞之间也存在紧密的关联。广告作为当代视觉符号生产的原动力之一，对其表现形式的确认、视觉符号的鉴赏、内涵意义的解读，成为目前广告修辞研究的重点。（韩云，2022）

总体来说，西方学者对广告语修辞的研究主要包括三个方面：广告语修辞格使用情况分析、广告语修辞现象理论解析、广告语言修辞与视觉修辞及其关系研究。我国学者把英文广告语与翻译、语用学理论相结合，重在分析广告语言的遣词造句。（邱月泠、高胜兵，2021）

无论广告的媒介和形式如何发展，其核心内涵是消费者导向。研究广告传播的受众反应，将进一步帮助传播者观察受众在消费行为、情感投入、品牌信任度等方面的改变，从而提升广告品质，优化市场经济行为。从语言研究的角度而言，通过研究修辞技巧的应用与发展，以及其在受众反应中所起到的作用，具有极强的现实意义。

3. 英文广告修辞分析

英文修辞手法包括明喻（simile）、暗喻（metaphor)、夸张（hyperbole)、双关（pun)、拟人（personification）等，在广告修辞中都有广泛的应用。

3.1 比喻

亚里士多德认为比喻可分为“明喻”和“暗喻”两种。在广告中使用比喻，使得抽象的产品特质可视化、形象化、易于想象，给人留下更清晰的印象。如例（1）—（2）:

（1）EBEL, the architects of time.（依贝尔手表，时间的缔造者。）（魏东亚，2011）

（2）Like a good neighbor, State Farm is there.（州农保险，与您为邻。）（齐放，2009）

在例（1）中，手表品牌依贝尔将其旗下的手表比作时间的缔造者，仅用了几个字就显示了手表的高品质，十分成功地运用了暗喻。例（2）中保险公司的广告体现了其服务像一位好邻居一样，不可缺少、不可离分，通过“一位好邻居”的具体比喻，树立了州农保险公司亲和、可靠的品牌形象，体现其保险服务的价值，有利于形成记忆点。

3.2 双关

《英语修辞与写作》（修订本）（黄任，2012）一书中提到，双关的形式主要有“谐音双关”和“意义双关”两大类。由此可知，广告中的双关也可以大致分为两种。如例（3）：

（3）You will go nuts for the nuts you get in Nux.（牛跃辉、孙淼，2007）

例（3）同时体现了“谐音双关”和“语义双关”。句中的“（go）nuts（狂热）”与“（the）nuts（坚果）”构成语义双关，“nuts”与“Nux”（坚果品牌）又构成谐音双关，三者读音相近却各有所指，创意十足，富有趣味。

3.3 仿拟

仿拟指按照已有的语言形式，临时造出新的语言形式的一种辞格。广告中可利用成语典故、诗文名句临时创造一种新的表达，以符合广告语言的特定需要。如例（4）：

（4）To take BA or not to take BA? What a silly question.（坐英航还是不坐英航，这是一个傻问题。）（袁洪、王济华，2018：93）

此处仿拟了莎士比亚笔下人物哈姆雷特的著名独白“To be or not to be, that is a question”，人们看到广告就会联想到这一耳熟能详的名句，而“傻问题”的感叹意在表达“当然是选择英航啰，这还用问吗”的意思。广告的言外之力是突出乘坐英航的优势，其构思的巧妙就此体现。

3.4 夸张

顾名思义，夸张就是通过夸大产品某一方面的特点，启发听者或读者对于产品的联想。这种广告修辞格可以增强广告的效果，容易给人留下深刻的印象。如例（5）：

（5）Take Toshiba, take the world.（东芝在手，世界在握。）（冯克江，2009）

拥有再多的东芝电器也不可能拥有全世界，但这则广告运用夸张的手法，体现出东芝电器的强大功能：东芝电器可以带你领略世界、享受生活。大气的广告词让人印象深刻，激发消费者了解产品的兴趣。

除上述几种修辞格之外，还有很多其他运用于广告的修辞格类，在此不一一赘述。究其本质，使用广告修辞格是为了吸引消费者的注意力，提升产品在消费者心目中的印象和地位，达到广而告之的目的。无论运用哪种修辞方法，最终目的都是说服受众。

4. 英文广告顺应受众反应

受众是交际模式研究的基本对象。交际领域的受众研究涉及说者、听者、信息与交换四个方面，其中至为关键的是对听者特点的研究（温科学，2009：177）。广告受众随着社会环境的变化呈现不同的特点，同时也有相对稳定的因素，而广告修辞应适应受众特点才能发挥最大的效益。下面就从当前背景下的受众反应出发，对广告修辞的运用做出分析。

4.1 广告媒介融合与受众特点变化

随着数字传播与网络技术的发展、信息传播方式与媒介形态的丰富化，广告传播呈现出媒介融合趋势明显、投放渠道多元化的特点，广告受众面极大拓宽。新媒体环境下的广告受众已经不满足于单一的信息接触渠道，转而投向融合媒体与新兴媒体。此外，受众消费过程呈现出注重参与度与体验感的特点。

4.2 受众感官体验

感官体验指受众通过视觉、听觉、嗅觉、味觉、触觉等感官，在接受外部信息刺激后所产生的交互反馈和体验。受众利用感官直接接触新事物，间接进行理解和联想。感官体验是受众最直观的体验，是后续产生更深层次体验的基础。广告所呈现的是一种基于文字图像的感官体验。这是一种稳定的、基本的受众反应。广告修辞抓住受众感官，可以达到强化传播效果的目的。这一点在食品广告中体现得最为明显。如例（6）：

（6）Try our sweet corn; you will smile from ear to ear.（玉米广告）（黄任，2012：53）

"ear" 既指 "耳朵" 又指 "玉米的穗"，短语 "smile from ear to ear" 既指 "笑得合不拢嘴"，也指 "每一穗都吃得欢乐开怀"。利用 "ear" 引起的双关突显玉米味甜，给受众带来的满足感。广告巧妙地将玉米本身的特点与消费感受融合起来。又如例（7）：

（7）Good to the last drop.（咖啡广告）（廖乃帜，2011）

"滴滴香浓，意犹未尽"，使用夸张的手法，突出了喝此种咖啡的感觉体验，将咖啡的醇香与品尝咖啡的内心感受紧密融合，符合品味咖啡时的意境和氛围。咖啡的美味仿佛就在嘴里，香气仿佛就在鼻间，对消费者而言这是一种诱惑。当然，并不是所有咖啡都能让人连最后一滴也不舍得浪费。"意犹未尽" 这一预设旨在激发消费者体验此种咖啡真实口感的欲望。

用生动的修辞强化视觉、味觉、嗅觉、触觉等感官体验，有利于拟推广的产品特色得以充分展现，给受众留下美好的第一印象。

4.3 受众“五感”诉求

“五感”是市场营销领域的术语，指尊重感、高贵感、安全感、舒适感、愉悦感。“五感”适从受众的价值需求，是受众选择产品、满足心理和实际需要的诉求点。广告修辞是突显“五感”、提升受众好感度的有效方式。如例（8）：

（8）Smooth as Silk.（航空公司广告）（曾亚军、蒋娟，2012）

简单的明喻试图将旅途安全顺畅、乘客体验极佳的特点都展现出来，竭力凸显乘坐该公司航班能够带来舒适便捷的愉悦感。

4.4 受众情感共鸣

亚里士多德提出，有效的修辞应包括品格诉求（ethos）、情感诉求（pathos）和逻辑诉求（logos）三个要素。作为一种专门用途的特殊语言，广告语言比其他语言更需要修辞以达到吸引受众注意力、加深受众印象的效果（刘志明，2017）。广告要让受众动心，需要具有足够的感染力，这必然涉及情感因素。受众对特定事物的情感是固有的、持续的。广告修辞能够使其中的情感传达更加淋漓尽致，从而引起受众的共鸣。如例（9）：

（9）A Home Away From Home.（酒店广告）（袁洪、王济华，2018：95）

人们对“家”的情感是浓烈的，例（9）抓住受众对“家”的适应感和熟悉感，巧用暗喻，温暖舒适之感油然而生。

此外，广告作为文化传播的一个载体，其语言与形象必然蕴含特定的文化观和价值观。广告要发挥它的社会功能，绝不能脱离它所在的社会及文化环境（高梦雯，2016）。可以充分利用这一要素，通过修辞的运用唤起受众的情感共鸣。如例（10）：

（10）Obey your thirst.（雪碧广告）（袁洪、王济华，2018：87）

上例运用双关手法，“thirst”既指生理上的“口渴”，又指心理上的“渴望”，体现了强调个人、追求自我的社会价值观念。双关幽默生动，一举两得：不仅呈现产品特点，而且内蕴文化意涵，易于让受众产生共鸣，激起消费欲望。

此外，地域元素、方言口语等其他文化因素与修辞的恰当结合，也可以呈现相应的效果。归其本质，就是激发受众对所熟悉之物的情感共鸣。

4.5 受众循环跟唱

在信息碎片化时代，人们通过网络传媒获取的信息与以往相比数量巨大，而内容趋向分散。完整信息被各种细化的类目分解为信息片段。广告歌曲是意象、情感和音乐三者相结合的一种综合艺术。它以歌曲为手段，以商业营销为目的，因而具有广告和歌曲的双重特质（李如意，1999）。这一形式能够尽可能增大输出信息量，同时通过歌曲形成记忆点，受众容易反复循环跟唱。这种现象被称为“耳虫效应”

（“Earworm”）。这是一种大脑神经活动，指的是一般长度为 15 至 20 秒的音乐片段在人脑中不断重复的现象。研究发现，这种大脑活动无法受意识控制。广告歌曲的复现频率越高，“耳虫效应”带来的推广效果越明显。这类广告歌曲的关键特征是节奏欢快、旋律简单、音程特殊（张珂嘉等，2021）。修辞的使用正是展现这些特征的一个重要因素。

例如，由歌手 Owl City 演唱的奥利奥广告歌曲“Oreo：Wonderfilled Anthme”使用了大量押韵：“puff”与“stuff”、“built”与“killed”等；配上风格明快的曲调，朗朗上口。此曲有多个语言版本传唱，受众范围之广足见其广告效果的成功。

士力架在投放超级碗的广告中创作了一首广告曲“SNICKERS Fix The World”，里面使用了大量的反复（repetition）。“We’re gonna fix the world by feeding it SNICKERS”“We’re feeding the world a SNICKERS”“dropping it right in”“drop it in”等词句不断重复，结合“士力架拯救世界”的创意，有记忆点，受众接触几次后很容易反复哼唱，宣传效果不言而喻。

4.6 受众概念审美

在当前网络技术飞速发展、海量信息即时涌现、信息来源渠道不断拓宽的背景下，个人选择日益多元，接受的信息却只能维持在一定的量，很多广告信息受众无暇或无兴趣顾及，尤其是同质或重复性的广告信息，因此往往会出现“信息疲劳”的现象。成功的广告创作要求越来越高，而概念构思在其中的作用举足轻重。好的概念构思能够让人眼前一亮，感到富含创意，随之就会对产品产生浓烈的兴趣。最具有代表性的是图像广告，其中借用各种修辞手段展现广告的概念。例如图 1：

图 1　利普顿冰茶广告（张现荣、高兴亮，2011）

在这则利普顿冰茶的图片广告中，制作者充分利用了概念隐喻“冰茶”与“消防栓”这一认知手段，用文字和图片作为明示刺激来吸引受众注意。“Puts out thirst”这句广告语中，本来与“fireplug”关联的词汇“put out”搭配了“thirst”，突出利普顿冰茶解渴的效果；再加上骄阳似火、树叶发蔫、街上无人的背景，使受众进一步获取信息：利普顿冰茶还能起到冰爽消暑的作用（张现荣、高兴亮，2011）。这种隐喻式修辞的运用，是广告制作者深入剖析产品特点的证明。冰茶与消防栓产生的联想，富有内涵且无突兀之处，使受众体会到广告的创意和用心之处，产生进一步了解广告产品的欲望。

大众所熟知的 M&M’s 巧克力豆系列广告，配置了拟人形象，极富创意。由“巧克力豆人”展开广告情节，可爱风趣，容易唤起受众的喜爱之感。与普通广告语相比，这类形象化的广告可以展开各种故事情节，使受众乐于接受，甚至期待新的创意构思，因此这样的广告能够达成更大的推广效益。

5. 结语

广告作为信息时代有效的媒体传播途径，不仅在商业营销领域发挥重要的作用，而且是弘扬社会文化和价值观念的一种重要手段。广告语是广告信息的重要载体，若要获得极佳的传播效果，就必须增强广告语言的创意和美感，从而提高广告的吸引力和说服力。修辞格应用于广告语言中，增添了语言内涵，增强了美学效果，从而使广告更具说服力。

本研究从感官体验、“五感”诉求、情感共鸣等受众反应出发，结合现在广告的发展和受众的特点，探讨英文广告修辞与受众反应之间的联系。研究发现，英文广告修辞的运用能够获得正向的广告效果。也就是说，使用英文广告修辞有助于获取受众对产品的关注和认可。而受众在现行背景下相对稳定的基本需求、新需求，以及对广告形式的接受度等，也会反过来启发广告修辞的运用，有助于广告的创作。

今后的研究可进一步探讨广告语中过度修辞、误用修辞、忽略文化和产品背景等相关问题。

参考文献

[1] COOK G. The discourse of advertising [M]. London: Routledge, 1992.

[2] LEECH G N. Advertising in English [M]. London: Longman Group Ltd., 1966.

[3] LEIGH J H. The use of figures of speech in print ad headlines [J]. Journal of advertising, 1994, 23(2):17–33.

[4] MYERS G. Words in ads [M]. London: Green Gate Publishing Services, 1994.

[5] 冯克江 . 论广告修辞格及其翻译 [J]. 牡丹江大学学报，2009（18）：71–72.
[6] 高梦雯 . 文化顺应视域下广告翻译的情感传递 [J]. 湖北经济学院学报（人文社会科学版），2016，13（02）：134–136.
[7] 韩云 . 视觉修辞对广告研究价值之初探 [J]. 新闻传播，2022（1）：104–105，108.
[8] 黄任 . 英语修辞与写作（修订本）[M]. 上海：上海外语教育出版社，2012.
[9] 李如意 . 广告歌曲的意象、情感及音乐传达方式 [J]. 广告创作，1999（6）：86–88.
[10] 廖乃帜 . 从受众反应的角度研究英语广告修辞 [J]. 海外英语，2011：258–259.
[11] 刘志明 . 亚里士多德修辞学三要素在广告英语中的应用 [J]. 智库时代，2017（17）：231–232.
[12] 牛跃辉，孙淼 . 奇妙的英语双关语 [J]. 大学英语（学术版），2007（4）：86–90.
[13] 齐放 . 英汉广告语修辞特征与翻译原则 [J]. 内蒙古农业大学学报（社会科学版），2009（01）：209–210.
[14] 邱月泠，高胜兵 . 基于扎根理论的广告语修辞传播效果分析——以汽车英文广告语为例 [J]. 哈尔滨学院学报，2021，42（11）：90–93.
[15] 魏东亚 . 论英语广告修辞和翻译 [J]. 语文学刊，2011（12）：30–31.
[16] 温科学 . 中西比较修辞论：全球化视野下的思考 [M]. 北京：中国社会科学出版社，2009：177.
[17] 袁洪，王济华 . 商务翻译实务 [M]. 北京：对外经济贸易大学出版社，2018.
[18] 曾亚军，蒋娟 . 修辞学视角下的英文旅游广告语分析 [J]. 长春理工大学学报，2012（7）：68–69.
[19] 张珂嘉，喻国明，修利超，等 . “神曲”的判别与测量——“神曲”特征量表编制及信效度检验 [J]. 青年记者，2021（4）：24–26.
[20] 张现荣，高兴亮 . 西方图片广告中的概念隐喻分析 [J]. 牡丹江大学学报，2011，20（3）：100–102.
[21] 郑奕 . 西方广告修辞研究述评 [J]. 东南传播，2009（8）：86–87.

世界自然基金会动物保护广告的多模态隐喻研究

刘佳欣[1]

摘　要： 多模态隐喻指源域和目标域分别或主要用不同模态来呈现的隐喻。运用多模态隐喻探析世界自然基金会（WWF）动物保护公益广告（PSAs）中蕴含的模态、隐喻表征类型以及二者如何互动构建语篇意义，发现：1）WWF动物保护公益广告存在图像、声音、音乐三种模态；2）根据目标域的不同可划分为五种隐喻表征类型：情感隐喻、生存隐喻、生命力隐喻、灾害隐喻和旅程隐喻；3）每一个隐喻表征都结合两种或两种以上的模态协调作用，构建了动态鲜活的场景，以此来呼吁人们保护动物、尊重自然。基于多模态隐喻理论对动物保护公益广告进行研究，拓展了多模态隐喻理论研究领域。同时，为公益广告的设计和传播提供了一定借鉴和启示。

关键词： 动物保护；公益广告；多模态隐喻；隐喻表征类型

1. 引言

公益广告是指以围绕改善和解决社会共同利益问题而组织开展的广告活动，因其具有非营利性和启发性的特点，逐渐成为国内外学者的重要研究对象，如王凯（2019）以央视三则公益广告为例，描绘了公益广告叙事传播的流程和框架。近年来，随着数字技术和多媒体交互的普及，多模态已经成为众多学者关注和研究的热门话题。隐喻作为一种重要的认知方式，已不再局限于语言框架，而是同时存在于图像、颜色、声音、动作等模态中。因此，多模态隐喻引起了学者们的广泛关注，国内外越来越多的学者从多模态隐喻的角度对公益广告进行了研究。官科（2015）讨论了多模态隐喻表征和模态配置条件，以探索“中国梦”公益广告中的类别特征，进一步发现多模态隐喻认知动机具有广泛的社会认同和民族认同基础。王小平、王军（2018）分析了广告话语中动态多模态隐喻的形式表征研究，聚焦模态调用特征及理据。然而，关于动物保护公益广告的多模态研究相对较少。因此，本文拟以五个关于动物保护的世界自然基金会（WWF）公益广告（PSAs）的视频为语料，从多模态隐喻理论的角度出发，采用定性和定量相结合的方法，对WWF动物保护公益广告视频进行探析，探究其中蕴含的模态、隐喻表征类型以及二者如何互动构建语篇意义，以期丰富多模态隐喻理论的动态案例研究，为同类公益广告的设计和传播提供

[1] 2016级英语专业学生；邮箱：1370328103@qq.com；指导教师：梁燕华教授。

参考，同时呼吁人们保护动物、尊重自然，提高公众保护动物的意识，促进人与动物的和谐。

2. 理论基础

2.1　概念隐喻

Lakoff 和 Johnson（1980）在合著的《我们赖以生存的隐喻》一书中最早提出概念隐喻理论。他们指出，隐喻是日常生活中一种重要的认知方式。根据 Koller（2009：46）的说法，隐喻是“人类大脑根据一个具体实体来构建一个抽象实体的手段”。换言之，隐喻是从源域向目标域的系统映射（Lakoff & Johnson, 1980）。如图 1 所示，在隐喻“生命是一段旅程”中，存在一组固定的对应关系，即目标域中的人、出生、人生目标和死亡等抽象概念与源域中的旅行者、起点、目的地和终点等具体概念之间存在对应关系。对于人们来说，生活不是一个实体，而是一个抽象的概念，而人们对旅行非常熟悉。目标域的所有特征都对应映射到源域中，以便人们通过源域（旅程）的特征来理解目标域（生命）的特征。

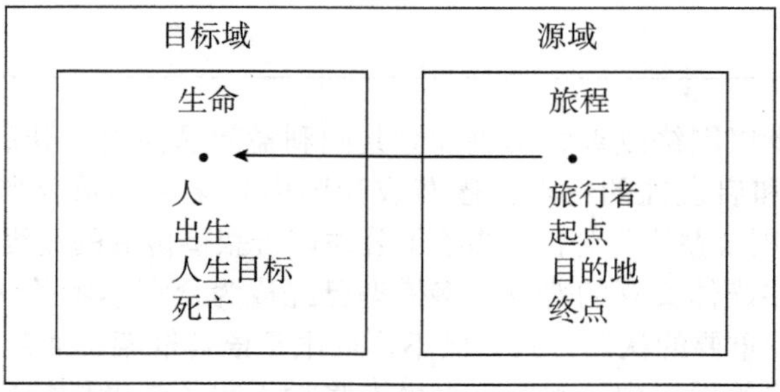

图 1　隐喻“生命是一段旅程”的跨域映射

2.2　多模态隐喻

蓝纯、蔡颖（2013）指出，概念隐喻理论表明隐喻是人类的一种基本认知方式，隐喻表达就是这种认知方式在语言中的反映。然而，Forceville（2009）认为，基于语言符号的概念隐喻理论需要进一步确认，因为语言只是人类的交际符号之一，其他交际媒介或方法能够构建和表达声音、颜色、空间布局等概念。随着多模态交际手段的出现，隐喻研究从文本和话语扩展到声音、音乐和图片等模态。2009 年，Forceville 提出了多模态隐喻，将单一和静态概念从源域到目标域的映射，扩展为多重交互的多模态映射。

Forceville（2009：22–23）将模态定义“一种可以通过使用特定感知过程来解释的符号系统”，把模态与人类的五感联系起来，并将其划分为九种类型：图像符号、书面符号、口头符号、手势、声音、音乐、气味、味道、接触。中国研究者也对模态做出了定义。赵秀凤（2013：2）认为，多模态符号是一个开放的系统，包含能够传达意义的各种媒介符号。她将模态广义地定义为“依赖于感官的交际媒介符号系统”。在实际交际中，多模态话语的意义通常取决于多个感官或一个感官但不同的交际符号的协同作用。因此，模态可以分为五类：视觉、听觉、嗅觉、味觉和触觉，每种模态都有自己的特性，如图 2 所示。

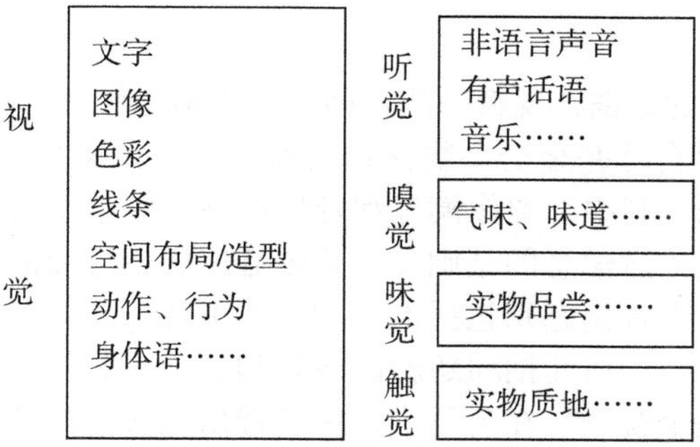

图 2　模态系统分类图（转引自赵秀凤，2013：2）

Forceville 在对模态进行分类的基础上，还提到了单模态隐喻和多模态隐喻的区别。他认为单模态隐喻是“目标域和源域完全或主要以一种模态呈现”的隐喻，多模态隐喻指的是“目标域和源域都以不同的模态单独或主要呈现”的隐喻（Forceville, 2009：23–24）。需要指出的是，上述多模态隐喻的定义是一个狭义的含义。从广义的角度来看，多模态隐喻通常可以被认为是由两种以上模态构成的隐喻（赵秀凤，2011：2）。本文将从广义的多模态隐喻的角度对 WWF 动物保护公益广告视频进行分析。

3. WWF 动物保护公益广告中的模态和隐喻表征

本研究从世界自然基金会官方网站上选取了五段以动物保护为主题的视频作为研究语料，其基本信息如表 1 所示。这五个视频总计 7 分 9 秒。第一个视频《纸世界》，向我们展示了一个办公室里用纸构建的不可思议的世界，它代表了动物之间的各种活动以及它们所遭受的灾难。第二个视频《我们想念你》，描述了一名警察目睹一头迷路的鹿被出租车撞倒。第三个视频《我们紧密相连》，表达人类和动物和谐相处、紧密相连的主题。第四段视频《我们都一样》展示了人类生活场景和动物生活场景的对比。最后一个视频《正如我们一样》描述了一头大象目睹它的同类被人代表残酷地屠杀。

表 1　研究语料基本信息①

序号	英文题目	中文题目	时长：分钟
1	*Paper World*	《纸世界》	2:39
2	*We Miss You*	《我们想念你》	1:30
3	*We Are All Connected*	《我们紧密相连》	1:00
4	*We Are the Same*	《我们都一样》	1:00
5	*Just Like Us*	《正如我们一样》	1:00

3.1　模态

根据研究中收集的数据，视频中的各种模式协调运作，创造出动态生动的场景。具体而言，五个世界自然基金会动物保护公益广告中的多模态隐喻涉及三种模态，即图像、声音和音乐。其中，图像模态和音乐模态贯穿整个视频。所有镜头都以图像模态呈现，图像是传达信息的基础，也是公益广告不可或缺的组成部分，在视觉上给人以直观感受。声音模态则包括人类发出的声音、动物发出的声音和机器发出的声音。例如，心跳声、鸟儿拍动翅膀的声音和哨声。此外，与图像模态一样，音乐也几乎贯穿所有整个视频。在公益广告中，音乐是表达情感的基调，是引起共鸣的有力手段。声音和音乐总是以背景的形式出现，并与图像模态相协调，从而能够共同呈现隐喻概念。

3.2　多模态隐喻的分布

基于图像、声音和音乐三种模态，世界自然基金会动物保护公益广告包含五类隐喻表征，即情感隐喻、生存隐喻、生命力隐喻、灾害隐喻、旅程隐喻及其他隐喻，其分布如图 3 所示。

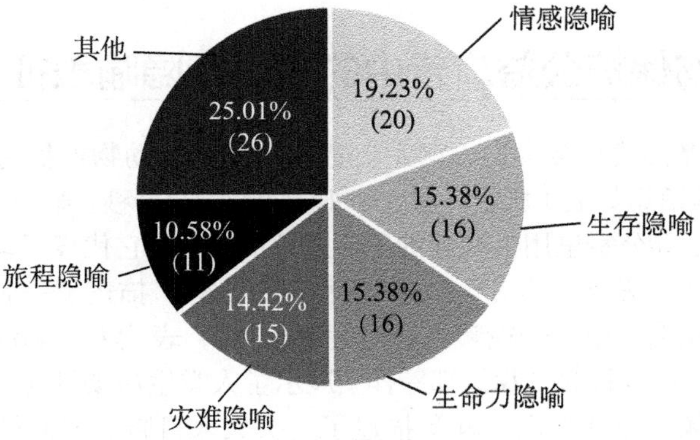

图 3　动物保护公益广告中多模态隐喻的分布

根据图 3，五段世界自然基金会动物保护公益广告共有 104 个镜头，其中情感隐喻、生存隐喻、生命力隐喻、灾害隐喻和旅程隐喻这五类隐喻表征的镜头达到 78 个，占所有镜头的大多数。在五类隐喻表征中，情感隐喻是最常见的，而生存隐喻和生命力隐喻出现频率在五个视频中排名第二。由此可见，世界自然基金会动物保护公益广告的主要目的是增强保护动物和尊重自然的情感诉求。

4. WWF 动物保护公益广告中多模态隐喻的意义建构

4.1 情感隐喻

情感是一种无形的抽象概念，但它可以通过隐喻的方式表现为具体的视觉形象或有形的事物。在该公益广告中，情感隐喻占比最大。本文将采用两个具有代表性的场景进行具体说明。

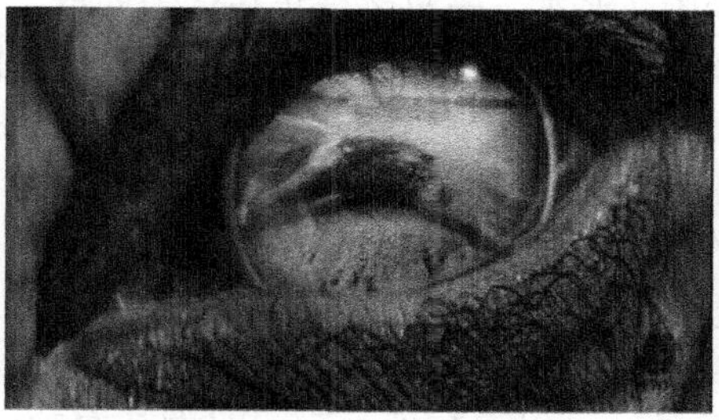

图 4

图 5

图 4 和图 5 取自视频《正如我们一样》。该片段是一头大象的眼中呈现出来另一头大象被捕杀的景象，最终猎人因捕杀大象而被逮捕。图 4 显示，从大象的眼睛里，人们可以看到它的伙伴被人杀死了。图 5 显示，大象看到图 4 的场景后流下了眼泪。这两个镜头伴随着低沉的音乐出现。

Forceville 和 Urios-Aparisi（2009：11）提出了隐喻结构“A IS B”。根据这个结构，这里的情感隐喻可以用“悲伤是眼泪”来表达。大象流泪是一种行为，悲伤是一种情绪状态。“眼泪”既是大象情感世界的真实反应，也是对人类残酷行为的无声控诉，传达出悲伤的情绪，激起我们的愤慨之情。好像大象的眼睛就是我们自己的眼睛，大象的感觉就是我们自己的感觉。目标域，即悲伤情绪，由源域大象的眼泪投射出来。悲伤是无形的，它是通过人们日常生活中所熟悉的具体概念或具体事物的经验来表达的。同时，低沉的音乐呼应着压抑的气氛和悲伤的感觉。视频没有直接说明，而是通过大象流泪的场景来体现悲伤的感觉。画面形态与音乐和谐配合，呈现情感隐喻，阐释“不杀动物，保护动物”的主题。

4.2 生存隐喻

俗话说，“物竞天择，适者生存”。这句话不仅适用于大自然，而且适用于人类社会。所有的生物都为生存而斗争。

图 6

图 7

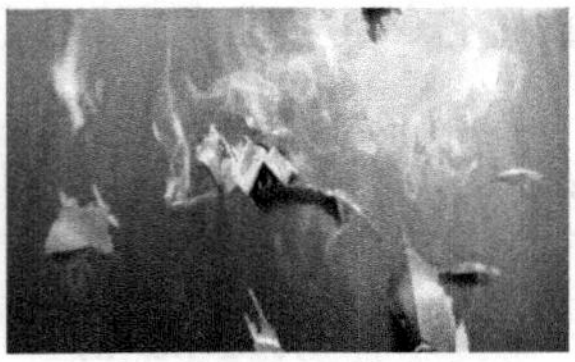

图 8

图 6—8 取自《纸世界》。视频向我们展示了一个在办公室里用纸构建的令人难以置信的世界，它展示了动物们的各种活动以及呈现了它们所遭受的灾难。三幅图描述的是猎人和猎物之间的战争。如图 6 和图 7 所示，一只老虎正在伏击鹿群，音乐节奏很快，音量也越来越大。在图 8 中，海鸥在捕食鱼，同时视频中伴随着沉闷的钢琴声和鱼游动的声音。一方面，猎人想要抓住并吃掉猎物，以维持其生命。另一方面，猎物为了生存挣扎着从猎人手中逃脱。因此，在图 6、图 7、图 8 中，生存的隐喻可以被表示为“生存是捕食”。生存作为目标域是通过动物之间的战斗投射出来的。而且，在图 6 和图 7 中，老虎捕食鹿的时候，音乐也发生了明显的变化：从婉转悠扬变成快速高亢；从一种主旋律到多种乐器的多旋律，体现了惊心动魄的氛围，呼应着猎人与猎物之间激烈的战斗。此外，可以清楚地看到，双方都在动作，它们都是健壮和敏捷的。镜头通过画面的形式完美地呈现出来，包括动物的动作，以及背景音乐，让观众明白他们最终都是为了生存。图 8 中，镜头显示海鸥跃入水中，弓步跃起，伸长脖子捕食鱼类，持续不断的行动也表明战斗是短暂而残酷的。同时，音乐停止，声音出现。有沉闷的钢琴琴键敲击声，有物体入水的声音，有鱼儿游动的声音。这三种声音构成了另一种“音乐”，表现了激烈的战斗和残酷的现实。但这一切都是为了生存，将海鸥的动作和声音结合在一起，共同表现出目标域：生存隐喻。

图 9

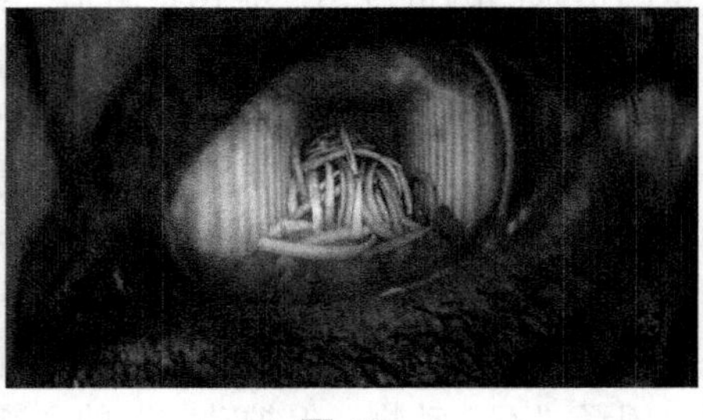

图 10

图9描述的是一个男人在数钱，音乐节奏缓慢，选自视频《正如我们一样》。在图10中，男子通过猎杀大象和交换象牙的方式获得金钱。众所周知，金钱在日常生活中是不可或缺的，每个人都可以用金钱换取各种各样的东西。在人们心中，金钱的概念与生活息息相关。因此，生存隐喻就可以用“生存即金钱”来表示。目标域，生存，是由具体的东西，即金钱投射出来的。金钱与人密切相关，其功能与重要性不言而喻，以金钱代表生存易于被观众所接受。而这些钱是以大象的生命为代价换来的，所以音乐是压抑的，用缓慢而沉重的音乐来匹配血淋淋的金钱来源，画面形态与音乐和谐地构成了“生存即金钱”。

4.3 生命力隐喻

生命力是维持生命活动的能力，是生存和发展的能力。生命力的隐喻在五段视频中均有体现，其相关模式值得进一步阐释。

图 11

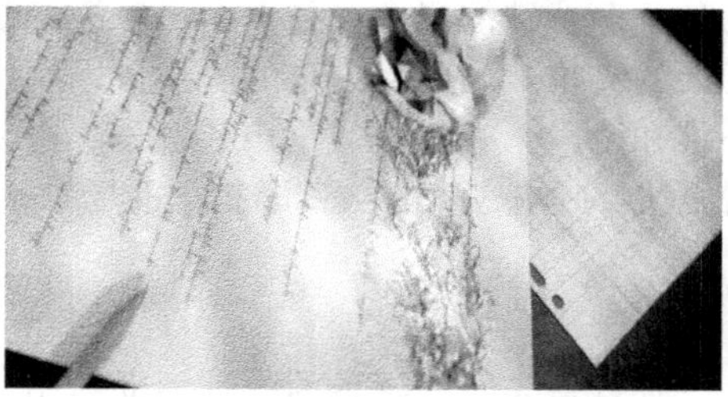

图 12

图11和图12也是取自视频《纸世界》。该视频中，纸是万物之源。在视频的开头，一间办公室映入眼帘，桌子上随意摆放着大量纸张，纸被微风吹过（图11），它经过的地方会长出草、山、树和动物（图12）。此时的音乐节奏是轻快的。纸由树木制成，树木是生命力的象征，在汉语中，杨树是强大生命力的代表。故目标域的生命力就可以用源域的纸来映射，生命力的隐喻可以用“生命力是纸”来表示。纸在人类的日常生活中至关重要，因此，观众可以接受用纸张来投射生命力。纸创造了一个充满生机和活力的新世界，此时轻柔的风铃声让观众放松，沉浸于自然之美，画面形态与镜头匹配的音乐共同构建了一个生动而充满活力的世界。

4.4 灾难隐喻

灾害包括人祸和天灾。在这五个视频中，灾难几乎以人祸的形式呈现。公益广告的首要目的是唤起观众的意识，让他们采取符合广告主题的行动。

图 13

图 14

图 13 和图 14 取自《正如我们一样》，呈现了一头大象被人屠杀的完整场景，该过程伴随着缓慢的音乐和心跳的声音。图 14 中三个人弯着腰拿着枪，似乎随时准备开火。大象逃脱不掉，只能咆哮。随着一连串的枪声，大象在枪口下绝望地死去。从外表上看，大象显然比人的体型大，但人却可以杀死大象。胜利者是人，也是枪。枪是一个特殊的概念，是一个可触摸的物体，是杀手的代名词，对动物来说意味着巨大的灾难。因此，灾难的隐喻可以用“灾难是枪”来表示。在这两个镜头中，有心跳和枪声，有大象的吼声和音乐。心跳的声音，尤其是当人追赶大象的时候，变得更快，呼应了大象被残酷猎杀的场景，凸显了枪支的强大和大象的无助。

4.5 旅程隐喻

旅行是人们所熟悉的一种活动体验。旅行者、路线和旅行者在旅途中看到的风景是旅行的重要组成部分。

图 15—19 选自《正如我们一样》，该片段用缓慢而压抑的音乐渲染了人们为了获得珍贵的象牙而杀害大象的残忍，缓慢的音乐和大象的咆哮增添了沉重的氛围，似乎在讲述一段艰难的旅程。从五个场景中，观众可以观察到一群大象为了寻找一个适合生存的地方而迁徙。大象离开原先的栖息地，经过长途跋涉，最终到达目的地。他们在旅途中的所见所闻就是他们的经历。大象的迁徙是一场生存之旅，这是它们

图 15

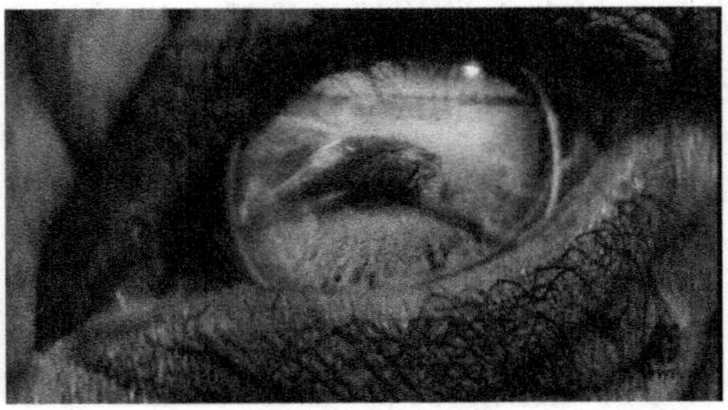

图 16

图 17

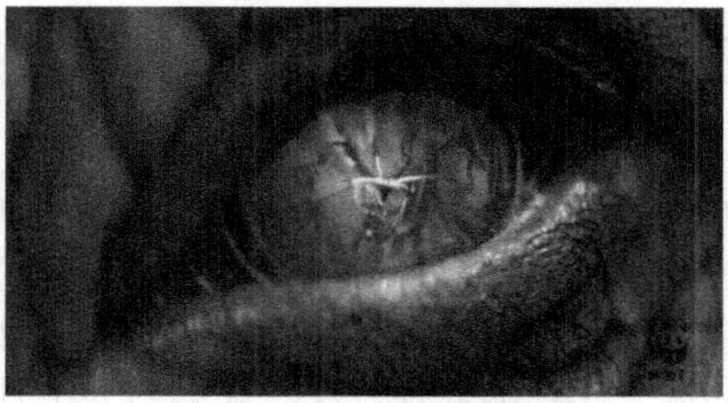

图 18

图 19

的终极目标。因此，旅程的隐喻可以表述为“旅程是迁徙”。此外，视频的主要色调是灰色，这表明他们所面临的是不确定性和危险性。但最后一个镜头（图 19）呈现的是暖色调，预示着大象的未来是光明的。

图 15 是视频的开头，图 19 是视频的结尾，图 16—18 是大象在旅途中所遭受的体验。故事是通过大象的眼睛来表现的。然而大象的眼睛就是人类的眼睛，大象的情绪就是人类的情绪。在迁徙的过程中，一头大象被几个人杀死（图 16）。在另一只大象眼里，他的伙伴已经死了。他什么也做不了，只能流泪。从图 17 中，观众可以看到在一个房间里摆放了大量的象牙。这对大象来说是残酷的。图 16 和图 17 这两个镜头，明显显示大象的情绪是悲伤和阴郁的。此外，画面的色调偏冷，充满了深灰色，音乐的基调缓慢而压抑，呼应了大象的情绪。图 18 描述了一名男子因杀害大象而被捕。图 19 描述了在法律和动物保护者的帮助下，大象走向自己的目的地、走向美好未来的和谐场景。图 16—19 可以看成是按时间顺序排列的四个事件。在四个事件的发展顺序中，观众可以感受到大象的情绪从悲伤到希望的变化。这是一个真实的过程，也可以看作是一个心理旅程。因此，这个隐喻可以理解为“心理旅程是事件发展的顺序”。这四个事件反映的不仅是大象的情绪，而且是观众的真实感受。这段视频成功地传达了这样一个理念：人类应该保护动物，停止杀害动物。

5. 结语

基于多模态隐喻理论，本文分析了五个视频中所反映的模态类型和隐喻表征，并探讨了隐喻表征和模态在视频中的互动呈现方式。隐喻表征是解释五个视频主题的重要而有效的方法。在隐喻表征的模态意义建构方面，每一个隐喻表征都包含两种或两种以上的模态，共同构成动态生动的场景。图形形态、音乐和声音协同服务于隐喻表征，反映动物与人类社会的密切关系，呼吁人们保护动物、尊重自然。

注释

①语料来源：

序号	中文题目	年份	网址
1	《纸世界》	2017	https://v.qq.com/x/page/m0508wmpvqj.html
2	《我们想念你》	2015	https://www.iqiyi.com/v_19rrhgkdof.html?t=1491871934873
3	《我们紧密相连》	2015	https://www.iqiyi.com/v_19rrhgic4n.html
4	《我们都一样》	2016	https://v.qq.com/x/page/e03451myja3.html
5	《正如我们一样》	2017	https://v.qq.com/x/page/q05085gj316.html

参考文献

[1] FORCEVILLE C, URIOS-APARISI E. Multimodal metaphor [M]. Berlin: Mouton de Cruyter, 2009.

[2] FORCEVILLE C. Non-verbal and multimodal metaphor in a cognitive framework: agenda for research [M]. // FORCEVILLE C, URIOS-APARISI E. Multimodal metaphor [M]. New York: Mouton de Cruyter, 2009.

[3] KOLLER, V. Brand images: multimodal metaphor in corporate branding messages. // FORCEVILLE C J, URIOS-APARISI E. Multimodal metaphor [M]. Berlin: Mouton de Cruyter, 2009: 45–71.

[4] LAKOFF G, JOHNSON M. Metaphor we live by [M]. Chicago: The University of Chicago Press, 1980.

[5] 官科 . “中国梦”系列公益广告中的多模态隐喻 [J]. 湖南科技大学学报（社会科学版）. 2015，18（4）：156–161.

[6] 蓝纯，蔡颖 . 电视广告中多模态隐喻的认知语言学研究——以海飞丝广告为例 [J]. 外语研究 . 2013（5）：17–23.

[7] 王凯 . 公益广告的“叙事传输”机制——以央视三则公益广告为例 [J]. 中国广播电视学刊 . 2019（6）: 15–19.

[8] 王小平，王军 . 广告话语中动态多模态隐喻的形式表征研究——聚焦模态调用特征及理据 [J]. 外语学刊 . 2018（5）: 47–52.

[9] 赵秀凤 . 多模态隐喻构建的整合模型——以政治漫画为例 [J]. 外语研究 . 2013（5）: 1–8.

[10] 赵秀凤 . 概念隐喻研究的新发展——多模态隐喻研究——兼评 Forceville & Urios-Aparisi《多模态隐喻》[J]. 外语研究 . 2011（1）: 1–10.

基于言语行为理论的公益广告语研究

陶春婷[1]

摘　要： 运用 Austin 和 Searle 的言语行为理论分析了 14 则公益广告语，有以下发现：1）公益广告语的字面意义等同于言内行为，公益广告语的深层意义或内涵与言外行为有关。2）从言外行为的角度出发，可以帮助读者找到公益广告语的深层意义或内涵。3）从言后行为的角度来看，公益广告语的深层意义或内涵可以改变公众的思想或激励他们采取行动，因此言后行为等同于实现公益广告语的目的。本研究从言语行为理论的角度丰富了对公益广告语的研究。

关键词： 公益广告语；言语行为理论；言内行为；言外行为；言后行为

1. 引言

公益广告是一种旨在通过各种方式引起公众对某些社会问题的关注，培养公众意识和人文精神的广告，而不是为了赚钱而做的广告（杨琳，李亦宁，2019：4）。公益广告作为一种非营利性广告，是为了维护公共道德，规范人们的言行，促进良好社会风气的形成，这类广告在社会中发挥着越来越重要的价值引导和行为规范的作用。公益广告传播的是能够促进人类发展和社会进步的价值引导，同时也提供了维持人、自然和社会之间和谐关系的方法（杨琳，李亦宁，2019：11）。

许多学者从功能法、符号学、跨文化比较、多模态话语分析和多模态隐喻等角度对公益广告语进行了研究。国外如 Mliless 等人（2019：21–53）运用符号学和话语分析对摩洛哥森林保护公益广告语中的语言和视觉矛盾进行了研究。在国内，杨曙（2006）从系统功能角度对公益广告语文本的人际意义进行了分析。唐献溢（2018）从符号学角度分析了央视春节系列公益广告语。张颖（2011）从跨文化视角对中美环保公益广告语进行了比较研究。丁金淑（2020：114–119）运用多模态语篇分析中的“视觉语法”对一则中央电视台公益广告语进行了分析。官科（2015：156–161）从多模态隐喻视角分析了《中国梦》系列的广告语篇，发现该系列广告的源域呈现在图像和文本中，而目标域仅呈现在文本中。

笔者认为，言语行为理论可为公益广告语研究提供不一样的视角。Austin 于 1962 年提出言语行为理论，将言语行为分为言内行为、言外行为和言后行为。

[1] 2017 级英语专业学生；邮箱：1604562809@qq.com。

Searle 后来在 Austin 研究的基础上发展了言语行为理论，对言外行为的定位更为精准。

本文拟以言语行为理论为视角考察公益广告语，探索揭示公益广告语内涵的新途径。本文的研究问题如下：

1）公益广告语表达的意义跟言语行为之间有什么联系？

2）从言语行为的哪些方面体现了公益广告语的深层含义或内涵？

3）从言语行为理论来看，公益广告语能对人产生什么样的影响？

2. 言语行为理论

2.1 Austin 的理论

在 Austin 提出言语行为理论之前，传统哲学家关注的是陈述的真值，即该陈述是对的还是错的，他们认为陈述除了可验证性之外没有其他功能（何兆熊，2000：86）。

Austin 在其著作 *How to Do Things with Words*（1962）摒弃关于言语行为述为句和施为句的二分法，提出了“言语行为三分说”。他认为，人们在说话时同时完成三种言语行为，即言内行为、言外行为和言后行为。见表 1。

表 1　言语行为三分法

言内行为	言外行为	言后行为
说某事	目的和意图	影响
说、讲、叙述或介绍	命令、警告或承诺	激励或说服

2.2 Searle 的理论

Austin 将言外行为分为五类：裁决类、行使类、承诺类、阐述类和表态类。然而，Searle（1979：9）指出，Austin 对言外行为的分类是基于言外动词而不是言外行为的分类，Austin 没有将言外行为与话语或句子的内容联系起来。Searle（1979：2–5）提出了他对言外行为的分类，即：断言类、指令类、承诺类、表达类和宣告类。他用 12 个维度来区分言外行为，其中前三个维度是最重要的：

1）行为（类型）的要点（或目的）的差异（Differences in the point (or purpose) of the (type of) act）（Searle，1979：2）。同一行为类型有时具有相同的目的，只是它们之中言外之力的程度或力度上不同。例如，“make a promise”和“making a vow”都有相同的目的：承担做某事的义务。然而，后者发誓的言外之力比前者的承诺程度要强，力量更大。

2）语词和现实世界拟合方向的差异（Differences in the direction of fit between words and the world）（Searle，1979：3）。言语行为的拟合方向有两个：从现实世界到语词，即让现实世界匹配文字；从语词到现实世界，即让语词匹配现实世界。

Searle（1979：3）举了一个例子：一个男人拿着妻子给的购物清单（“豆子、黄油、培根和面包”）去超市购物。这份清单的目的是让购物者的行为符合购物清单的要求，即让现实世界匹配语词，其拟合方向是从现实世界到语词。假如男人购物的同时有个侦探记录他买了些什么东西，侦探记录的清单是让语词匹配现实世界，其拟合方向是从语词到现实世界。

3）表达心理状态的差异（Differences in expressed psychological states）（Searle，1979：4）。表达心理状态就是表达说话人的心理状态。不同类型的言外行为表达了说话人不同的心理状态。例如，说话者可能表达信念，也可能表达意图（Searle，1979：4）。

表 2 概括了 Searle 所说的五种言外行为：

表 2　Searle对言外行为的分类（转引自Searle，1979：12–19）

言外行为	言外之的	拟合方向	心理状态	代表行为
断言类	说话者承担所说话语的真实性	从现实世界到语词	信念	陈述、主张、假设和猜测
指令类	让听者做些什么	从现实世界到语词	愿望或渴望	请求、建议、要求、命令、警告和恳求
承诺类	说话人参与到未来的行动	从现实世界到语词	意图	承诺和发誓
表达类	表达心理状态	没有拟合方向	不同的话语表达不同的心理状态	感谢、道歉、诅咒、欢迎和后悔
宣告类	实现命题内容与现实之间的对应关系	两个方向：从现实世界到语词，从语词到现实世界	/	起名、任命和申报

3. 基于言语行为理论的公益广告语分析

杨琳和李亦宁（2019：15）认为，公益广告有“出版者、媒介和主题”三个分类标准。根据出版者对公益广告进行分类，可以分为六类：媒体、政府、社会机构、企业、个人和共同发行人公益广告（杨琳、李亦宁，2019：16–19）。根据媒介，公益广告可分成六类：新闻、杂志、电视、广播、户外和新媒体公益广告。根据公益广告的主题，可以将公益广告分成七类：关于政治政策、关于道德准则、关于环境保护、关于慈善救济、关于国家形象或城市形象、关于向公众提供服务以及关于继承传统文化的公益广告（杨琳、李亦宁，2019：22–28）。本文对公益广告采取的是基于主题的分类。

基于上述七种类型，笔者从互联网和书籍中选择了 14 则公益广告。经统计，这 14 则公益广告中，有 6 个执行了断言类言外行为，约占 42.9%；4 个执行了指令类言外行为，约占 28.6%；3 个执行了承诺类言外行为，约占 21.4%；1 个执行了表达类言外行为，约占 7%。14 则公益广告中并没有涉及宣告类言外行为。见表 3。

表 3　不同类型的言外行为中公益广告语的总数

言外行为	合计	百分比	案例
断言类	6	42.9%	案例 1、案例 5、案例 6、案例 7、案例 8 和案例 10
指令类	4	28.6%	案例 2、案例 3、案例 11 和案例 14
承诺类	3	21.4%	案例 9、案例 12 和案例 13
表达类	1	7%	案例 4
宣告类	0	/	/
合计	14	100%	

3.1　关于政治政策

（1）“War is death’s feast.”（战争是死亡的盛宴。）

这是一则关于战争的公益广告。

1）从言内行为来看，该则公益广告语表达了战争带来了巨大的死亡。“feast”意思是“盛宴”，字面意味着繁荣，但在这个公益广告语中，它却代表大量的死亡。

2）这则广告语语言简洁，但是从言外行为角度却可以找到它的内涵。根据 Searle 对言外行为分类的三维度，在这条公益广告语中，言外行为是让说话者相信所表达命题的真实性，即“战争是死亡的盛宴”是真的，这条广告语的意图是在说明战争带来大量死亡之后，彰显和平的重要。和平可以让人远离战争，过上安稳的生活，寻求自身的发展。它的拟合方向是从语词到现实世界：让说话者说出的语词，与现实世界中战争能带来巨大死亡的事实相匹配。该则广告语表达的心理状态是一种信念：战争是危险的。综合上述三个特征，可以判断这个公益广告语执行的是断言类言外行为，陈述了战争可以带来巨大的伤害，目的是让受众感悟到和平的重要性。

3）该公益广告语的言后行为是激励人们、国家和各种组织积极采取行动反对战争，寻求和平。

（2）“Don’t let the future be lost today.”（不要让未来迷失在今天。）

这条公益广告语语言简洁、委婉含蓄，与青少年保护有关。

1）在中国，公众认为孩子是国家的未来，所以这条广告语中的“the future”意思是“未来”，代表了青少年这一群体。“lost”在这里指的是受伤或死亡。根据字面意义，这则公益广告语的言内行为是在告诉人们不要让青少年受到伤害。

2）从言外行为的角度来看，这则广告语的目的是在引导人们思考如何保护青少年，而传达如何保护青少年才是这条广告语最重要的内涵。随着青少年侵权案件的增加，人们对青少年保护的关注度也逐渐提高，相关部门出台了越来越详细的保护政策，这条广告语的言外之目的是激励人们保护青少年。拟合方向是让世界匹配语词，即让青少年受到伤害的社会现象匹配不再让青少年受到侵犯的语词，表达的还是保护青少年的愿望。同时又根据 Searle 言外行为分类中的代表性行为，广告语中的“不”表达典型的请求停止的意义，因此它执行的是指令类言外行为，要求人们保护青少年。

3）这则公益广告语的言后行为是呼吁人们思考如何保护青少年并采取行动。

3.2 关于道德准则

（3）“Women need to be seen as equal.”（女性需要被平等对待。）

当“women need to”即“女性需要”被输入搜索框时，出现了许多搜索结果，比如“女性需要被放在自己的位置上”，“女性需要知道自己的位置”，“女性需要被控制”，“女性需要被约束”。而“女性需要被平等对待”这句话与上面提到的搜索结果格格不入。这条广告语语言简洁，但是运用言语行为理论对其进行分析就可以透过简单现象看到它的本质。

1）从字面表达来看，搜索到的前四句话表明人们对女性的刻板印象和荒谬要求，体现了所谓的公众舆论：什么是对待女性才是正确做法。而例（3）这则广告语表达了完全不同的意思，它关注的是妇女的平等。

2）从言外行为角度来分析，这个公益广告语揭示了一个隐含的事实：男女不平等，对女性的歧视普遍存在。根据 Searle 的分类，这条广告语执行的是指令类言外行为，它提出了性别平等的要求，抨击了男女不平等的现象：在现代社会，一些国家女性的教育水平远远低于男性；与男性相比，女性可能会因为怀孕或照顾孩子分散了注意力，这就导致她们找到工作或获得晋升的机会比男性少，虽然男女在工作中可能得到同样的工作或者岗位一致，但男女之间的薪资和津贴还是可能存在差异。

3）这个公益广告语的言后行为是呼吁男女平等，每个人都应该公平对待女性、尊重女性，整个社会应该在教育、工作和其他方面给予女性和男性同等的机会。

（4）“Family = Father and mother I love you.”（家庭 = 爸爸、妈妈，我爱你们。）

图 1 是一个关于家庭亲情的公益广告语。

中国中央电视台发布过这样一段视频：一个孩子从小受到父母的保护，慢慢开始变得叛逆，试图逃离父母。最后，他意识到了生活的艰辛，回到父母身边为他

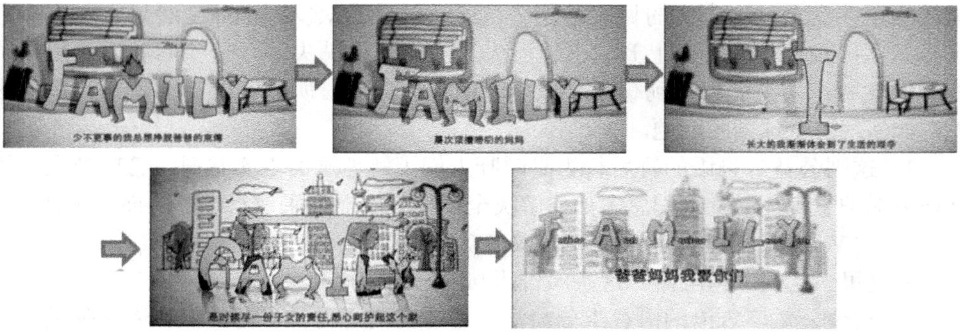

图 1　**Family = Father and mother I love you.**

们遮风挡雨。广告以“父母，我爱你”结尾，意味着家庭就等同于“父母，我爱你”。

1）从表面来看，这则公益广告讲述了一个孩子的生活经历，又通过简洁的语言表达了他对父母的爱。“父母，我爱你”这句话表面上看上去非常轻松，可以用来直接表达孩子爱父母的心理状态。

2）从言外行为来看，受众很清楚让孩子明白父母所受的苦意在何为。父母在抚养自己孩子的过程中经历了很多痛苦，孩子在慢慢长大，父母却在慢慢变老。父母培养孩子并不是为了自身的利益，他们只是希望自己的孩子将来能过上更好的生活，所以这个公益广告语言外之目的是让孩子发现父母的辛苦，感恩父母，感谢父母艰难地将自己抚养长大。这个公益广告语没有拟合方向，因为它所表达命题的真实性是预设的，所表达的心理状态是心怀感激。综合这三个特征，可以发现这个公益广告语执行的是表达类言外行为，揭示了感激父母的深层意义。

3）这条公益广告语的言后行为是让人们在知道要感谢父母之后进行思考，要怎么做并采取措施。读者看到这条公益广告语，心灵被触动，试着理解父母的难处，并向父母表达感激之情，采取行动照顾父母、尊重父母、孝顺父母，甚至将这种感恩之情上升到创建和谐美好家庭更高的层面。

3.3　关于环境保护

（5）“The earth is heating up.”（地球正在逐渐升温。）

这是一则关于全球变暖的公益广告语，该广告语只有 5 个单词，语言简洁，从表面上看，难以发现它的意图，需要透过表面探索它的内涵。

1）这条公益广告语的言内行为只是叙述了一个事实：地球的温度正在上升，读者只获得了“热”这一信息。

2）根据 Searle 对言外行为的分类进行分析可知，它执行的是断言类言外行为，陈述了一个事实：全球气候正在变暖。那么，从言外行为角度，受众要思考陈述全球气候正在变暖这一事实的目的是什么。这就引导受众发现全球变暖导致了许多危机，如冰川融化、海平面上升、土地流失和沿海城市消失等。这些问题严重阻碍了人类的发展，人类需要找到缓解全球变暖的解决办法，所以它的目的就是让人们去思考如何解决全球变暖问题。

3）这则公益广告语的言后行为是呼吁人们了解地球的真实状况，希望公众能提高环境保护意识，激励人们思考如何解决全球变暖问题并采取行动，从而保护地球。

（6）“You sleep, but they don’t.”（你睡了，但是它们还在工作。）

在这里“它们”指电器，这条广告语与电器的使用有关。

1）这个公益广告语的语言十分简洁，它的言内行为是告诉人们：人在睡觉的时候，电器却还在工作。

2）对这则广告言外行为的分析可以发现它告诉人们上述事实的意图。随着生活速度的加快和工业的繁荣，能源消费的速度越来越快，而电器工作需要使用电能，广告透过简单的语言揭示了资源浪费的现象。广告语的拟合方向是从语词到现实世界，让说话者说出的话语与电器持续工作这一现象匹配，综合这几个特点，可以发现这条广告语执行了断言类言外行为，目的是引导受众思考资源浪费等问题。

3）这则广告的言后行为是让人们受到启发后节省能源，比如记得及时关掉电器从而减少电器的使用。此外，这条公益广告语还激励人们寻找新的可再生能源。

3.4 关于慈善救济

（7）“For the homeless, every day is a struggle.”（对于无家可归的人来说，每一天都是煎熬。）

这是一个为了帮助无家可归的人的公益广告。

1）这个公益广告语言简洁，它的言内行为讲述了无家可归的人每天都过着艰难的生活这一事实。

2）对言外行为的分析可以让受众明白阐述这一事实的目的是什么。这个广告表达了一个真命题：即无家可归者正遭受着困境，它的目的是引发受众思考：当自己过着美好生活时，却还有很多人需要帮助，大家可以为他们提供食物或者捐款，甚至为他们提供临时救助所或者工作，帮助这一群体改善条件。广告语的拟合方向是让话语和无家可归者的真实情况相匹配，而且表达了一种信念：无家可归的人正过着艰难的生活。综合这三个特征，可以发现这个广告执行的是断言类言外行为，引导受众想到无家可归的人过着艰难的生活，所以应该珍惜眼前美好的生活。

3）这个广告的言后行为是让人们认识到无家可归者的处境，激励人们采取行动帮助无家可归的人并珍惜当下的美好生活。

（8）“See how easy feeding the hungry can be?”（看，给饥饿的人提供食物有多容易？）

这个公益广告语言简洁轻松，见图 2。超市的购物车里有两个饥饿的孩子，两只手正递给他们食物，孩子们用急切的眼神看着施助者，并张开手接住食物。

图 2　See how easy feeding the hungry can be?

1）这个公益广告的言内行为揭示了忍受饥饿的人的艰难处境，同时强调了“容易”这个词，试图告诉受众为饥饿的人提供食物其实并不困难。

2）从轻松的表面来看，受众只知道饥饿的人过得不好，而对言外行为进行分析可以了解到这条广告的意图。这个广告表达了一个真命题：食物非常重要，浪费掉的食物可能可以用来拯救将要饿死的非洲儿童，引发人们思考要珍惜食物。这条广告的拟合方向是让语词匹配为饥饿的人提供食物很容易这一事实，表达的心理状态是一种信念，即为他们提供食物的行为是真的很简单。综合这些特征，可以发现这条广告执行的是断言类言外行为，目的是为了让人们帮助正在挨饿的人。

3）这条公益广告语的言后行为是激发人们关注饥饿问题，说服人们帮助饥饿的人。

3.5　关于国家形象或城市形象

（9）“Chengdu, a city you will never want to leave once come.”（成都，一个你来了就不想走的城市。）

这是一条宣传成都的城市形象公益广告语。

1）这个公益广告语言简洁。从表面上来看，它的言内行为叙述了“无论你是谁：乘客、商人还是本地居民，只要你来到成都，你就不会再想去其他城市了”这一事实。

2）言外行为分析表明，广告的真正目的想要引导人们发现人们来了就不想走，是因为成都的美：成都有美食，有美景，有美人还有美好的生活。刺激人味蕾的川菜，吸人眼球的西岭雪山、黄龙溪镇等美景，无一不让人流连忘返。这条广告对游客来到成都后不想走的行为做出了承诺，它执行一种承诺类言外行为，旨在用成都的美吸引游客前来游玩。

3）这个广告语的言后行为是呼吁人们来成都游玩，在这里体验美好生活，品尝美食，欣赏美景和美人。

（10）"Suzhou, a paradise on Earth."（苏州，人间天堂。）

这是一条宣传苏州城市形象的公益广告语。

1）这条广告语语言简洁，从表面上看，它的言内行为是将苏州比作人间的天堂。

2）言外行为分析发现，广告的言外之目的是让人们相信苏州的美。苏州的美体现在很多方面：它气候宜人，风景如画，土地肥沃，经济繁荣；更重要的是，苏州文化底蕴深厚，历史悠久，整个苏州都沉浸在浓厚的文化氛围中。事实如此，所以它的拟合方向是让话语与现实世界苏州的美相匹配，而表达的心理状态是"视苏州为人间天堂"的信念。根据这三个特征，可以发现这个广告语执行的是断言类言外行为，是为了帮助受众发现苏州的美。

3）这条公益广告语对人们的行为有影响，它呼吁公众采取行动，来到苏州，感受苏州的美以及欣赏它的优雅。

3.6 关于向公众提供服务

（11）"Love me, chase me, don't kiss me."（爱我，追我，不要吻我。）

这条公益广告语的语言特点是简洁且幽默。

1）从表面上看，这则广告语韵律和谐，只有七个单词，且每个都以"me"作为结尾，它的言内行为是讲述"爱我，追我，不要吻我"的意思。

2）从表面上看，人们会想知道"不要吻我"是什么意思，可以使用言外行为对其进行探究。在这里"我"代表车，那么"不要吻我"的意思是不要碰到我，采用了拟人手法。它的言外行为是让听众避免不安全驾驶，避免发生交通事故；它的拟合方向是让现实世界与避免车辆碰撞的语词进行匹配，表达的是"愿望"这一心理状态，因此这个公益广告执行的是指令类言外行为，目的是提醒人们在驾驶时要保持安全距离，呼吁人们要注意驾驶安全。在幽默、轻松的语言背后却暗含安全驾驶的严肃主题。

3）这则广告对人们的思想能产生一定的影响，它强调了安全驾驶，言后行为是激励人们采取行动，避免交通事故的发生。

（12）"Don't smoke, or it will turn you into a cloud of smoke."（不要吸烟，否则它会让你变成一缕青烟。）

这条公益广告语介绍的是吸烟的危害。

1）这个公益广告语语言幽默，令人发笑，它的言内行为是向读者传递一个信息：

不要吸烟，否则它会让你变成一缕青烟。而一缕青烟的含义却很难从字面表达上获取。

2）讲述“如果一个人吸烟，他就会变成一缕青烟”的目的是什么，一缕青烟的真正含义又是什么，从言外行为角度进行分析可以找到答案。青烟，有死亡的寓意，那么这条广告语的意思是一个吸烟的人更容易死亡。每支香烟中含有 7 000 多种化学物质，严重危害人体健康，可能会导致癌症和各种心血管疾病，吸烟的人更容易患病，甚至会因吸烟引起的疾病死亡。这条广告语对吸烟的人做出了承诺，如果你吸烟，那么你离死亡就更近一点。根据 Searle 言外行为的分类，这个公益广告执行了承诺类言外行为，目的是为了告知人们吸烟的危害。

3）在言后行为方面，在读了这个广告语之后，人们受到启发，为了身体健康戒烟。

3.7 关于继承传统文化

（13）“He that lies down with dogs must rise up with fleas.”（和狗一起躺下的人必带着跳蚤起来。）

这个公益广告的深层意义类似于中国的谚语“近朱者赤，近墨者黑”。

1）这个公益广告的言内行为告诉人们，跳蚤喜欢狗的气味，如果一个人经常和狗在一起，也很容易吸引跳蚤。

2）这条广告语讲述人和狗待在一起久了会吸引跳蚤。言外行为分析可揭示广告暗示性语言之下的深层意义。在这里，“跳蚤”代表的是坏的人或事物，所以，它的目的是强调好的事物会被其他好的事物所吸引，坏的事物通常与其他坏的事物聚集在一起，善良的人周围都是善良的人，品行恶劣的人周围也都是品行恶劣的人。这个广告对未来的行为做出了承诺：如果和狗长时间待在一起，跳蚤就会来找你。根据 Searle 的言外行为的分类，它执行了承诺类言外行为，提醒人们接近品德良好的人而远离坏人。

3）这个公益广告语的言后行为是激励人们采取行动与好人待在一起，远离坏人。

（14）“We should not force others to do whatever we are not willing to do.”（己所不欲，勿施于人。）

“己所不欲，勿施于人”这句谚语源自于《论语》，它彰显了儒家的政治思想、道德思想和教育原则，也是体现中国传统文化的格言之一。

1）这个公益广告的言内行为告诉人们不要强迫别人去做你不愿意做的事情。

2）根据 Searle 对言外行为的分类，这个公益广告执行了指令类言外行为。它还隐含着一个目的：站在别人的角度思考问题，自己不想做的事情，那么他人肯定也不想做。所以它强调的是我们应该把自己放在别人的立场上，关心他人，这样才有利于建立和谐的关系。

3）这个公益广告语的言后行为是呼吁人们不要强迫别人做不愿做的事，要站在别人的角度想问题，关心别人。

4. 结语

本文从言语行为理论视角对14则公益广告语进行了分析，针对3个研究问题主要发现如下：

1）公益广告语表达的意义与言语行为有一定的联系。每条公益广告语都涵盖言内、言外和言后三种言语行为。此外，每条公益广告语都有两种意义，即字面意义和深层意义或内涵。公益广告语无法通过字面表达所有的意义，其内涵和目的都隐藏在字面之下。我们的研究表明：公益广告语的字面意义等同于言内行为，其深层意义或内涵体现为言外行为，而公益广告语对人们感情、思想和行为的间接影响则属于言后行为。

2）如上所述，公益广告语的言外行为呈现其深层意义或内涵。隐藏在公益广告文字、句子和话语背后的深层意义或内涵不能通过字面意义获得，但可以通过分析其言外之意获得。言外行为是指人们在说话时实际上也是做了某事的行为，说话是为了实现某种目的或意图，如提供建议、表达感谢或做出承诺等。我们的分析发现，执行断言类言外行为的公益广告语占很大的比例。

3）公益广告激励人们采取行动。在获得公益广告语的内涵或深层意义后，人们在正确价值观的指导下改变思想或采取行动，这就是公益广告语开启的言后行为。言后行为是指对受众的感觉、思想或行为产生影响。因此，公益广告虽然不追求利润，但却能给社会带来积极的影响，公益广告在一定程度上促进了人类的发展和社会的进步。

参考文献

[1] AUSTIN J L. How to do things with words [M]. Oxford: Clarendon Press, 1962.

[2] MOHAMED M, MOHAMMED L, MOHAMMED Y. Language and visuals in contradiction: a semiotic and discourse analysis of a Moroccan public service announcement for forest protection [J]. Malaysian journal of media studies, 2019, 21(2): 21–53.

[3] SEARLE J R. Expression and meaning: studies in the theory of speech acts [M]. New York: Cambridge University Press, 1979.

[4] 丁金淑．“14亿个我们就是中国”央视公益广告多模态话语分析 [J]. 大众文艺．2020（23）：114–119.

[5] 官科．“中国梦”系列公益广告中的多模态隐喻 [J]. 湖南科技大学学报（社会科学版）．2015，14（04）：156–161.

[6] 何兆熊 . 新编语用学概要 [M]. 上海：上海外语教育出版社，2000.
[7] 唐献溢 . 央视春节系列公益广告的符号学研究 [D]. 广州：华南理工大学，2018.
[8] 杨琳，李亦宁 . 公益广告概论 [M]. 西安：西安交通大学出版社，2019.
[9] 杨曙 . 从系统功能语法角度对公益广告人际意义的研究 [D]. 广州：广东外语外贸大学，2006.
[10] 张颖 . 中美环保广告的跨文化比较研究 [D]. 湘潭：湘潭大学，2011.

语用预设视角下的汽车广告语分析

覃小燕[1]

摘　要： 2001年，随着中国加入世界贸易组织，中国经济发展迅速，汽车行业蓬勃发展，竞争激烈，企业家希望通过广告的方式吸引消费者。国内外学者对广告的研究很多，但很少有学者从语用预设的角度研究汽车广告。因此，本研究结合汽车广告语的特点及魏在江（2003）的分类，将语用预设分为六类：存在预设、事实预设、信念预设、状态预设、行为预设和文化预设，选用12个汽车产品的广告语具体分析语用预设在汽车广告语言中的作用。研究发现：汽车广告语的语言特征从词法、句法、修辞上都倾向于褒义性的表达。语用预设对汽车广告语的作用有三个方面。

关键词： 语用预设；汽车广告语；语言特点

1. 引言

随着中国改革开放的不断深化以及在2001年加入世界贸易组织，中国经济发展迅速，越来越多的外国汽车公司进入中国市场，汽车工业蓬勃发展，已成为我国的支柱产业。为在众多竞争者中脱颖而出，汽车公司无疑会运用广告宣传自己。而设计汽车广告的常用手段是利用语用预设。语用预设是说话者在说话前根据已知信息做出的假设。Levinson（2001：205）将语用预设定义为说话人和听话人共享的知识或基础。

本研究旨在探讨汽车广告与语用预设之间的关系，主要研究两个问题：1）汽车广告的语言特征是什么？2）语用预设在汽车广告中的作用是什么？

2. 语用预设及相关研究概览

2.1　语用预设

据Levinson（2001：169–170），“预设”一词最早由Gottlob Frege提出。Frege认为，预设与意义和指称有联系。预设理论包括以下三点：1）时间短语和小句带有前提；2）一个句子和它对应的否定式具有相同的预设；3）为使一个断言或句子是真或假，它的前提必须为真或被满足。

[1]　2018级英语专业学生；邮箱：286516406@qq.com；指导老师：李丹副教授。

预设的概念直到20世纪60年代才进入语言研究领域。Keenan（1971：45）第一个提出语用预设这个概念，认为语用预设更多强调说话者与语境适切性之间的关系。

2.2 分类及特点

Yule（2000）将语用预设分为潜在预设、存在预设、事实预设、词汇预设、结构预设、非假定预设和非事实预设。陈新仁（1998：54–57）将语用预设分为信念预设、事实预设、状态预设和行为预设。概括前人的研究成果，魏在江（2003）将语用预设分为事实预设、信念预设、状态预设、行为预设、文化预设和双关预设六类。本文采用魏在江的分类。

胡泽洪（1996）认为，语用预设具有以下五个特点：1）共同性：指沟通双方共享背景知识；2）适宜性：指与语言环境密切相关；3）主观性：指语用前提是由说话者个人态度、情绪和信念做出的主观假设；4）隐藏性：指语用前提包含超出字面意思的暗示性信息；5）单向性：指作为语用前提的背景信息由说话者单方面传递。

2.3 预设触发语

预设通常由被称为“预设触发语”的词或结构实现。Levinson（1983：181）提出了13类预设触发语：确指性描写语、叙实动词、含蓄动词、状态变化动词、表示重复的词、评价动词、时间状语从句、分裂句、含强调成分的结构、比较与对比的结构、非限制性关系从句、反事实条件句和疑问句。

何自然、冉永平（2006：149–151）将预设触发语分为三类：动词、确指性结构或修饰语、短语和从句。这三个类别还包含其他子类，如表1所示：

表1　预设触发语分类

动词	含蓄动词	忘记、发生、避免……
	叙实动词	意识到、知道、后悔……
	状态变化动词	停止、开始、继续、离开、进入、完成……
	评价动词	批评、指控、否定、指责、责备
确指性结构或修饰语	指示代词、人称代词、名词所有格、反身代词	这个、你的、你自己、就像、再一次……
短语和从句	时间状语从句、比较类短语/从句、非真实条件句、非限制性定语从句等	在……之前/之后、当……的时候、比、如果……

3. 汽车广告语的语言特点

广告中每一个字的使用都必须精确合理，汽车广告具有下述语言特点。

3.1 词汇特征

1）褒义词和评价类形容词

为促进销售，汽车广告商喜欢使用褒义词来体现产品的声誉，激发消费者的兴趣。“权力、激情、完美、卓越”等是汽车广告中经常使用的词。这些词给汽车产品赋予了不同的形象。此外，汽车广告常使用很多生动、形象的评价类形容词，以突出汽车产品的优势，给消费者留下关于产品的良好印象或想象。例如：

（1）“We built our reputation by building a better car.”（斯巴鲁：“造好车，赢美誉。”）

2）夸张词

广告中的夸张是指比实际情况更好的描述，许多汽车产品的英语广告都具有夸大的作用。例如：

（2）“Everyone dreams of having an Audi.”（奥迪：“每个人都梦想拥有一辆奥迪。”）

“每个人都梦想拥有一辆奥迪”说明奥迪车的受欢迎程度，暗示奥迪汽车是高质量的。

3）代词

为了增强消费者对产品的体验感，汽车广告中经常使用人称代词，以便让消费者将自身代入到产品的使用场景中。例如：

（3）“Expand your driving experience to new horizons with the all-new Corolla.”（丰田：“全新的卡罗拉将您的驾驶体验拓展到新的境界。”）

代词“您”拉近了汽车广告商与消费者的距离。

4）动词

动词也越来越多地用于汽车广告中，如“驾驶、追求、移动、舞动、领导”等。例如：

（4）“Lead the times, control the future.”（奔驰：“引领时代，控制未来。”）

3.2 句法特征

广告的首要原则是吸引人、易理解，所以大多数汽车广告都使用简单的单词和句子。从句法角度看，汽车广告通常使用简单句、命令句和省略句。

1）简单句

观察汽车广告语会发现大多数是简单句。广告商倾向于把一段文本分解成不同的小句以便消费者理解。如下例：

（5）“Life is a journey. Enjoy the ride.”（尼桑：“生活是一段旅行。旅途愉快。”）

简单句的特点是可以用较少的语词来表达大量的信息。

2）祈使句

祈使句是广告中常见的句子模式，因为广告的目的就是敦促消费者采取行动，购买产品。

（6）“Don’t dream it. Drive it.”（捷豹：“告别梦想，尽情驰骋。”）

以上例子中的祈使句虽然没有主语，但“你”（顾客）是隐含的主语。祈使句的作用是直接鼓动消费者购买产品。

3）省略句

为了充分利用有限的宣传时间和空间，广告需要简明清晰。省略句可以结合语境理解，增强表达效果，提高人们对产品的热情。例如：

（7）“Powerful but compact.”（奔驰：“功能强大，轻巧坚实。”）

这个广告只有两个形容词，但生动、有力，内容紧凑、信息丰富，通过突出关键词引起注意。

3.3 修辞特征

修辞手法表现在词语或句子结构的层面，对于提高语言的表现力有着重要作用。因此，广告商经常使用各种修辞手段，使广告更具可读性、创造性和艺术性，以激发消费者购买产品或服务的兴趣和欲望。

1）明喻和隐喻

隐喻和明喻都是将一种事物比作另一种事物，与明喻用“像”“似”等直观的表达词不同，隐喻并不表明事物之间的相似关系，而一般用“是”暗中作比。

（8）“Now that’s imagination, that’s Plymouth!”（普利茅斯：“那是想象，那是普利茅斯！”）

这个广告使用了隐喻的修辞手法，暗示普利茅斯和梦想的关系。广告商用隐喻的形式表达出普利茅斯受到消费者青睐的含义。

2）拟人

拟人指的是非生物对象或抽象概念被赋予人类的特征或能力。例如：

（9）“Poetry in motion, dancing close to me.”（丰田：“动态的诗，向我舞近。”）

拟人的使用能充分调动消费者的想象力，引发感官体验。这种生动形象的描述手法会比平铺直叙的介绍效果更好一些。

3）仿写

仿写是对经典句式或谚语的一种模仿，广告商利用仿写句式使消费者产生熟悉感，在产品和消费者之间建立起密切的联系 。例如：

（10）“Driving is believing.”（斯巴鲁：“所驶即所念。”）

斯巴鲁品牌方根据著名的谚语“seeing is believing”设计了这个广告，以吸引顾客的注意，扩大产品的影响力。

综上所述，汽车广告的宣传效果主要体现在词汇、句法、修辞的使用上。但由于语言文字的有限性，汽车广告语的字面意思不能表达所有的意义。广告还需要利用语用预设来帮助人们理解表面意义以外的深层含义。

4. 汽车广告中的语用预设分析

4.1 存在预设

存在预设是预设的基本类型之一，通常是指事物或思想的存在，它通常由专有名词、所有格代词、冠词、代词触发。

（11）“Drive your passion.”（通用：“激发你的激情。”）

本广告使用了代词“你的”和褒义名词“激情”。在句法上，它是简单句，也是祈使句。这里的“你的”是预设的触发语，当人们看到广告时会假定自己已经拥有了一辆通用汽车，驾驶它会带来激情。广告商通过正面的“激情”一词传达积极的态度，以促使消费者购买该汽车产品。广告简洁而清晰，不仅有效、快速传达了汽车的优势，而且还能使读者快速理解广告所传达的信息，有利于达到宣传目的。

（12）“The true definition of luxury. Yours. Acura. Precision Crafted Performance.”（本田讴歌：“奢侈的真正定义是你的讴歌。精密制作，性能优良。”）

这则广告表现为省略句的形式。“你的”、“讴歌”、“定义”和“奢侈”都是预设触发语。使用“你的”和“讴歌”，广告是试图让消费者感觉讴歌是属于自己的。“奢侈”意味着昂贵和舒适，而讴歌能够“定义”，也就是代表奢侈，这说明讴歌是豪华的、舒适的、昂贵的。这则广告利用语用预设共同性和隐藏性的特点，试图很好地调用消费者共同的背景知识，快速在消费者心中建立讴歌汽车的形象。广告语以省略的方式突出关键词，口号简单清晰，以吸引消费者的注意。

4.2 事实预设

“事实胜于雄辩”。改变一个人或群体的态度的手段之一是呈现一种事实。从广告的角度来看，“用事实说话”对广告商或销售商来说都是有益的，当消费者考虑购车时总会有一些顾虑，汽车广告商此时通过展现产品的“实力”来减少消费者的这种担忧。

（13）“A hundred years’ journey, Chevrolet lasts forever.”（雪佛兰：“百年征程，雪佛兰历久弥新。”）

这则雪佛兰广告使用了动词“历”。广告商以雪佛兰的历史作为消费者的常识背景，充分利用语用预设的共同性。“百年征程”作为事实预设的触发语，暗示雪佛兰汽车历史悠久，质量非常好，值得信赖，这一事实对消费者而言是毋庸置疑的。广告利用具有说服力的事实来吸引消费者购买产品，表明对事实的先入之见极有可能影响购买意愿。

（14）“This Fourth of July celebrates Buick, America’s fastest growing major car company.”（别克：“今年 7 月 4 日庆祝别克——美国发展最快的大型汽车公司。”）

名词词组“七月四日”、动词“庆祝”和最高级形容词“最快的”是这则广告的预设触发语。“七月四日”是美国独立日。“独立日庆祝别克”，而非“别克庆祝独立日”使用了拟人化的修辞手法，倒装的结构完全是为了吸引眼球，宣传即将到来的优惠活动。与独立日挂钩也是为了暗示别克是（通用公司的）老牌汽车。广告预设别克是美国发展最快的大型汽车公司，试图表明其产品的优越性；而拟人化的使用则让广告更有趣，也更有吸引力。

事实预设无疑是最具说服力的，但仅凭广告语并不能作为购买的依据，因而事实预设在汽车广告中使用频率没有其他预设高。

4.3 信念预设

通常来说，一个人的态度受到信念的强烈影响，信念会长期影响人们的消费习惯。因此，广告商倾向于从思维上改变消费者对产品的态度，通常利用消费者心中的信念预设来实现。

（15）“The best built cars in the world.”（丰田：“世界上制造得最好的汽车。”）

这则广告用了一个省略句，只含名词短语。最高级形容词“最好的”是预设触发语。广告将丰田汽车与世界上其他所有汽车进行比较，向消费者传达丰田车是“世界上最好的汽车”的信念。消费者往往不会过多关注丰田汽车是否名副其实，但久而久之在意识中会接受这样的信念。

（16）“Tahoe, like a rock.”（塔赫：“塔赫，坚如磐石。”）

塔赫是雪佛兰车的一个品牌。这则广告是一个比喻句，“like”（“如”）是预设触发语。将塔赫汽车比作一块石头，表明它坚固耐用。广告商把人们对石头的认知作为共同的背景，以此说明塔赫的质量足够好。

4.4 状态预设

状态预设有两种，一种是使用产品前不满意状态的预设，另一种是使用产品后满意状态的预设。汽车广告中一般使用第二类预设。

（17）“Buick, your key to a better life and a better world.”（别克：“别克，通往更好生活和世界的钥匙。”）

这则广告是一个省略句，只包含名词和名词短语。专有名词“别克”、代词“你”和正面的比较级形容词“更好”都是预设触发语，它们预设消费者在体验过别克汽车后，将会进入更好的状态，拥有别克就意味着拥有更好的生活。这则广告没有夸大汽车的性能，而是抓住了消费者对未来美好生活的向往，激励他们成为别克的拥有者。

（18）“Your world, henceforth unbounded.”（福特：“你的世界，从此无界。”）

这则广告是一个不带系词的系词句，“你的”“从此”是预设触发语。这是一个典型的基于未来的状态预设。“无界”在这里有两种含义，一种是你的世界最初是被束缚的，就像边境被封锁；另一种是拥有福特汽车后，你可以自由地穿越世界。这则广告假设拥有该产品后的状态，给了消费者关于自由的心理暗示，以满足消费者的心理需求。

4.5 行为预设

行为预设通常在广告中通过改变消费者的信念或调动情绪来影响消费者的实际行为。一般来说有三种类型的行为：1）过去发生的给消费者带来负面情绪体验的行为；2）现在就能满足消费者需求的行为；3）未来给消费者带来积极情感的行为。

（19）“Don’t dream it! Drive it!”（捷豹：“别再梦想。尽情驰骋。”）

这则广告由两个祈使句组成。“别再梦想”和“驰骋”是预设触发语。“别再梦想”预设人们“做梦都想拥有捷豹汽车”的行为。两个短句结合起来表达的意思就是“只要你买上捷豹，你驰骋的梦想就会实现”。祈使性的语句意在勾起消费者的购买欲望。

（20）“Everyone dreams of an Audi.”（奥迪：“每个人都梦想着一辆奥迪。”）

不定代词“每个人”、专有名词“奥迪”和动词“梦想”都是这则广告的预设触发语。“每个人”夸大了消费人群，“梦想”预设了奥迪汽车的高品质。在汽车广告中，直接阐明汽车的性能可能会引起消费者的反感，用夸张的方式渲染汽车的口碑和产品的地位不失为一种巧妙的做法。

4.6 文化预设

在特定的社会文化背景下进行的语言行为总是受到既定的习俗和观念的影响。在语言交际过程中，交际者经常将常识和习惯作为背景知识，这些常识和习惯被称为文化预设。

（21）“Where there is a way, there is a Toyota.”（丰田：“车到山前必有路，有路必有丰田车。”）

这是对“山重水复疑无路，柳暗花明又一村”的模仿。“有路必有丰田车”意味着无论哪条路，丰田汽车都可以自由行驶，预设丰田车极强的适应性。广告巧妙利用仿写展示产品特点，以吸引消费者的关注。

（22）“Sometimes beauty is more than skin deep.”（沃尔沃：“有时候美不仅仅在于表面。”）

这则广告使用了褒义词“美”，在句法上使用了比较的形式。从文化预设的角度来看，美通常意味着外表的美。但这则广告试图表达：真正的美意味着“内外兼修”，即沃尔沃汽车不仅在外形上具有美感，而且其安全性能等内在品质非常可靠。广告以人们对美的普遍认知作为文化预设，试图将受众的注意力从汽车的外观引向汽车的质量，突出这个品牌汽车的优势。

5. 结语

以上分析表明，语用预设是实现汽车广告目的、增强说服力的有效手段。语用预设在汽车广告中的作用可总结如下：

1）广告的本质是传达信息，基于语用预设的汽车广告可以通过使用特定的词汇、句法或修辞手法突出重点信息，利用有限的文字尽可能传达更多的信息。

2）语用预设的使用可以使汽车广告更有说服力，更具刺激消费者购买意愿的作用。

3）广告不仅需要服务于经济需求，也需要适应文化观念。语用预设可用来设计出适应消费者文化需求的广告。

参考文献

[1] KEENAN E. L. Two kinds of presupposition in natural language [M]. New York: Holt, Reinhardt & Winston, 1971.

[2] LEVINSON S C. Pragmatics [M]. Cambridge: Cambridge University Press, 1983.

[3] LEVINSON S C. Pragmatics [M]. Cambridge: Cambridge University Press, 2001.

[4] YULE G. Pragmatics [M]. Shanghai: Shanghai Foreign Language Education Press, 2000.

[5] 陈新仁 . 论广告用语中的语用预设 [J]. 外国语（上海外国语大学学报），1998，（5）：54–57.

[6] 胡泽洪 . 论语用预设 [J]. 华南师范大学学报（社会科学版），1996（6）：14–19, 117.

[7] 何自然，冉永平 . 语用学概论（修订本）[M]. 长沙：湖南教育出版社，2006：149–151.

[8] 魏在江 . 预设研究的多维思考 [J]. 外语教学，2003（2）：32–35.

[illegible]

5. 结语

[illegible]

参考文献

[1] KEENAN E L. Two kinds of presupposition in natural language [M]. New York: Holt, Rinehart & Winston, 1971.

[2] LEVINSON S C. Pragmatics [M]. Cambridge: Cambridge University Press, 1983.

[3] LEVINSON S C. Pragmatics [M]. Cambridge: Cambridge University Press, 2001.

[4] YULE G. Pragmatics [M]. Shanghai: Shanghai Foreign Language Education Press, 2000.

[5] [illegible]

[6] [illegible]

[7] [illegible]

[8] [illegible]

三、跨文化语言考察

汉越泰“蓝”“青”“绿”三色表征对比研究

周晓颖[1]，关熔珍[2][1]

摘　要：本文将分析汉、泰和越南语颜色词“蓝”“青”“绿”三色的本义和外延意义，以及构词差异和反映的文化差异，探讨语言学习者在颜色认知方面存在的问题。汉语中的“蓝”“青”“绿”，和泰语中的“สีน้ำเงิน”、越南语中的“xanh”的本义和引申义同中有异。由于中越泰颜色存在表征差异，语境不明晰的情况下常会引发歧义，影响外语习得和翻译实践。中越泰语言学习者在外语习得和翻译实践中遇到的问题也提醒我们，要注重学习词汇的历史文化和社会背景，以促进语言学习和跨文化交流。

关键词：汉语；越南语；泰语；颜色词；蓝；青；绿

1. 引言

1969 年，美国民俗家 Brent Berlin 和语言学家 Paul Kay 借助大量的实证信息和文献考证支撑，比较研究了 98 种语言，并在详细研究了其中的 20 种以后，概括出包括颜色词在内的 11 种基本词汇，并认为颜色语义学是建立在神经生理学之上的。Anna Wierzbicka 则提出，颜色词的词义是使用该语言的人对这些色块的认知理解，而不是视觉神经对色块的直接视觉反映（1900：163）。Özgen 和 Davies（1998）进一步探讨了 Berlin 和 Kay 的理论，他们选择纳米比亚的希姆语作为研究对象，并对希姆语、伯因摩语和英语进行比较，来研究语言对人类的色彩感觉与认知的影响。2007 年，Jonathan Winawer 和 Nathan Witthoft 等人探讨了俄语中不同的颜色表达对人辨别颜色的影响，并得出“语言的颜色系统的差异会影响对颜色的感知能力”的结论。

不同民族表达颜色的词汇也有所不同。如在欧洲有些地区，颜色词多达几十个，但是在非洲某些地区，表达颜色的词汇只有“黑”和“白”。再如，与英语不同，俄语对“浅蓝色（goluboy）”和“深蓝（siniy）”进行了强制性区分（Winawer, et al, 2007：7780–7785）。

现有文献记录了中越泰语言中颜色表达的一些差异。汉语中，“青”是介于“绿”和“蓝”之间的一种颜色，它们都是独立的颜色，有自己的定义。泰语中，青色和蓝色通常被翻译成同一个词“สีน้ำเงิน”，就词汇层面而言，泰语没有“蓝－青”区别（梁思婷，2007）。在越南的基本色中，绿色、蓝色和青色的表达是相同的，青色

[1] 1. 2017 级英语专业学生；邮箱：2839691604@qq.com；2. 国际学院教授，博士，研究方向：比较文学。

是一种包含蓝色和绿色的颜色，所以这三种颜色都用同一个越语词“xanh”来表示，因此在越南语中并不存在汉语中的“蓝－青－绿”对比（裴氏翠芳，杨扬，2009：46–49）。汉语区分“蓝”“青”“绿”三个不同颜色词的表达；泰语中“蓝”和“青”都表达为“สีน้ำเงิน”；越南语中“蓝”“青”“绿”都表达为“xanh”。

民族间的文化存在一定差异，词汇是非常敏感的文化表达形式，因此不同民族语言词汇也必然具有一定区别。本文将重点分析汉、泰和越语“蓝”“青”“绿”三色的词典释义和外延意义，以及构词差异和文化认知差异。

2.“蓝”“青”“绿”本义比较

首先分析“蓝”“青”“绿”三词在汉、泰、越词典中的释义，并进行释义对比。

2.1 词典释义

2.1.1 汉语

“文字是记录语言的符号系统，是社会交际的工具，是人类文明的载体，《说文解字》是汉民族第一部分析字形、说解字义、辨识声读的字典，是不朽的词汇著作，是东汉以前的百科全书，是天下第一种书。”（汤可敬，2018：前言）《古代汉语词典》收集了古代正统书面语写作中的大量单字与词汇，“古”“今”结合（王新民，解洪科，2012）。《商务国际现代汉语词典》是一部学习型、规范型的现代汉语词典，吸收了一些进入现代汉语普通话的古代汉语、近代汉语、方言和少数民族语以及外语语言成分，具有收词适量、释义简明易懂、例证充分体现词语的含义和用法、功能丰富实用的特点（单耀海，2013）。本文参考以上三本词典中关于“蓝”“青”“绿”的释义，既能反映最原始的释义，也利于进行古今释义对比。

表 1　汉语“蓝”“青”“绿”词典释义

	蓝	青	绿
《说文解字》	染青草色，从草监声。	东方色也。木生火，从生丹。丹青之信言必然。凡青之属皆从青。	帛青黄色也，从草录声
《古代汉语词典》	1）植物名，以能作蓝靛、染青碧色而得名； 2）蓝色。	1）蓝色； 2）黑色； 3）青色的东西。	绿色。
《商务国际现代汉语词典》	1）像晴天天空的颜色，蔚蓝； 2）蓼蓝，草本植物，叶子含蓝汁，可作蓝色染料。	1）蓝色或绿色； 2）黑色； 3）青草或没有成熟的庄稼。	像草和树叶茂盛时的颜色，蓝颜料和黄颜料混合即呈现这种颜色。

2.1.2 泰语

本文借助《泰汉词典》(萧少云，2005)、《现代泰汉词典》(萧少云，龚云宝，2019)两本词典解释“**สีน้ำเงิน**(蓝、青)”和“**เขียว**(绿)”的意义。《泰汉词典》由广州外国语学院编纂，受国内外泰语专家学者指导，集思广益；《现代泰汉词典》是“东南亚国家语言辞书系列”的子项目之一，是2018年度国家出版基金项目、2013—2025年国家辞书编纂出版规划项目，由泰语词典界泰斗萧少云领衔担纲，中泰两国语言专家倾力联合打造(林雪娜，2019)。

表2 泰语“สีน้ำเงิน(蓝、青)”“สีเขียว(绿)”词典释义

	“สีน้ำเงิน(蓝、青)”	“สีเขียว(绿)”
《泰汉词典》	1)น. 天，天空； 2)ว. 天蓝，蔚蓝。	1)绿； 2)臭青：**เหม็น** ~青蒿味，臭青味； 发绿，发青，发紫：**โกรธจนหน้า** ~气得脸发青 **หนาวจนปาก** ~冻得嘴发紫
《现代泰汉词典》	1)像天空一样的蓝色； 2)蓝色，像从板蓝根提取出来的颜色。	像叶子一样的颜色。

2.1.3 越南语

在越南语中，“xanh”可以指代三个颜色：“蓝”“青”“绿”。《越南语大词典》为阮如意先生主编，是较为权威的越南语词典(刘汉武，2016：57–66)。Từ điển Trung Việt是中越在线词典，下载量超过50万，且广受好评。

表3 越南语“xanh”词典释义

	“xanh”
《越南语大词典》	1)像树叶、海水那样的颜色：青草，青衣，青山绿水，蓝天； 2)(果实)没有成熟，还嫩：青木瓜。
Từ điển Trung Việt	1)翠，翠绿色； 2)滴翠(极言翠绿的程度，像要滴下水来的样子)； 3)蓝(像晴天天空的颜色)； 4)青(蓝色或绿色)； 5)生，未熟(果实没有成熟)。

越南语“xanh”有广义和狭义之分，广义指“蓝”、“青”和“绿”三种颜色，狭义指“绿”。表示“蓝”时，为“cao xanh(青高)”，即“蓝色的高空”，原指天空，后转指老天；“khuôn xanh(青框)”即“苍穹”，也指老天。“xanh lá cây(树叶青)”，即绿色；或“xanh da trời(天皮青)”“màu thanh thiên(天青色)”，即浅蓝色；“xanh nước biển（海水青）”，即深蓝色（阮云妆，李柏令，2010：104–107）。

2.2 本义比较

颜色词的本义是该词最原始、基本的体现，一个词所包含的含义直接影响其外延意义所涉及的范围，以及对该词的思维认知。表 4 列举三种语言“蓝”“青”“绿”的本义。

表 4 汉语“蓝”“青”“绿”和泰语“สีน้ำเงิน”“สีเขียว”、越南语“xanh”的本义对比

汉语			泰语		越南语
蓝	青	绿	蓝 / 青 สีน้ำเงิน	绿 สีเขียว	蓝 / 青 / 绿 xanh
1）晴朗天空的颜色	1）春季植物叶子的颜色	1）像草和树叶茂盛时的颜色	1）像天空一样的蓝色	1）像叶子一样的颜色	1）蓝（像晴天天空的色）；青（蓝色或色）；翠，翠绿色
2）染青草色	2）青草或未成熟的果实或庄稼	2）帛青黄色	2）从板蓝根中提取出来的颜色	2）迅速的动作	2）生；未熟（果实没有成熟）
3）植物名，蓼蓝					

从上述释义可以看出，绿色可以用青色和黄色混合而成，也可以用蓝色和黄色混合而成，属于合成色，其成分与青色和蓝色相关。越南语的“xanh”包含了汉语的“蓝”、“青”和“绿”，一个词对应多种颜色。在这种情况下，假设话语涉及“xanh”，往往要根据语境推测出其所指颜色，否则容易造成歧义和误解。

3.“蓝”“青”“绿”构词差异

刘钧杰（1985：71–77）把颜色词汇分为纯颜色词、物体颜色词、物体颜色词 + 纯颜色词组合、纯颜色词 + 纯颜色词组合等形式。根据现代汉语、泰语以及越南语颜色词汇的构词特点，可以从以下四个方面进行分析对比。

3.1 并列式

并列式颜色合成词由两个颜色单词构成，但并不是任意两个颜色单词都可以构成颜色词的并列，只有两种没有混合、色彩差异较大或色彩对立的颜色词才能够组合并列式颜色合成词。

汉语、泰语和越南语中都有并列式结构的颜色合成词。

汉语中有 5 个并列式颜色合成词：“黑白”、“皂白”、“红黑”、“青红”和“丹青”（裴氏翠芳、杨扬，2009：46–49）。

泰语中有 4 个并列式颜色合成词：“黑白”、“红黑”、“绿黄”和“绿红”（王丽娟、王渝光，2009：83–87）。

越语中有 5 个并列式颜色合成词：“đen trắng（黑白）”、“trắng đen（白黑）”、“đỏ đen（红黑）”、“đen đỏ（黑红）”和“xanh đỏ（青红 / 蓝红 / 绿红）”（裴氏翠芳、杨扬，2009：46–49）。

可见，在汉、泰和越这三种语言中并列式颜色合成词并不多。

3.2 偏正式

偏正式颜色合成词指两个语素构成一个新的颜色，一语素修饰、限制另一语素。在汉语里，前面的语素可以是形容词性的、名词性的或动词性的；后面的词根是一表色语素（裴氏翠芳、杨扬，2009：46–49）。但是对泰语和越南语而言，则是后面的语素修饰、限制前面的语素（裴氏翠芳、杨扬，2009：46–49；王丽娟、王渝光，2009：83–87）。如果我们把修饰用语素用 X 表示，即可得出下列偏正式颜色合成词格式：

汉语：X+ 表色语素 = 偏正式颜色合成词

泰、越语：表色语素 +X= 偏正式颜色合成词

偏正式颜色合成词在汉、泰和越语中都比较常见，下面我们将根据 X 的不同性质，进一步细分这类颜色词的结构特点。

1）X 为修饰用的颜色词：“X+ 表色语素”或“表色语素 +X”= 偏正式颜色合成词

这一类偏正式颜色合成词在汉、泰和越语中都比较常见。就“蓝”“青”和“绿”这三个颜色词而言，汉语有“灰蓝”“紫蓝”“黄绿”“靛青”等；泰语有“**สีดำฟ้า**（蓝黑）”；越南语有“Màu xanh đen（青 + 黑）”、“Xanh lá cây（青 + 绿）”、“Màu xanh lá cây（青 + 灰）”、“Màu xanh tím（青 + 紫）”等。

2）X 为表物语素：“X+ 表色语素”或“表色语素 +X”= 偏正式颜色合成词

该类偏正式颜色合成词中，前一语素是与所要表达颜色相关的物体。这类词通过“表实物的语素”联想到那种“实物”所具有的颜色，使得人们对颜色的感知变得更具体，使语言能更形象地表达意义（王丽娟、王渝光，2009：83–87）。很多语言中都可以看到这一类型的偏正式颜色合成词，汉、泰越语也不例外。在汉语中，有“海蓝”“天蓝”“水蓝”“草绿”等；泰语中有“**สีฟ้า**（天蓝）”、“**สีเขียวนกยูง**（孔雀蓝）”等；越南语中有“xanh cỏ（草绿）”、“xanh lá m ŏ（苗绿）”、“xanh reu（苔绿）”、“Cua màu xanh lá cây（蟹青）”、“biển xanh（海蓝）”、“hồ xanh（湖绿）”等。

3）X 为表示程度的形容词：“X+ 表色语素”或“表色语素 +X”= 偏正式颜色

合成词

汉语和越南语中都有“深、浅、浓、淡、明、暗、嫩、鲜”等形容词，泰语中只有“**เข้ม**”“**อ่อน**”表示深浅且能和所有的表色语素搭配。因此汉语中我们可以说：“深蓝”“浅蓝”“淡蓝”“中蓝”“暗蓝”等；泰语中有：“**สีน้ำเงินเข้ม**（深蓝 / 深青）”、“**สีฟ้าอ่อน**（淡蓝 / 淡青）”；越南语中有：“嫩绿”、“xanh lá cây mềm（嫩青）”、“老绿（xanh lá già）”等。

3.3 重叠式

在现代汉语的基本颜色词中，有“AA”式重叠式和“AA 的”式重叠式颜色词，其中 A 代指表色语素，B 代指表物语素（见表 5）。

表 5 重叠式颜色词

<table>
<tr><th colspan="4">汉语</th><th colspan="4">泰语</th><th colspan="4">越南语</th></tr>
<tr><td></td><td>AA</td><td>AA 的</td><td>ABB</td><td></td><td>AA</td><td>AA 的</td><td>ABB</td><td></td><td>AA</td><td>AA 的</td><td>ABB</td></tr>
<tr><td>白</td><td>+</td><td>+</td><td>+</td><td>ขาว</td><td>+</td><td>+</td><td>+</td><td>trắng</td><td>+</td><td>+</td><td>+</td></tr>
<tr><td>黑</td><td></td><td>+</td><td>+</td><td>สีดำ</td><td>+</td><td>+</td><td>+</td><td>đen</td><td>+</td><td></td><td>+</td></tr>
<tr><td>红</td><td></td><td>+</td><td>+</td><td>สีแดง</td><td>+</td><td>+</td><td>_</td><td>đỏ</td><td>+</td><td>+</td><td></td></tr>
<tr><td>黄</td><td></td><td>+</td><td>+</td><td>สีเหลือง</td><td>+</td><td>+</td><td>_</td><td>vàng</td><td>+</td><td></td><td>+</td></tr>
<tr><td>绿</td><td></td><td>+</td><td>+</td><td>สีเขียว</td><td>+</td><td>+</td><td>_</td><td rowspan="3">xanh</td><td rowspan="3">+</td><td rowspan="3"></td><td rowspan="3">+</td></tr>
<tr><td>蓝</td><td></td><td>+</td><td>+</td><td rowspan="2">สีน้ำเงิน</td><td rowspan="2">+</td><td rowspan="2">+</td><td rowspan="2"></td></tr>
<tr><td>青</td><td></td><td>+</td><td>+</td></tr>
<tr><td>紫</td><td></td><td></td><td>+</td><td>สีม่วง</td><td>+</td><td>+</td><td>_</td><td>tím</td><td>+</td><td>+</td><td></td></tr>
<tr><td>灰</td><td></td><td>+</td><td>+</td><td>สีเทา</td><td>+</td><td>+</td><td>_</td><td>xám</td><td>+</td><td>+</td><td></td></tr>
<tr><td>褐</td><td></td><td></td><td></td><td></td><td></td><td></td><td></td><td>nâu</td><td>+</td><td></td><td></td></tr>
</table>

（说明：“+”号表示该颜色词有这种格式，“_”表示存在争议，空白表示没有这种格式表述）

由表 5 可知：“AA”式重叠式颜色词，汉语中有：“白”；泰语、越南语的基本颜色词都有该构词表达。“AA 的”式重叠式颜色词，汉语中有“白”、“黑”、“红”、“黄”、“绿”、“蓝”、“青”和“灰”；泰语的基本颜色词汇都有此构词表达；越南语中有：“trắng（白）”、“đỏ（红）”、“tím（紫）”和“xám（灰）”。“AAB”式重叠式颜色词，汉语和泰语的颜色词都有该构词表达，越南语中有：“trắng（白）”、“đen（黑）”、“vàng（黄）”和“xanh”（陈萍、刘峰，2016：90–92；裴氏翠芳，杨扬，2009：46–49）。

因此，本文研究的“蓝”、“青”和“绿”三个颜色词中，

1）“AA”式重叠式颜色词：汉语，无。泰语，无。越南语，有。

2）“AA 的”式重叠式颜色词：汉语，有。泰语，有。越南语，无。

3.4 附加式：表色语素 A + 表物语素 BB

附加式构词即表 5 所示“ABB”式重叠式颜色词，汉语中有：“蓝幽幽”“绿油油”“青郁郁”等构词表运；泰语中则没有这种构词法（陈萍，刘峰，2016：90–92）；越南语中有：“màu xanh（蓝幽幽）”、“màu xanh lá cây（绿油汩）”、“nhóm màu xanh lá cây（青簇簇）”等。

4.“蓝”“青”“绿”引申义比较

颜色是一种客观存在的事物，它的本质对各民族是一样的，但各个民族对颜色的认识，特别是各民族赋予它的比喻和联想意义是不尽相同的（邵志洪，1997：82）。颜色词虽然数量有限，但却反映了不同民族、不同时代人们的文化心理、审美情趣和时代风尚，记录了贵与贱、尊与卑、上与下的历史等级制度，代表了正邪、好坏、是非、善恶、阴阳、冷热、刚柔、婚丧、祸福、方位和季节之类的观念（熊文华，1997：357）。汉语的“蓝”、“青”和“绿”、泰语的“**สีน้ำเงิน**”和越南语“xanh”，都与它们各自国家的文化积淀息息相关。在它们所属的文化中，它们不仅属于颜色词汇范畴，也具有各自的延展意义，涉及政治、历史等诸多领域。

在中国古代，服饰代表了地位的尊卑贵贱。以“蓝色”为代表的服饰，如“蓝衫”、“蓝绥”和“蓝翎”等，为官位偏低的官员穿着。“蓝衫”是唐朝以后八品和九品小官穿的服装，“蓝绥”是级别较低的官员系印纽的丝带，“蓝翎”是清朝六品以下的小官礼冠上的饰物（阮云妆、李柏令，2010：104–107）。元代和明代，从事音乐的妓女和男子必须佩戴一条蓝色围巾，以此来表示其地位或职业的卑贱。“蓝”除了涉及政治领域之外，在文化领域也具有象征意义。在明清时期，乡试分为三场，如果考生的试卷没有按照格式答题，或者是卷面有污渍、污损，就被取消下一场的考试资格。不能参加下一场考试的名单是用蓝笔书写的，所以写有名单的纸张就称为“蓝单”。在现代汉语表达中，“蓝缕”常用来表示人的学识浅薄。与此相似，“绿色”也是古代中下层官员卑微地位的标志和体现。汉代之后，“绿衣”通常为宫女、婢妾、侍童等人所穿。唐朝规定七品官员以下的官员服饰颜色为绿色。宋元时期，“绿衫”和绿色围巾也是地位低下的人才会穿戴（阮氏郦［越］，2020）。因此，在古代，“蓝”“绿”服饰是地位低下的象征。而在现代社会，“蓝”“绿”则具有政治色彩。相比较之下，与“青”相关的事物较少。“青楼”原指豪门高户用来消遣的雅致别院，后泛指妓院。“青丝”是指黑色头发。“青衣”是中国戏曲角色中的一类，因扮演者常身穿青色褶子衣服而得名。北方称“青衣”，南方多称“正旦”。青衣所扮演的人物多为贤妻良母、贞洁烈女等端庄正派的形象。

泰国的国旗中包含蓝色，并且处于国旗的中间，代表着国王（陈萍、刘峰，2016：90–92），象征着王室的尊贵地位。泰国文化特别重视颜色词汇，不同的时间、地点以及生活化的事物，都有它们相匹配的颜色。泰国人的幸运颜色是根据出生的星期来选定的，每个人出生当天的代表颜色就是他的幸运色，蓝色（星期五）代表和平、安宁；绿色（星期三）代表正能量。此外，泰国是一个非常重视宗教仪式的国家，与宗教有关事宜都需慎重抉择，人们在寺庙祈福或求佛时，常会选择与其幸运色相符的香火蜡烛。而在日常生活中，他们在购买如轿车、房子等产品时，会优先考虑其幸运色。在参加葬礼时，如果与逝者不存在亲属关系，只是普通朋友，一般穿蓝色悼念。

越南语“xanh”有和平之意（màu xanh hòa bình），还可以表示青春、活力（chứng khoán xanh）、不成熟，缺乏经验（mày còn xanh và non lắm）、人去世的时间比较久（xanh cỏ）等。还可以表示美好的吉兆，象征着未来和希望；表示春天生机勃勃的颜色。越南和泰国证券中“绿”代表所购买的股票债券呈现上涨趋势（“红”代表所购股票债券呈下跌趋势）。在越南语中，“xanh”还可以延伸为：1）人的眼睛显露出担心、害怕、惶恐的情绪与心理；2）表示人的皮肤颜色像树叶一般（患肝病）；3）年轻人等。汉语和泰语中的“绿”没有上述含义。

表 6 汉泰越“蓝”“青”“绿”的引申义对比

汉语			泰语		越南语
蓝	青	绿	สีน้ำเงิน	สีเขียว	xanh
1）与海洋有关	1）比喻年轻：青年、青春	1）无公害（绿色食品）	1）与天空有关的（天空 ท้องฟ้า）	1）环保、无公害	1）大自然、环保、干净（môi trường xanh sạch đẹ p）
2）建设、计划、畅想	2）妓院：青楼	2）简便快捷（开绿灯）	2）能力、能量（电力 ไฟฟ้า）	2）允许、可以（开绿灯 ไฟเขียวแล้ว、绿灯 ไฟเขียว）	2）便利、快捷（bật đèn xanh）
3）古同“褴”，褴楼	3）黑头发：青丝	3）形容因生气、着急或惊吓时的面部表情：脸都吓绿了	3）高、上升（摩天大楼 ตึกระฟ้า）	3）与疾病有关（黑绿 สีดำ）	3）青春、活力，比喻年轻（chứng khoán xanh）
4）安静、宁详	4）京剧角色：青衣	4）妻子有外遇、对婚姻不忠（绿帽子）	4）表示永远	4）股票下跌	4）股票上涨（chứng khoán xanh）
		5）股票下跌（绿色股票）	5）优雅、高贵、漂亮	5）没有边际的（天涯海角 สุดขอบโลก）	5）和平（màu xanh hòa bình）

续表

汉语			泰语		越南语
蓝	青	绿	สีน้ำเงิน	สีเขียว	xanh
		6）侠义、劫富济贫（绿林好汉）		6）与色情有关的（绿灯区 สีเขียว）	6）不成熟，缺乏经验（mày còn xanh và non lắm）
				7）生气、不满（绿眼睛 ตาสีเขียว）	7）人去世的时间比较久（xanh cỏ）

5. 差异造成的外语习得和翻译问题

由上述分析我们可以看出，汉语中的“蓝”、“青”、“绿”，和泰语中的“สีน้ำเงิน”、越南语中的“xanh”虽然在本义和引申义上存在一定的共通之处，但是更多的是不同之处。在外语习得和翻译时，差异往往给学习者和译者带来困惑，特别是当泰语和越南语中的“สีน้ำเงิน”和“xanh”在上下文或语境不明晰的情况下，常常会引起歧义。

根据阮氏明月（2019）对越南语“xanh”和汉语“蓝”、“青”、“绿”的调查结果，越南学生在面对汉语中的“蓝”“青”“绿”会出现翻译错误和使用偏误等情况，其主要原因为：在越南学生的认知中，“xanh”包含“青”“蓝”“绿”三种颜色，所以他们认为“青”“蓝”“绿”的翻译对应越南语“xanh”，采取了直译的做法，导致出现偏误，这种模糊的认知也使得他们在运用的时候无法正确判断语境所需的具体含义，加上文化背景的缺失和对历史传统等的不熟悉，往往很难正确理解原意。

蒋秋萍（2011）、杨姬娴（2013）、苗乐乐（2016）、梁思婷（2017）和杨丽莹（2021）等阐述了泰语学生对汉语颜色词汇存在理解错误的现象，并对导致该现象的原因进行分析调查，统计颜色词汇出现使用偏误的概率，并提出了解决方案。泰语的词汇系统中不区分“蓝”和“青”，统一用“สีน้ำเงิน”表示，而且这个词在很多情况下都偏向指向“蓝”这一颜色，导致青色被忽略。这对他们而言，在接触到汉语颜色词“青”时，只存在一个很模糊的概念，甚至会将其直接判断为“蓝”。在此基础上，泰语学生更加难以理解“青”或“蓝”所联系的文化背景和历史内涵。

由此可见，语言系统中颜色词汇的不完全对等甚至是缺失，是会影响一个人的认知判断能力的，甚至会造成学习词汇背后的文化的阻力和障碍。

6. 结语

汉语的“蓝”、“青”和“绿”、泰语的“สีน้ำเงิน”以及越南语的“xanh”所包含的意思并不对等，其使用者在学习其他两门语言时也存在诸多问题。不同语言背景下，人们对颜色的认知是不相同的，在表象上体现为对颜色的感知分辨不敏感，在概念上表现为对颜色词汇的内涵理解不全面通透。中越泰语言中的颜色词汇的内涵和外延意义存在差异，会影响人们对他国语言的颜色词汇的认知。不同语言学习者在学习过程中出现的问题也提醒我们需要正确对待词汇背后的文化因素和社会背景，使语言学习和跨文化交流能更顺利地进行。

参考文献

[1] BERLIN B, KAY P. Basic color terms: their universality and evolution [M]. California: University of California Press, 1969.

[2] ÖZGEN E, DAVIES I R L. Turkish color terms: tests of Berlin and Kay's theory of color universals and linguistic relativity [J]. Linguistics, 1998 (36): 919–956.

[3] WIERZBICKA A. The meaning of colour terms: semantics, culture, and cognition [J]. Cognitive linguistics, 1990: 99–150.

[4] WINAWER J, WITTHOFT N, FRANK M C, et al. Russian blues reveal effects of language on color discrimination [J]. Proceedings of the national academy of sciences, 2007, 104 (19): 7780–7785.

[5] [泰]陈萍，刘峰．汉、泰颜色词的含义及构词的对比研究——以“红”“白”“蓝”为例[J]. 读书文摘，2016（08）：90–92.

[6] 单耀海．商务国际现代汉语词典[M]. 北京：商务印书馆国际有限公司，2013.

[7] 蒋秋萍．汉泰颜色词对比研究[D]. 暨南大学，2011.

[8] [泰]梁思婷．汉泰颜色词对比及教学策略研究[D]. 广西民族大学，2007.

[9] 林雪娜．《现代泰汉词典》首发[N]. 广西日报，2019–10–28.

[10] 刘汉武．汉语经历体标记“过”及其在越南语中的对应形式[J]. 国际汉语学报，2016，7（1）：57–66.

[11] 刘钧杰．颜色词的构成[J]. 语言教学与研究，1985：71–77.

[12] 苗乐乐．汉泰颜色词对比及教学研究[D]. 苏州大学，2016.

[13] [越]裴氏翠芳，杨扬．汉语与越南语颜色词结构特点比较[J]. 云南师范大学学报（对外汉语教学与研究版），2009：46–49.

[14] [越]阮如意．越南语大词典[M]. 河内：通讯–文化出版社，1998.

[15] [越]阮氏郦．越南学习者汉语颜色词的习得偏误分析及教学研究[D]. 沈阳师范大学，2020.

[16] [越]阮氏明月．汉语“青”、“蓝”、“绿”与越南语 xanh 的对比研究[D]. 中央民族大学，2019.

[17] [越]阮云妆，李柏令．汉越颜色词“绿”和“xanh”的象征功能对比研究[J]. 现代语文（语言研究版），2010：104–107.

[18] 邵志洪．英汉语研究与对比[M]. 上海：华东理工大学出版社，1997.

[19] 汤可敬 . 说文解字今释 [M]. 上海：上海古籍出版社，2018.

[20] 王丽娟，王渝光 . 汉泰语颜色词构词对比研究 [J]. 云南师范大学学报（对外汉语教学与研究版），2009，7（02）: 83–87.

[21] 王新民，解洪科 . 古代汉语词典 [M]. 北京：商务印书馆国际有限公司，2012.

[22] 萧少云，龚云宝 . 现代泰汉词典 [M]. 南宁：广西教育出版社，2019.

[23] 萧少云 . 泰汉词典 [M]. 北京：商务印书馆，2005.

[24] 熊文华 . 汉英应用对比概论 [M]. 北京：北京语言文化大学出版社，1997.

[25] 许慎，段玉裁 . 说文解字 [M]. 上海：上海古籍出版社，1981.

[26] [泰] 杨姬娴 . 汉泰颜色词比较及泰国大学生颜色词习得情况调查分析 [D]. 山东大学，2013.

[27] [泰] 杨丽莹 . 基于对比的泰国学生汉语基本颜色词习得研究 [D]. 哈尔滨师范大学，2021.

流行文化与日语拟声拟态词的翻译方法探析

俞皓文 [1]，张贵生 [2] [1]

摘　要： 日语中拟声拟态词的数量非常多，是中文中拟声拟态词数量的三倍以上。因为日语中的拟声拟态词大多依据感官印象，将声音与形态文字化，想要将其翻译成其他语言并让其他语言的使用者明白其原本的含义是一件难事。本文提出，1）拟声拟态词常用于表现感官直觉，一个拟声拟态词有多种含义的情况较多。根据实际语境考虑准确地把握原词的含义非常重要。2）在精准把握词语含义之后，还要根据媒体的性质考虑读者、观众、听众的需求，斟酌翻译方法和用词。

关键词： 日语；拟声拟态词；流行文化；翻译方法

1. 引言

日语中拟声拟态词的数量非常多。《日语拟声拟态词词典》(浅野鹤子)的记录中，日语拟声拟态词的数量高达约 1 600 个，是中文中拟声拟态词数量的 3 倍。秋山、小松(2009：752)说，"拟态词中含有想要表达什么却无法精确表达的情绪"。由此可知，想要精确把握拟声拟态词的具体含义绝非易事，想要将日语的拟声拟态词精确且易懂地翻译则更加困难。

迄今已有许多研究者们对拟声拟态词的翻译进行了大量且详尽的研究。但研究对象多为古典或近代的文学作品。当今时代，日本的流行文化在全世界范围内广受欢迎。以动画、漫画、流行歌曲、游戏、电视剧、电影中出现的拟声拟态词为对象进行的研究还较为少见。因此本文的研究目的是，以日本流行文化中的拟声拟态词为例，探讨简单易懂地翻译流行文化中出现的拟声拟态词的方法。

2. 拟声拟态词与翻译

2.1　拟声拟态词与其翻译上的难点

拟声拟态词是拟音词，拟声词和拟态词的总称。拟音词是指将物体的声音文字化的产物①。举个简单的例子，表现下雨的声音的"ザーザー(哗啦哗啦)"便是常见的拟音词。拟声词是指将动物的鸣叫声和人发出的声音文字化的产物。例如常

[1]　1. 2016 级日语专业学生；邮箱：542671784@qq.com；2. 日语讲师，博士，研究方向：日语文学。

用于表现猫叫声的“にゃんにゃ（喵喵）”。拟态词指的是将心中所想、跟实际不存在声音的物体性质文字化的产物。例如，表示心情欢欣雀跃的“ワクワク（欢欣雀跃）”和表示物体闪耀的“キラキラ（闪闪发光）”。拟声拟态词在古希腊语中称为“onomatopoiia”，后来在英语中称为“onomatopoeia”，最后成为了日语中的外来语“オノマトペ”。拟声拟态词的最大特征是能够用文字表现出临场感。例如，“猫が鳴いている（猫在叫）”“猫がにゃんにゃん鳴いている（猫在喵喵地叫）”。后者将猫的叫声具体化，读者可以更容易想象出猫的叫声，引起共鸣。

日语拟声拟态词通常分为 ABAB 形、AB っ形、A–A– 形、A ん A ん形、AB ん形、A っ A っ形、A っ形。如前所述，日语的拟声拟态词约有 1 600 个。数量如此之多，想要记住非常困难。除此之外，拟声拟态词会因为语言不同有不同的表现形式。例如，同样是表现猫叫，日语中使用的“にゃんにゃん（nyan nyan）”和中文中的“喵喵（みゃおみゃお）”在发音上存在着很大的差异。此外，由于拟声拟态词常常用于表现“直觉情绪”，其含义较为模糊，用同种语言进行说明尚且困难，更别说翻译成别的语言了。

2.2 拟声拟态词的翻译方法

关于拟声拟态词的翻译方法，已有许多细致的研究。赵鲲、高薇（2012）对日语拟声拟态词进行了分类，并以夏目漱石的作品《我是猫》中出现的拟声拟态词的翻译进行了分析解读。文章指出，日语拟声拟态词的翻译过程应当分为以下步骤。首先，通过词典精准地掌握拟声拟态词的含义。如果存在多个含义，通过语境挑选最佳的解释。接着，结合文脉选择“译作动词”“译作名词”“译作形容词”“译作副词”“译作一…”“译作谚语”中最为贴切的译法。最后，挑选合适的词语，在不改变原词意思的前提下进行翻译。可以说，既往的研究已经提出了比较完善的拟声拟态词翻译方法。但是这些研究的对象大多为日本的近代文学作品。针对日本流行文化中出现的拟声拟态词翻译的研究寥寥无几。笔者认为，随着时代的飞速发展，有必要考虑流行文化中的翻译手段和方法，并对其进行研究分析。

3. 流行文化与翻译

3.1 在中国流行的日本文化

流行文化又称“大众文化”“主流文化”，可以简单定义为“在社会中被广泛地认可并喜爱的文化”。服饰文化、奢侈品文化、媒体文化、饮食文化等均可归属于广义的流行文化[②]。

如今，优衣库等服饰文化、日本料理为代表的饮食文化、化妆品与时尚品牌构成的时尚文化、以及动画、漫画、游戏等都是在中国十分流行的日本文化。2019 年，优衣库在中国的年收入超300亿元。同年，日本动画《鬼灭之刃》在中国的哔哩哔哩视频网站的播放量超过4亿次。2019年，在日本电视台播出的187部动画片中，中国的视频网站买入了其中118部的网络播放权，买入率高达63.1%。同样在2019年，在中国本土上映的日本动画电影共计16部，其中票房最高的作品为《千与千寻的神隐》，突破4亿元。在2019年发售的游戏主机Nintendo Switch用游戏软件中，销量最高的30部作品中有23部发售了简体中文版。从以上数据[③]中可以了解到，日本的诸多流行文化已经逐渐被中国的消费者所接受。受此影响，中国的翻译从业者翻译日本流行作品的机会大大增加。

然而，在国内观看日本引进的电影时，我们经常发现字幕翻译不够严谨的情况。更有甚者，在国内票房超2.87亿元的作品《天气之子》中，原作的主人公“宫水三叶”竟然翻译为“宫本茂”，在网上引起了大骚动。国内正版视频、漫画网站中的翻译错误也屡见不鲜。此类事件发生的原因极有可能是从业者对相关流行文化的了解不足。

3.2 流行文化的翻译方法

笔者认为，流行文化翻译有以下几点需要格外注意。

第一，与需要反复斟酌用词的文学作品不同，流行文化中使用简单易懂的口头语的情况较多。因此在翻译时，需要首先考虑原文是书面语还是口头语。

第二，读者和观众对作品及翻译作品的需求有所区别。传统文学的读者大多希望通过文字与作者的情感产生共鸣，从而感受作者的思想与情感世界。与之相对，流行文化的基盘是娱乐性。在生活节奏逐渐加快的今天，想要在一天的劳累之后感受传统文学作者的内心世界的人越来越少。在这样的情况下，简单易懂不需要花费大量时间咀嚼的流行文化受到越来越多人的认可。因此，作为翻译者，在翻译时为了炫耀语言能力而特意选择华丽晦涩的辞藻是不可取的。

第三，流行文化中出现的流行语和“梗”相对较多。而流行语和“梗”一直是翻译中的一大难点。其原因是，如果直译就很难将原文的谐音等关键内容原汁原味地表现出来。要寻找不损失原句关键内容的妙译，抑或是通过注释的方式进行解释，都需要花费较多的精力。

4. 特定领域拟声拟态词的翻译分析

流行文化中媒体传递信息的方式可以分为三种：1）视觉：漫画、流行文学、插画等；2）听觉：音乐、广播剧、广播等；3）视觉加听觉：电影、舞台剧、电视剧、动画等。我们将挑选数个媒介，在上述三种方式中各选一类作为代表，对其中的拟声拟态词翻译方法进行分析。

4.1 动画翻译

动画中的拟声拟态词大多在角色及旁白的台词中出现。为了对其进行分析，在此选用并汇总了2019年播出的热门作品《鬼灭之刃》的前三集中出现的含有拟声拟态词的台词。见表1。

表1 《鬼灭之刃》前三集拟声拟态词摘选

鬼滅の刃		
話数	**時間**	**セリフ**
第一話	11分13秒	俺がよその家でぬくぬくと寝ていた間、みんなあんな酷いことに
第二話	16分38秒	頭もくらくらする。
第三話	7分50秒	上半身はゆったりと、下半身はどっしり構えろ
第三話	9分11秒	怖かった、朝起きたら、ごとんと死んでしまっているじゃないか

动画中所使用的拟声拟态词数量并不多。在文学作品中，仅通过文字与读者共感相对困难，所以常选择利用拟声拟态词来增加文字的临场感。而动画的画面、背景音、音乐、配音演员的演绎，众多的要素构成了立体的临场感。因此，动画中拟声拟态词的必要性被大大减弱了。下面试对这四句台词及其翻译进行分析研究。

（1）俺がよその家でぬくぬくと寝ていた間、みんなあんな酷いことに

中文翻译：“我在别人家悠闲睡觉的时候，大家遭遇了那么惨的事。”

本句中出现的拟声拟态词为“ぬくぬく”。“ぬくぬく”是ABAB形的拟态词。词典中的含义为以下四种：1）食物刚出炉时暖烘烘的样子；2）对不知人间疾苦、玩世不恭的态度感到不快的情绪；3）暖到心里的样子；4）放松的样子。

此处表达了主人公在家人遭到毒手、自己却在别人家睡觉的强烈的后悔情绪。因此，本句中最为贴近的词意为2）。哔哩哔哩视频网站的字幕中将其翻译为副词“悠闲”。“悠闲”的意思与日语中的“のんびり”类似。此翻译的意思虽然正确，但“悠闲”一词在字典中的意思是“从容闲适而无所牵挂”，无法很好体现原词所包含的“不快感”。如果将拟态词“ぬくぬく”与动词“睡觉”一并翻译为带有讽刺感的“睡着安稳觉”，多少可以表现出一些“后悔”的情绪。再加上“还”，最后翻译为“我还在别人家睡着安稳觉的时候，大家遭遇了那么惨的事”或许更为妥当。

（2）台词：頭もくらくらする。

译文：“头也开始发晕了。”

本句中出现的拟声拟态词为“くらくら”。“くらくら”是ABAB形的拟态词。词典中有三种含义：1）头晕目眩，身体快要倒下；2）水烧开了的样子；3）因为愤怒和嫉妒心有不平的样子。

此处表达在缺氧的山中呼吸困难的台词。因此，可以判断“くらくら”的意思为 1)。中文翻译中把“くらくら”翻译为动词“发晕”。这个翻译准确表达了角色的身体状况，较为精确。

（3）台词：上半身はゆったりと、下半身はどっしり構えろ。

译文：“上半身放轻松，下半身要稳住。”

这句台词中有“ゆったり”和“どっしり”两个拟声拟态词，分别进行分析。

“ゆったり”是 A っ形的拟态词。词典中有两种含义：1）不慌不忙的样子；2）不紧绷、舒畅的样子。

“どっしり”是 A って形的拟态词，词典中有三种含义：1）沉重，身负重担的样子；2）沉着冷静的样子；3）数量很多。

这句话的语境是主人公的师傅教导主人公修行的方法。结合语境判断，“ゆったり”的含义最接近 2)，“どっしり”的含义最接近 1)。此处是想要表现“轻”和“重”两种相反的状态较为合理。中文的翻译将其翻译成了两种易于理解且相反的动词——“放轻松”和“要稳住”。这个翻译方法巧妙地避开了拟声拟态词的模糊，让外国的观众也可以轻易地理解。作为拟声拟态词翻译为动词的典型策略这一译法有一定的参考价值。

（4）台词：怖かった、朝起きたら、ごとんと死んでしまっているじゃないか 。

译文：“我很害怕，会不会早上一起来就突然死掉了。”

拟声拟态词“ごとん”是沉重的东西掉落的声音。这句台词是主人公担心妹妹的情景。此处的“ごとん”可以理解为生命突然消逝的意思。在中文中，也存在着发音和意思都很相近的拟声词“咕咚”，但“咕咚地死去了”这样的表达方式在中文中不存在。而且，想要用中文表达这样模糊的词义相对困难，所以例（4）选译为“突然”。虽然这个翻译并没有非常精确地将日语原文的意思还原，但这也是为了中国观众能够简单明了地理解而做出的妥协。在这种情况下也不失为一种不错的处理。

动画中的拟声拟态词出现的频率并不高。通过分析译文，可以发现一个共通点。那就是在翻译时尽可能回避拟声拟态词的模糊特性，尽可能地将意思具体地翻译出来。除了 3.2 节论述过的以外，还有另外一个要因，那就是字幕显示的时间非常短。一般来说一句话的字幕显示时间只有 3 秒到 5 秒。观众从阅读一句话的字幕到理解字幕的意思的时间仅有短短数秒。因此，译者需要尽可能照顾观众的理解速度将翻译尽量简化。

4.2 漫画翻译

与其他媒体相比，通过图像的信息传达，漫画比仅有文字的文学作品拥有更高的临场感，但稍逊于电影、动画、电视剧等媒体。为了弥补没有声音的弱点，漫画中常常使用大量的拟声拟态词来代替声音。漫画中的拟声拟态词分解说中的拟声拟态词和“效果音”两种。一般来说，翻译漫画时，或是仅翻译一部分“效果音”，或是将日语的“效果音”全部保留。其理由是，由于拟声拟态词的模糊性，翻译效果音往往吃力不讨好。而且，将翻译好的效果音替换画面中原有的效果音也并不简单。因此，为了让读者能够更快地阅读到最新的作品，不翻译“效果音”往往会成为“必要的牺牲”。解说词的翻译方法与 2.2 节和 4.1 节中介绍的方法基本相同。故本节将以“效果音”作为重点分析对象。

本节将以サンドロビッチ·ヤバ（史提芬麦基·牙霸子）原作，だろめおん（达露没恩）作画的格斗漫画《ケンガンオメガ》（拳愿奥米迦）第 50 回的日语原版与“软绵绵汉化组”的中文翻译版作对照进行分析。

4.2.1　翻译为拟声拟态词

图 1　格斗漫画《ケンガンオメガ》画面

图 1 画面中出现的效果音为“カン”和“ドッ”。“カン”是 A ん形，“ドッ”是 A ッ形，两者皆为拟音词。此处的“カン”表现的是投掷刀具与墙壁碰撞并弹飞的声音。中文将其翻译为发音相近的“锵”④。原本在中文中，“锵”便可以表现“金属撞击的声音”，因此直接选译为意义相近的拟声拟态词。“ドッ”表现了投掷刀具刺入身体的声音。中文译为了“呲”。与前者不同，“呲”与“ドッ”的发音相差甚远。虽然中文中存在与“ドッ”发音接近的拟声拟态词，如“咚”和“哆”。但他们并不适合用于表现“刀具刺入身体”的声音。因此，选择了优先考虑表现的内容，译为了“呲”。

图 2 场景中使用的效果音为表现虫鸣的“リー”。“リー”为 A– 形拟声词。是为了凸显环境的安静的效果音。同“ドッ”，中文中虽然存在着发音相近的拟声拟态词“哩——”，但一般用于表现虫鸣的拟声拟态词为“唧——”。于是优先选择了表现相近的“唧——”。

从上例分析可见，翻译效果音时的选项并不止挑选发音相近的拟声拟态词一项。在准确把握原词所表现的对象后选择表现类似的拟声拟态词也是常用的翻译方法。

图 2　格斗漫画《ケンガンオメガ》画面

4.2.2　翻译为发声源

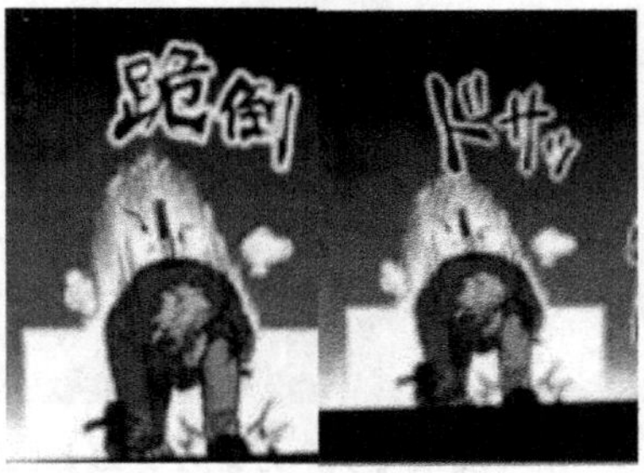

图 3　格斗漫画《ケンガンオメガ》画面

图 3 场景中出现的效果音“ドサッ”是表现放置重物或是人倒下的声音的拟音词。“ドサッ”最初是 SE 素材中物体掉落的音源素材，在广泛应用后被认定为拟声拟态词。在中文中，与“ドサッ”表现相似的拟声拟态词有许多。例如“扑通”“咚”“哐当”。但此处的中文翻译将其译为了动词“跪倒”。这便是“效果音”的另一种翻译方法——翻译为产生该“声、音、态”的动作或源头。通过这种方法，读者通过在脑海中联想发声源，从而对本来具有模糊性的拟声拟态词进行解释并理解。

图 4 场景中出现的效果音为“ガッ”。这个词为表现连续拳击击中的打击音的 A っ形拟音词。中文翻译选译为表现重拳击中这一动作的动词“猛击”。通过将声音发生的原因直接传达给读者，让读者自己去想象拳击击中的声音这种方法一定程度上减弱了拟声拟态词的模糊性。

综上所述，漫画“效果音”的翻译方法主要有两种。第一种翻译为发音相似或表现相近的拟声拟态词。第二种翻译为“声、音、态”产生的源头。“效果音”是弥补漫画与动画、电影相比没有“声音”的劣势的重要部分。如今，为了提升翻译效

图 4　格斗漫画《ケンガンオメガ》画面

率而对“效果音”视而不见的做法，或许是不得已而为之，但绝不是长久之计。因此，对“效果音”翻译进一步研究是有必要的。

4.3　流行歌曲翻译

歌曲与其他媒体最大的差异是，其歌词追求律动感。在翻译歌词的时候，译文依旧需要尽量地保持律动感。本节中，将会选用“J-POP”（日语流行歌曲）中的一首歌曲的日文歌词与其中文翻译进行分析。选用的歌曲是米津玄师的《LOSER》。因为没有官方标准的翻译，故选择流传度最高的一版翻译作为分析对象。

（5）歌詞：笑っちまうねパッと沸き立って フワッと消えちゃえるこんな輪廻

译文：“不禁笑出了声突然间厌倦了或许会蓦然之间消失不见如此轮回反复”

这句歌词中出现了“パッ”和“フワッ”两个拟声拟态词。“パッ”是 A っ形拟态词，在词典中有以下解释：1）动作与形态在瞬间发生变化；2）一口气扩散开来的样子；3）华丽且引人注目的模样。

“フワッ”是 AB っ形拟态词，在词典中有以下解释：1）轻柔的样子；2）轻飘飘的、散漫的模样。

在歌词中，“パッ”是动词“沸き立つ”的副词。在分析“パッ”之前，需要先对“沸き立つ”进行分析。根据词典，“沸き立つ”的意思是像沸腾一样情绪高涨的状态。中文翻译中，选用了“厌倦了”一词。可以想到的原因有两种。一是“沸き立つ”确实有着词典中未明确记载的表示“厌倦”的含义。二是联系之后的“消える”，此处的翻译存在不准确。在此之上再对“パッ”进行分析，考虑到歌词的对称性，认为其与“フワッ”互为反义词较为妥当。因此取含义 3）。在考虑韵律感后，选择将其译为成语可能会比较好。在斟酌后全句可译为“放声大笑着兴高采烈壮志满怀，转眼面如死灰一蹶不振如此往复轮回”。

5. 结论

本文以动画、漫画、流行歌曲三个方面举例，对拟声拟态词的翻译进行了分析研究，得出的结论如下：

1）拟声拟态词具有较强的模糊性，且常用于表现直觉情绪，一个拟声拟态词有多种含义的情况较多。根据实际语境考虑准确把握原词的含义非常重要。

2）在精准把握词语含义之后，还要根据媒介的性质考虑读者、观众、听众的需求，对翻译方法和用词进行斟酌。

此外，本文从流行文化的性质出发，提出相关领域的翻译应当注重“易懂性”，并需要根据具体媒介进行调整的观点。

如今，随着网络的普及，接触他国流行文化的机会逐渐增加。如何跨越语言障碍把作品的思想和感情正确传达给读者、观众是对众多翻译者的一大挑战。关于日本流行文化，过去由于版权问题，官方翻译较少。许多作品依靠民间的翻译组织或个人翻译中文。对于翻译质量和正确率并无保障，也没有相关的责任机关。如今，随着动画、漫画等流行文化的热度上升，作品由官方翻译者进行翻译的情况增加。然而，翻译错误屡见不鲜。本文旨在为改变现状抛砖引玉，结合前人的研究对难以翻译的拟声拟态词的翻译方法进行简要的分析讨论，希望能为翻译工作者尽微薄之力。

注释

① 日本語再発見（1）オノマトペの不思議な世界 [OL]. https://www.nippon.com/ja/views/b05602/

② 大衆文化 -Wikipedia [OL]. https://ja.wikipedia.org/wiki/%E5%A4%A7%E8%A1%86%E6%96%87%E5%8C%96

③ 2019 年中国大陆动画电影票房———萌娘百科 [OL].https://zh.moegirl.org/2019%E5%B9%B4%E4%B8%AD%E5%9B%BD%E5%A4%A7%E9%99%86%E5%8A%A8%E7%94%BB%E7%94%B5%E5%BD%B1%E7%A5%A8%E6%88%BF

④ 本文日译汉均参考此网站 -Webli 辞書：辞典・百科事典の検索サービス [OL].https://www.weblio.jp/

参考文献

[1] 秋山広美，小松孝徳 . ユーザの直感的表現を支援するオノマトペ意図理解システム [J]. 電子情報通信学会論文誌 J92-A（11），2009：752–763.

[2] 赵鲲，高薇 . 谈日语拟声拟态词的翻译方法——以夏目漱石的《我是猫》中文翻译为例 [J]. 梧州学院学报，2012（05）：67–73.

从语言接触看汉、日、英三语对韩国语的影响

周永倩[1]

摘　要： 外来语对韩国语的影响大致可以分为三个阶段。第一个阶段为公元 3 世纪至 19 世纪末，这一阶段主要受汉语影响；第二阶段为 1910 至 1945 年日本殖民时期，主要受日语影响。第三阶段为 1945 年第二次世界大战后至今，主要受英语的影响。这三个时期外来语与韩国语的接触有主动接受，也有被动接受，但都与国家的语言政策紧密相关。从语言接触视角探查汉、日、英三语对韩国语的影响，将有利于增进对韩国语发展进程的认知，并可为我国语言政策及规划提供参考。

关键词： 韩国语；朝鲜语；语言接触；语言政策

1. 引言

韩国位于我国黄海以东的朝鲜半岛，是一个单一民族国家，所用语言为韩国语。作为"汉字文化圈"的一员，韩国所在的朝鲜半岛的语言曾深受汉字影响。直到 1894 年甲午战争后，随着中国国势式微以及朝鲜半岛民族主义情绪抬头，这种影响才慢慢削弱。1910 年，朝鲜半岛被日军攻陷，成为日本的殖民地。殖民者在朝鲜半岛推行日语教育，禁止民众使用朝鲜语。这一时期日语词大量涌入，并成为朝鲜语的一部分。

1945 年，朝鲜半岛光复独立，分裂成两个国家，即南部的韩国与北部的朝鲜。虽然两国曾使用的语言同属一脉，都是朝鲜语，但由于两国长期分裂和地域相隔，并且所推行的语言政策也大为不同，两国所使用的朝鲜语在语音、词汇等方面都产生了一定差异。本文所讨论的"韩国语（即韩语）"指韩国所用的朝鲜语。朝鲜半岛光复独立后，韩国为重建民族认同感、消除殖民阴影，对国语中的外来语元素进行了大刀阔斧的修整，维护了本国语言的纯洁性。同时，随着全球化进程的不断加速，英语辐射范围更加广阔，英语也成为国际交流主要用语。而韩国第二次世界大战以来采取的亲美政策也加速了英语在韩国的影响，英语教育日益成为现代韩国外语教育的重心。

爱德华·萨丕尔（Edward Sapir）（1964：121）指出，"语言，像文化一样，很少是自给自足的。交际的需要使说一种语言的人和说邻近语言的或文化上占优势的语言的人发生直接或间接的接触。"纵观韩国语与外语接触的三个阶段可以发现，韩

[1] 2017 级英语专业学生；邮箱：2369455977@qq.com。

国语与外语间的接触既有本国文化交流需要也有外部势力干扰。文化间的交流往往表现为强势文化对弱势文化的单向输入，弱势文化向强势文化靠拢。而在此过程中，强势文化是在特定历史时期相对而言的。随着国际形势和本国文化交流需求的变化，优势外语也会随之变化。韩国是我国“一带一路”沿线上重要的战略国家，韩国所使用的朝鲜语（即韩国语）也是我国众多跨境语言之一。了解韩国语与外来语的接触有助于增进我们对韩国语言发展历程的认识，同时也为我国的语言规划提供借鉴和反思。

2. 汉字对韩文的影响

韩国使用的语言为朝鲜语，它在历史上长期受到中国汉字影响。朝鲜族祖先在新石器时代到青铜器时代之间陆续迁移到朝鲜半岛，最终形成朝鲜族。最初的朝鲜族虽然有自己的民族语言，但没有民族文字。三国时期①，中朝两地文化交往频繁，汉字传入朝鲜半岛。为更好地学习汉文化，各国派专人到中国学习汉文化以及治国之策。三国的国名、王名、官名都开始用汉字进行命名。此外，汉字还被用于历史典籍编纂。公元 7 世纪，新罗神文王（公元 681—公元 691 年）时期的薛聪总结前人使用汉字的经验，发明了“史读”，又称“史吐”。所谓“史读”，指的是借用汉字的音和义来标记朝鲜语的一种标记文字。朝鲜语中的实词大部分借用表意汉字标记，在保留朝鲜语语序的基础上添加一些表示语法意义的助词（多借用表音汉字），这些助词被称为“吐”。通过借用汉字，朝鲜半岛有了可供书写和记录的文字。

然而，长期借用汉字，其弊端也逐渐显露。汉字与朝鲜语属于不同语系，所借用的汉字有的借其音，有的借其义，有的两者兼具，所借用的汉字有时也并不固定，这常常造成语言理解和使用的混乱。另外，汉字不仅复杂难学，而且只有王室贵族和士大夫阶层才有机会接触，而真正能掌握的则少之又少。普通民众皆为文盲，只能通过口语进行交流，缺乏可供表达的书面文字。例如在司法案件中，由于不通汉字，导致百姓有冤不能陈。为了解决语言混杂问题以及方便百姓，1444 年，朝鲜王朝第四代君主世宗大王召集学者，在充分研习中国音韵学和性理学②的基础上，根据本族语言使用特点发明了“训明正音③”，这也是现代韩文的原型。尽管“训明正音”的创制借鉴了汉文形态和音韵，但两者在构成上有着本质的区别。汉字是一种表意文字，而“训民正音”是一种拼音文字，最初由 11 个元音字母和 17 个辅音字母构成。按照一定的拼合规则可以将字母拼合成字。例如字母组合“ㅎㅏㄴㄱ ㅡ ㄹ”可以拼写成“한 글（韩文）”。只要掌握拼合规则，就可以通过字母清楚地标记朝鲜口语的文字。在《训明正音 · 序文》中，郑麟趾写道：“因声而因叶七调。三极之义，二气之妙，莫不概括以二十八字而转换无穷。简而要，精而通，故智者不终朝而会，愚

者可浃旬而学（杨茜，2013：13）。”“训民正音”不仅具有强大表音功能，而且易于掌握。

1461 年，为了推广正音文字，朝鲜王朝设立了刊经都监，发行了许多由谚文[4]翻译的中国典籍，尤其是汉译本佛典。谚解[5]开始兴盛起来，到 16 世纪末，《大学谚解》《中庸谚解》《论语谚解》《孟子谚解》《周易谚解》《诗经谚解》《书传谚解》已全部完成（金香梅，2013：144）。然而，这些谚解书籍夹带了许多汉字词，其中包括用谚文音译的汉字词以及直接借用的汉字词。换言之，正音文字在最初使用时是与汉字并用的，这些汉字词逐渐成为正音文字的一部分。出现这种情况主要有两方面原因。其一是朝鲜半岛对汉文和汉文化的长期崇拜，使民众不仅不排斥汉字，还以使用汉字为荣；其二是朝鲜文化在当时属于弱势文化，处于主动吸收中国先进文化时期。本国的朝鲜语词汇有限，当面对一些带有强烈中国文化色彩的词，只能借用汉字词来表达。

“训民正音”的创制使朝鲜族有了属于自己的文字，但汉文在朝鲜半岛依旧占有无可撼动的最高地位。首先，在“训民正音”出现以前，汉字在朝鲜半岛已经被沿用了一千多年，在经济、政治、文学等方面均被广泛使用。国家的官方文件、科举人才考核的试题、上层阶级流传的文学作品都由汉字书写而成。一种新创制的语言无法在短期内取代已经长期渗入人民生活内部的固有语言。另一方面，朝鲜王朝把中国的儒学奉为国教，在外交上奉行“事大主义[6]”，将学习中国先进文化视为关系国家存亡的大事。而汉字作为两国文化交流的重要载体，被视为重中之重。在《朝鲜王朝实录》（韩国国史编纂委员会，1981）中宗 96 卷有记载：“且事大之事，汉语尤重。近来虽使文臣肄业，不亲与唐人相语而习之，故生疏”，“天使出来，则接待之时，言语必须假译而相通。汉语一事，甚为关重”，可见汉语的重要性被反复强调。在“事大”国策下，汉语地位也更加稳固。汉字被奉为先进文化标志，并逐渐成为上层阶级垄断教育资源的手段。因此，尽管“训民正音”相比汉语更加简单易学，但没有获得上层文人和贵族阶级的认可，甚至被部分文人贵族所抵制。汉字仍旧是朝鲜半岛的官方文字，正音文字只是作为辅助文字存在 。

3. 日语的入侵

进入 19 世纪，随着中国国势逐渐衰落，中国在东亚的影响力也逐渐消解。1895 年甲午战争战败，中国失去了在东亚文化圈的中心地位。在这样的历史背景下，朝鲜半岛的民族意识逐渐觉醒，出现了“国字专用”的呼声。此外，19 世纪 60 年代，朝鲜半岛开展了“开化运动[7]”，开始重视外语教育，尤其是英语，汉语的地位逐渐被其他外语取代。“1894 的甲午改革时，高宗下令所有法律由韩文为第一文字，可以注汉字翻译或者写国汉混用。”（权研姬，2016：26）这一法令虽然对汉字有所保留，但韩文开始取代汉字成为第一官方文字。

1910年朝鲜半岛沦为日本的殖民地。为了加强在朝鲜半岛的殖民统治，日本把“日语”提为朝鲜半岛的国语，朝鲜语的使用被严格限制。语言政策作为日本殖民政策的一部分，最初是在学校展开的。首先在课时上，“普通学校的日语课时分配为10小时，朝鲜语（当时包括朝鲜语和汉语）课时分配则为6个小时”。（吕昌兰，2014：9）为了确保日语教育的展开，日本从国内调取了大批文人充当日语教师，同时积极对教学教材进行改编，使之符合其殖民政策。1920年后日本对朝鲜语的控制进一步强化，在学校、法院等公共机关和场合只能使用日语，朝鲜语被禁止使用。从语言层面上看，由于日语在朝鲜半岛的不断推广和普及，大量的日语词尤其是日语汉字词进入朝鲜语词汇体系中，例如“方针”“政策”等带有现代色彩的日语汉字词。日语词汇的强势入侵使朝鲜语词汇的发展受到了阻碍，无法演化出与时俱进的语言表达，这又反向促进了日语对朝鲜语的同化。另一方面，对于失去国土和主权的朝鲜民族来说，朝鲜语是维系民族认同感的重要印记。日本殖民者对朝鲜语的抹杀性政策为其殖民统治培养了一批亲日派人士，极大地摧毁了朝鲜人民的民族意识，“灭绝了民族发展的潜力与可能”（吕昌兰，2014：32）。在抹杀朝鲜语的同时，日本通过推广日语输入日本的文化信息，破坏了朝鲜族的民族主义教育和文化。

1945年朝鲜半岛光复独立，分裂成两个国家，即朝鲜民主主义人民共和国以及大韩民国（下称韩国）。第二次世界大战后的韩国十分重视国家语言规范，开展了国语醇化运动⑧。国语醇化的内容除了韩语语音和语用的规范外，还包括清除外来语的残余。外来语的醇化最初针对的是韩语中的日语词。日语的残留激起了韩国民众沉痛的殖民记忆，因此对于日语残余的净化获得了韩国民众和政府的支持，进展相对顺利。1948年，韩国文教部出版的《夺回我们的语言》中，有938个日语词被改成韩国语（权研姬，2016：28）。后期外来语醇化主要围绕韩语中的汉字词展开，然而对于汉字词的醇化韩国民间和政府以及学界学者间长期未能达成一致，政府颁布的法规对汉字的态度也始终暧昧不明。1948年韩国政府通过的《韩文专用法》规定“大韩民国的公文必须使用韩文书写，必要的时候可以韩汉文并用。”这一法规并没有完全禁止汉字的使用，因此没有产生有效约束力。1961年朴正熙上任后，政府废除汉字的决心更加坚定，并且似乎意识到了汉字在韩语和韩国人民生活中影响深远，短时间难以完全废除，因此开始有计划地逐步减少官方文件和学校教材中汉字的使用。到1983年，政府官方文件和新闻报刊中基本没有了汉字踪影。但20世纪90年代后，随着中国综合国力的上升以及中韩国际交往更加频繁，汉字教育又被再度重视。

4. 英语的渗入

早在19世纪末，朝鲜半岛“开化运动”开始，英语作为学习西方先进文化的媒介，已经取代汉语成为朝鲜半岛的“第一外语”。1894年，在“开化”思潮的助推下，朝鲜半岛创办了一批外语学校，主要进行英语人才培养。日本的侵略中断了朝鲜半岛的外语教育。1945年朝鲜半岛光复独立后，美军入驻朝鲜，韩国依靠美国的援助重整国内混乱的经济局面。这一时期美军还参与了韩国教育大纲的制定。20世纪50年代，韩国在美军指导下进行了第一次教育课程改革。课改规定初中生可以选修英语，高中生可以从英、德、法、汉四语中挑选一到两种进行选修（冯增均，2005：75）。尽管高中生在外语学习上有了更多选择，但选择学习英语的高中生人数远远多于另外三门外语。在亲美政策的主导下，英语占据了韩国外语教育的中心地位。

20世纪末以来，韩国经济的迅速发展加速了韩国的国际化进程。为适应经济国际化发展需要，韩国政府鼓励公民学习并掌握英语，希望通过提高国民英语水平来增强其在国际交往中的竞争力。为提高国民英语水平，韩国教育部门进行了一系列的教学改革。在韩国2000年实施的第七次课改方案中，英语进入了韩国小学课程体系，成为小学三年级到高中阶段的必修课程（韩国教育课程评价院，2008）。对英语能力的考核也从传统的知识型测试转向英语实际交际能力测试。由于英语在入学考试、职称评定以及就业加薪中都是重要的衡量指标，韩国的家长也十分注重孩子的英语教育，将其视为关系孩子前途命运的大事。部分家长为了使孩子所说的英语更加标准，不惜带孩子进行“舌系带切除手术⑨”，以使孩子的舌头更加灵活，更易于学习英语。

Van Coetsem 在解释语言接触结果时提出了语言稳定性的概念。语言内部子系统间的稳定性并不平衡，语言中的音系和语法系统往往更加稳定，而词汇系统的稳定性相对较低，因此语言接触的结果往往体现为词汇的借用。在韩语与英语的接触上也可以观察到这一点。在全民普遍崇尚英语学习氛围下，大量英语外来词进入韩国语词汇体系。在2018年韩国国立国语院发布的新词报告中，外来词构成的新词占全部新词的67%，其中英语外来词占90%以上。英语词汇在进入韩语词汇体系后，其形态和语义也产生了一定的变化。如“스몸비（zombie）”一词在英语中指“僵尸”，属于纯英语语素词，在韩语中指“低着头玩手机、像僵尸一样的人”，其语义发生转移。而“먹-슬림（먹-slim）”一词属于英语语素与韩语语素组合而成的复合词，在韩语中意为“苗条的”，其语义并未生变化。韩国对英语教育的过分重视，导致了大量英语外来词的泛滥。同时，过分倡导英语教育，也可能淡化韩国民众的母语意识和对本国文化的认同。

5. 结语

每个国家都不是孤立的存在，国家的发展有赖于国家间的相互交流与学习，在此过程中不可避免地发生语言的接触。语言接触的结果往往体现为词汇的借用。如古代韩鲜半岛对汉语词的借用、殖民时期日语词的介入以及近代韩国英语外来词的泛滥，都是语言接触的结果。词汇的借用在很大程度上是单方向的，即从强势文化国指向弱势文化国。在文化上处于弱势的国家，通过加强外语教育向先进文化靠拢。而在此过程中，面对外国的新词新物，本国语言缺乏相应的表达，借用外来词则成为填补词汇空白的主要方式。从这一点上看，外来词汇的引入丰富了本国的语言表达。但另一方面，对外来语的过度重视以及放任外来语对本国语言的渗透也会引发语言同化的危机，进而淡化国民对本国语言和文化的认同。因此，在借助外来语丰富本国语言表达的同时，也应注重增强本国语言活力，创造属于本国语言的新表达，以此避免语言权威的极端化形成的语言霸权。

注释

① 不同于中国的三国时期（公元 220—公元 280 年），朝鲜半岛的三国时期指公元前 57 年至公元 668 年这一历史时期，朝鲜半岛由高句丽、百济和新罗三个国家统治，称为“三国时期”。

② 性理学：指宋儒程（程颢、程颐）朱（朱熹）派理学。本于程颐“性即理也”之说。因有别于陆九渊、王守仁“心即理也”之说，故清儒以“性理之学”标举程朱派理学。

③ 训民正音：一种拼音文字，“训民正音”意为“教老百姓以正确的字音”。所正之音为汉字之音，最初是作为帮助百姓学习正确汉字发音的一种辅助文字存在。

④ 谚文是正音文字的别称，意为俗语。其来源于上层文人对正音文字的贬称，指下层阶级使用的非正式语言。

⑤ 指谚文对汉文的翻译。

⑥ “事大”一词见于《孟子》：“唯智者为能以小事大”，“以大事小者，乐天者也；以小事大者，畏天者也。乐天者保天下，畏天者保其国。”在外交上，“事大主义”指实力弱小的国家屈身遵从周边大国以求自保的外交政策。

⑦ 开化运动指朝鲜半岛出现的一种通过吸收西方先进文明并进行活用，以达到变法自强的一种新思潮。

⑧ 在韩国《标准国语大辞典》中，“醇化”意为“清除混杂，使归于纯粹”。《韩民族文化大百科》中，“国语醇化”被解释为“改正低俗的非规范的语言；清除外来因素等的术语，也叫做“‘国语净化’”。

⑨ 部分韩国人认为韩国人在学习英语时无法区分“l”和“r”的发音，是因为舌下系带过长，导致舌头无法灵活拉伸。因此希望借助手术消除这一先天“缺陷”。

参考文献

[1] 萨丕尔 [美]. 语言论 [M]. 陆卓元译 . 北京：商务印书馆，1964.
[2] 冯增均 . 当代中小学外语课程发展 [M]. 广州：广东高等教育出版社，2005.
[3] 韩国国史编纂委员会 . 朝鲜王朝实录 [M]. 首尔：国史编纂委员会，1981.
[4] 韩国教育课程评价院 . 韩国基础教育阶段英语课程设置 [EB/OL]. http://www.kice.re.kr/en/index.do，2008–08–16.
[5] 金香梅 . 汉、朝、日同形异义汉字词对比研究——以朝鲜近代杂志《少年》为例 [D]. 中央民族大学，2013.
[6] 吕昌兰 . 伪满洲时期东北地区实行朝鲜语教育政策及其对朝鲜语词汇发展的影响 [D]. 延边大学，2014.
[7] 马学良，戴庆厦 . 语言和民族 [J]. 民族研究，1983（1）：6–14.
[8] 权研姬 . 语言净化理论与韩国国语纯化工作 [D]. 广西大学，2016.
[9] 沈骑 . 当代东亚外语教育政策发展研究 [M]. 北京：北京大学出版社，2012.
[10] 杨茜 . 从《训民正音》看朝鲜语语音与古代汉语语音的关系 [D]. 陕西师范大学，2013.

从中越饮食俗语看文化差异

余雨菲[1]

摘　要： 俗语由群众创造，在民间代代相传，虽然短小精练，但其中蕴含着丰富的文化内涵。它分类广泛，涵盖生活的方方面面。饮食俗语是俗语中的一个重要部分，能够很好地反映民族文化。从郡县时期开始，中华文化传入越南，对越南产生了巨大的影响。中越文化存在很多相似之处，但由于历史发展、地理环境、思维方式的不同，两国在很多方面存在着文化差异。从饮食俗语的角度去了解中越两国之间存在的文化差异，有助于语言学习者以一种更有趣的方式来加深对中越文化的了解，提高跨文化交际的效率。

关键词： 汉语俗语；越南语俗语；饮食俗语；文化差异

1. 引言

中越两国山水相连，历史上来往密切，越南曾将汉字作为官方文字使用长达两千年。20 世纪后，越南推行国语字，并沿用至今。虽然文字发生了变化，但是两国文化仍然存在一些相同点。在饮食上，两国人民都有着“民以食为天”的观念，这一观念在饮食俗语中得到更加生动形象的展现。

一直以来，中越学者都十分重视对俗语的研究。中国学者温端政先生在《俗语研究与探索》（2005）一书中详细地阐述了俗语的性质、范围和分类等问题，并编纂了较大规模的《中国俗语大辞典》（1989）。此外还有徐宗才、邱崇丙、孙洪德等学者也编纂了多本中国俗语词典。越南学者 Nguyễn Xuân Kính（阮春敬）的 *Kho tàng Tục ngữ người Việt*（《越人俗语宝库》）（2002）中收集的越南语俗语全面翔实，还按照物质生活、社会生活、精神生活等主题进行了分类排序，便于读者查询。Vũ Ngọc Phan（武玉潘）、Chu Xuân Diên（周春延）、Vũ Dung（武容）等学者也编纂了多本越南语俗语词典。

谢群芳老师在《越南饮食俗语蕴涵的社会文化》（2007）一文中从民俗、健康饮食理念、社会伦理道德、文化传承与社会教化这四个角度展现了越南饮食俗语的丰富内涵。此外还有祁广谋老师的《越南语文化语言学》（2011）、罗长山老师的《越南传统文化与民间文学》（2004）以及孙衍峰老师的《越南文化概论》（2014）也列举分析了大量越南语饮食俗语。以上学者的著作文章注重介绍一个国家的俗语及

[1] 2018 级越南语专业学生；邮箱：425910480@qq.com；指导教师：秦爱玲，助理教授。

其文化意蕴，为饮食俗语研究提供了重要的资料来源，但学者们还未将两国饮食俗语集合起来进行对比，未从中越饮食俗语的角度对比分析两国之间存在的文化差异。

文化差异是历史发展的必然产物，差异固然存在，但了解差异才能更好地求同存异。饮食是人类最基本也是最重要的物质需求，很多时候饮食更能保留一个民族的文化本色。以中越饮食俗语为桥梁，剖析饮食俗语丰富而深刻的内涵能够帮助我们更形象生动地学习和了解不同民族的历史文化和人文风情，以一个崭新的姿态对待文化差异，实现共赢。

2. 俗语与文化的关系

目前，中越两国学者对俗语的定义大体相同，即认为俗语是人民群众在生产劳动和社会实践过程中创造、通过口头传播并广泛流行于民间、反映人民心愿、记录生活经验的相对定型的语句。但中国学者在关于汉语俗语范围的讨论上仍未取得一致意见。部分学者主张从广义上理解，认为俗语是上层概念，包含谚语、歇后语、惯用语以及来源于口语系统的成语等。部分学者主张从狭义上理解，认为俗语与谚语、歇后语、惯用语、成语等处于同一地位。个别学者则主张两种理解并存（温端政，2005：9）。在越南，学者们普遍认同越南语俗语与成语、歌谣、民歌处于同一地位。和汉语相比，越南语俗语的范围更明确。

本文所说的饮食俗语是指句中包含饮食语素且在句中表达为饮食义、与饮食活动密切相关的俗语。像“吃力不讨好”“吃哑巴亏”等俗语虽含有“吃”字，但是在句中的含义是“遭受、挨”，并未带饮食义，所以不属于饮食俗语。

“文化”一词在日常生活中被广泛使用，但人们对该词的理解也多有不同。文化的定义通常有广义和狭义之分。广义的文化是指“人类社会的生存方式以及建立在此基础上的价值体系，是人类在社会历史发展过程中所创造的物质财富和精神财富的总和”（陈至立，2020：4577）。狭义的文化是指“人类的精神生产能力和精神创造成果，包括一切社会意识形式：自然科学、技术科学、社会意识形态”（陈至立，2020：4577）。无论是广义的文化还是狭义的文化，不可否认的是，它们都是由人类创造的，人类的意识一直在文化中发挥着主导作用。

语言是文化的一部分，语言与文化的关系是部分与整体的关系，二者密切相关，相互影响。俗语是语言的一种特殊表现形式，因此，俗语与文化的关系紧密相连。一方面，俗语可以反映文化。因为俗语具有短小精练、通俗易懂的特点，它们既贴近大众生活，同时又蕴含丰富的文化内涵，所以透过俗语看文化，以小见大，可以了解各民族的思维方式和人文风情，更真切地感受到不同民族间的文化差异。另一方面，透过文化现象，我们也更能感悟到俗语中深刻的含义，加深对俗语的理解。

3. 通过饮食俗语看文化差异

世界各国、各民族独具特色的文化形成了当今丰富多彩的文化世界。由于历史上的渊源，中越两国有许多相似之处，同时也存在着差异。俗语蕴含着丰富的文化内涵，是反映民族文化的一面镜子。本节将从饮食俗语的角度去学习和了解中越暗喻表达、春节饮食习惯和婚俗聘礼的差异。

3.1 暗喻表达中的差异

暗喻也称作隐喻，“隐喻不仅仅是一种语言现象，它更重要的是一种人类的认知现象。它是人类将其某一领域的经验用来说明或理解另一类领域的经验的一种认知活动”（束定芳，2000：28）。人们通常是对某一词语进行暗喻，而这些词语在交际过程中被大众接受而广泛使用，又逐渐融入到俗语中。

中国人对大米有着深厚的感情，在饮食俗语中有很多关于米饭的表达。例如“人是铁，饭是钢，一顿不吃饿得慌”“吃杀馒头当不得饭”等。中国百姓对于“饭碗”的认知，不仅仅停留在表面，而是通过“饭碗”这一日常用来吃饭以维持生命的餐具联想引申出了新的含义，即用来指谋生的方式。所以人们常常说“端泥饭碗”“端铁饭碗”“端金饭碗”，通过泥巴、生铁、黄金的坚硬程度来暗指工作的稳定程度。俗语“吃大锅饭”表面含义是大家围在一起，合伙在一个大灶里吃饭。但实际上它的深层含义是指平均主义的分配方法——每个人无论干多干少、干好干坏都拿一样的报酬。这种暗喻方式是中国特有的，如果未加学习，越南人很难真正理解其中的含义。

作为世界著名的米仓，越南的水稻种类多、产量大。越南语俗语“Có nếp có tẻ”直译为“有糯米、有粳米”，意思是什么东西都齐全了。句中“nếp”和“tẻ”的顺序不可随意改变，它表达出已经有很珍贵的糯米了，但是还并不完满。因为粳米是每天必不可少的食物，所以即使已经有糯米了仍然还需要拥有粳米，才能算是圆满。在越南，“nếp”除了词本身的含义指“糯米”外，人们还常常暗指“男孩”；“tẻ”除了本义指“粳米”之外，人们常常用它暗指“女孩”。所以上述俗语的实际意义是家里儿女双全，是越南人心中理想的家庭模式。越南语俗语“Có nếp mừng nếp, có tẻ mừng tẻ”直译为“有糯米庆祝糯米，有粳米祝贺粳米”，指有什么就庆祝什么，实际意义是指无论生男孩还是女孩都很好。然而，在越南的文化范围之外，“nếp”和“tẻ”会失去其暗喻中指代男孩和女孩的深层含义。

3.2 春节饮食习惯的差异

陶维英（2006：356）认为，“越南文化虽然源自中国，但已建立起具有自己独特风格的文化，并存在下来。”（“Văn hóa ta tuy nguồn gốc là Tàu mà đã tự gây dựng được tư cách riêng để tồn tại mình được.”）中国和越南都有过春节的习俗，但两国具有各自的民族特色，所以两国习俗略有差异。

百节年为首，春节是一年中最隆重的节日，所以在中国，家家户户都十分重视除夕夜的团圆饭，常常会准备一大桌的美味佳肴来贺新春。即使过年时不缺各种美味佳肴、山珍海味，但在人们眼中，“好吃不过饺子”。饺子是主副食合一的食物，味道鲜美，人人喜爱，它已经成为了春节的一种象征。“饺子既是谐音象征，又属类别象征”（张明娟，2012：254）。“饺子”谐音为“交子”，可以从以下两个角度来看它的谐音象征。

其一，“交子”象征“辞旧迎新”。除夕是旧年与新年交替之日，“饺”与“交”音同，表达“交替”之意；“子”取“子时”之意，指半夜二十三点到凌晨一点之间。人们常常在大年三十包好饺子，留到子时吃。俗语“大年初一吃饺子，只等下锅”用来比喻事前已经做好了一切准备，只等时间一到动手干了。“大年初一吃饺子，都一样”指的是正月初一北方地区家家户户都吃饺子，完全一样。大年初一正是亲人团聚之时，所以人们用“大年初一吃饺子，没外人儿”来比喻都是自己人。其二，“交子”象征财富。因为中国最早的纸币出现于宋朝时期，称为“交子”。

此外，饺子的形状与元宝相似，所以它的类别象征是元宝，寓意着招财进宝。饺子放入沸水中，寓意财源滚滚来。“饺子就酒，越喝越有”承载着人们对美好生活的向往。

除了吃饺子之外，人们认为在吃饺子之后喝一碗饺子汤特别有利于身体健康，俗话有“喝了饺子汤，胜似开药方”。在吃饺子的过程中，人们善于联想，便有俗语“茶壶里煮饺子，肚里有货，嘴里倒不出来”比喻一个人虽然有学问，但是表达能力太差，无法展现出来。民间有“迎客的饺子送客的面”的习俗，客人到来时，主人将客人视为亲人，用象征团聚、承载美好祝福的饺子招待客人，增进彼此的关系。送别时用一碗面条来表示友谊长长久久。

在越南，粽子是过年时餐桌和供桌上必不可少的食物。据《岭南摭怪等史料三种》之《蒸饼传》（戴可来、杨宝筠，1991：20–21）记载，在雄王时期，雄王六世下令让二十二个儿子寻找一种食物来供奉天地和祖先，由此来挑选一位皇子传位。其他皇子带来了天南海北各式各样的山珍海味，而年幼丧母的郎僚不知所措，最后在梦中一位神仙的帮助下，用糯米制作出蒸饼和薄持饼，即现在的粽子和糍粑，获得了雄王赞赏。粽子和糍粑虽不及山珍海味，但正是日常食用的简单食材做出了让大家都称赞的佳肴。郎僚将粽子做成方形，外形美观，以肥肉和绿豆做馅，周围用糯米覆盖。人们把糍粑做成圆形，二者象征着养育万物的天和地，表达了对天地以及父母养育之恩的感激。

因此，粽子在越南人心中有着特殊的地位。陈国旺（2000：333）说，“总结春节的象征，没有什么比‘肥肉葱头红对联，迎春杆鞭炮绿粽子’这副对联更加凝练的了”（“Đúc kết biểu trưng tết, không gì cô súc bằng đôi câu đối: Thịt mỡ dưa hành câu đối đỏ, cây nêu tràng pháo bánh chưng xanh”）。对联道出了越南过春节必不可少的物品，体现出过春节的隆重以及独特之处。以前生活条件受限，只有在过节时才能吃上粽子，所以人们用俗语“Ăn chực đòi bánh chưng”（“吃白饭还讨要粽子”）形象地表达了自不量力的含义。随着生活水平的提高，现在春节家家户户都包粽子、吃粽子，所以粽子多到人们已经不再像以前那样感到新鲜、渴望，甚至让人感到有些腻了。所以人们用“Dửng dưng như bánh chưng ngày Tết”（“像对春节的粽子一样冷淡”）来表示对某一事物或某人很冷淡，不再像之前那样充满热情了。越南的粽子有圆有方，形状独特。人们通过方形粽子棱角分明的特点用“Bánh chưng ra góc”（“出角粽子”）来形容一个人很爽朗，说话直截了当。又通过粽子的包法用“Học ăn học nói, học gói học mở”（“学吃学说，学关学开”）来劝告人们要学会说话的方式，学会为人处世的道理。

3.3 婚俗聘礼的差异

作为自然个体，人的出生、成婚、生育和死亡被认为是一生中最重要的四个时刻，而在这些时刻所经历的仪式和礼节是传统习俗中最重要的组成部分。特别是婚嫁习俗，在中国和越南都历来受到个人、家庭和社会高度重视。

中华民族自古以来重视礼仪。无论是日常生活还是节日活动中，都讲究以茶待客、以茶行礼，尤其在婚嫁习俗中，茶叶更扮演着特别的角色。公元 641 年，茶叶作为唐太宗给文成公主准备的陪嫁品之一被带入吐蕃，这说明在那个时候茶叶已作为一种吉祥的象征在婚嫁过程中得以使用。“宋代，茶叶被列入聘礼之中，几乎成为不可或缺之物”（简洁，2013：49）。订婚时男方将茶叶赠与女方，女方接受则叫做“吃茶”。明朝陈耀文在《天中记》卷四十四《种茶》（2007：1460）中记载：“凡种茶树必下子，移植则不复生，故俗聘妇必以茶为礼，义固有所取也。”人们用茶树不可移植的特性来象征爱情的从一而终。婚嫁茶俗一直延续至今，在俗语中也有体现，例如“一女不吃两家茶”比喻一名女子不能许配给两户人家。女子一旦接受了男方送的茶叶聘礼，则是答应了要许配给对方，且不能反悔。俗语“吃两家茶，睡两张床”则指若有女子接受两家的茶叶，按照接受聘礼就同意嫁娶的规定，这名女子就要嫁两个男人。

中国以茶叶为聘礼。在越南，“槟榔是婚姻的象征，说到请吃槟榔意味着将举办婚礼”（“Trầu cau là biểu tượng của hôn nhân (nói cho ăn trầu có nghĩa là sẽ có đám cưới)”（陈玉添 1996：385）。从问名到成婚，每一个环节都要有槟榔和蒌叶。槟榔代表丈夫，蒌叶代表妻子，二者是忠贞不渝爱情的象征。越南民间流传着关于槟榔和蒌叶的动人故事。据《岭南摭怪等史料三种》之《槟榔传》（戴可来，杨宝筠 1991：17）记载，从前有一对兄弟名叫槟和榔，长得一模一样。有一天傍晚回家，嫂子误会弟弟是自己的丈夫就从后面紧紧抱住了他，这一幕恰巧被哥哥看见产生了误会，从此哥哥疏远了弟弟。弟弟很苦恼，离家出走后，由于太难过最终在河边化成了一块石头。哥哥出门寻找弟弟，发现弟弟化成石头后，抱着石头痛哭，最终变作石头旁的一棵槟榔树。哥哥的妻子等不到丈夫回家便也外出寻找，最终发现丈夫变成槟榔树后自己也化成蒌叶缠绕在槟榔树上。雄王经过此处，见树叶繁密，便命人将槟榔和蒌叶一起咀嚼，发现液体滴落在石头上呈现红色。后人被夫妻二人及兄弟之间情谊所感动，从此将槟榔和蒌叶作为婚嫁信物。

越南人吃槟榔有一种独特的食用方法，即用沾了石灰粉的蒌叶卷槟榔，放入口中咀嚼，再将残渣和口水吐出。越南语俗语“Ăn trầu không rễ, làm rể nằm nhà ngoài”（“吃槟榔没有树根就像新郎睡在屋外”）意为吃槟榔时如果没有蒌叶树根，就相当于浪费了一颗槟榔，强调槟榔、蒌叶树根、石灰粉混在一起嚼才更美味。越南黎崱在《安南志略》（2000：42）中提到越南有“媒氏奉槟榔匣，诣女家通问”的婚俗。所以，越南的父母常常告诫自己的女儿不能随意接受别人家的槟榔，“Miếng trầu nên dâu nhà người”（“吃一口槟榔，成人家新娘”），女方一旦接受了男方的槟榔就意味着已经同意订婚，从那之后女孩就被认为是别人家的新娘了。此外，人们也用“Trầu héo cau ôi”（“蒌叶枯萎，槟榔腐烂”）来形容一对夫妻的婚姻生活不美满。槟榔也是人们增进感情的桥梁，越南人常说“Miếng trầu là đầu câu chuyện”（“要拉家常，先嚼槟榔”）。无论是在婚礼中还是日常生活中，槟榔都已成为越南人心中不可或缺的一部分。俗语“Miếng trầu là đầu thuốc câm”（“一口槟榔是一剂哑药”）形象地表达了在日常生活中，吃了人家的槟榔，就要帮别人的忙，很难再拒绝别人的提议。

4. 结语

历史上，中国文化曾对越南文化产生了巨大的影响，中越文化在很多方面有相似之处。但因两国地理位置、气候条件、生活方式、思维习惯等不同，所以两国文化存在一定的差异。各民族之间存在文化差异是历史发展的必然结果，由此形成了当今丰富多彩的文化世界。文化差异是固然存在的，因此正确学习和理解文化差异是各民族和睦相处、互相尊重的前提和基础。上述的文化差异只是两国差异中的一小部分，但通过饮食俗语表现的民族饮食文化特点以及每个民族不同时期的生活方式、生活经验、认知方式和感悟哲理等，帮助我们加深了对这些差异的理解，和更好地尊重差异，从而有助于提高跨文化交际的效率。

参考文献

[1] Đào Duy Anh. Việt Nam Văn hóa Sử cương[M]. Hà Nội: Nhà xuất bản Văn hóa Thông tin, 2006.

[2] Nguyễn Xuân Kính. Kho tàng Tục ngữ người Việt[M]. Hà Nội: Nhà xuất bản Văn hóa Thông tin, 2002.

[3] Trần Ngọc Thêm. Tìm về Bản sắc Văn hóa Việt Nam[M]. TP. Hồ Chí Minh: Nhà xuất bản TP. Hồ Chí Minh, 1996.

[4] Trần Quốc Vượng. Văn hóa Việt Nam: Tìm tòi và Suy ngẫm[M]. Hà Nội: Nhà xuất bản Văn hóa Dân tộc Tạp chí Văn hóa Nghệ thuật, 2000.

[5] 陈耀文（明）. 天中记 [M]. 扬州：广陵书社，2007.

[6] 陈至立 . 辞海：彩图本 [M]. 上海：上海辞书出版社，2020.

[7] 戴可来，杨宝筠校注 . 岭南摭怪等史料三种 [M]. 郑州：中州古籍出版社，1991.

[8] 简洁 . 中国婚俗 [M]. 合肥：黄山书社，2013.

[9] 黎崱 [越]. 安南志略（武尚清点校）[M]. 北京：中华书局，2000.

[10] 罗长山 . 越南传统文化与民间文学 [M]. 昆明：云南人民出版社，2004.

[11] 祁广谋 . 越南语文化语言学 [M]. 广州：世界图书出版广东有限公司，2011.

[12] 束定芳 . 隐喻学研究 [M]. 上海：上海外语教育出版社，2000.

[13] 孙衍峰，兰强，徐方宇等 . 越南文化概论 [M]. 广州：世界图书出版广东有限公司，2014.

[14] 温端政 . 俗语研究与探索 [M]. 上海：上海辞书出版社，2005.

[15] 温端政 . 中国俗语大辞典 [M]. 上海：上海辞书出版社，1989.

[16] 谢群芳 . 越南饮食俗语蕴涵的社会文化 [J]. 东南亚研究，2007（02）：90–94.

[17] 张明娟 . 饮食文化中的罪感与乐感：中西食物象征比较 [J]. 江西社会科学，2012，32（05）：252–256.

汉越十二生肖动物俗语的文化寓意对比

林华婷[1]

摘　要： 中国和越南的十二生肖都属于传统民俗文化，但越南的十二生肖以猫代兔，与中国略有不同。汉越动物俗语中出现的动物形象大多是十二生肖中的动物，因此以十二生肖动物形象为例探究汉越动物俗语文化寓意的异同极具代表性。“虎”“龙”“蛇”“狗”的文化寓意在中越两国基本相同，“鼠”“牛”“兔 / 猫”“马”“猴”“猪”的文化寓意在中越两国部分相同，而“羊”和“鸡”的文化寓意在中越两国则有很大的差异。

0. 引言

十二生肖是中国的传统民俗文化，在中国人民心中占据重要地位。中国的十二生肖包括“鼠”“牛”“虎”“兔”“龙”“蛇”“马”“羊”“猴”“鸡”“狗”“猪”。越南也同样有十二生肖，而且和中国的十二生肖基本相同，只不过越南的十二生肖以“猫”代“兔”。在越南人民心中，十二生肖极具自身民族特色。因此，无论在中国还是在越南，十二生肖都蕴含着各自国家深厚的文化底蕴，反映出本民族的风俗习惯和价值观念。汉越动物俗语中出现的动物形象大多是十二生肖中的动物，因此以十二生肖中的动物形象为例探究汉越动物俗语文化寓意的异同具有代表性的意义。

1. 文化寓意基本相同的汉越十二生肖动物俗语对比

1.1　虎

虎在十二生肖中排行第三，谓“寅虎”。越南语称虎为“hổ, hùm, cọp, dần, ông ba mươi”。在中越文化中，虎的形象都是勇猛且威武的，是力量的象征。中国的俗语“九牛二虎之力”通俗易懂地说明了猛虎力量之大。

虎在十二生肖中是中国老百姓最喜闻乐见的属相。中国人认为虎是“百兽之王”，是权力的象征。越南人也把老虎看作帝王的象征。但凡事过犹不及，虎的勇猛威武超过了一定范围会给其他动物甚至人类带来威胁，老虎就变得有攻击性，在人们心

---

[1]　2018 级越南语专业学生；邮箱：2499873692@qq.com。

中，勇猛威武就变成了凶狠残暴。因此，在中国和越南的传统文化中，人们对虎的感情色彩都大致有褒贬两方面。

褒的一面认为虎英勇健硕、威猛有力。中国自古以来就是礼仪之邦，注重自谦和誉人，中国人常常用“虎父无犬子”来称赞出色的父亲不会生出一般的孩子，这句俗语用于夸奖别人的子辈，既是对儿子的赞扬，又是对父亲的恭维。这里的“虎”，是个褒义词，形容一个将士的勇猛，也说是“虎将”，“父”字前用“虎”字修饰，是恭维到极点了。“Hổ phụ sinh hổ tử（虎父生虎子）”所表达的意思和中国俗语“虎父无犬子”有异曲同工之妙。

“两虎相斗，必有一伤”则是指两只凶悍的老虎打斗起来，必然有一只会受伤，后比喻实力很强的敌对双方激烈斗争，必然会有一方吃亏。“虎落平阳被犬欺”，比喻强者在失势后被弱者所欺压，用虎和犬作比较，说明虎失势之前的威风。显然在这里，虎是强者的代名词。中国人崇敬猛虎的八面威风，老虎英勇无畏，迅猛敏捷的形象和军人奋勇杀敌、无所畏惧的形象十分相似，因此中国人将勇猛的将士称为“虎将”，比如三国时代的关、张、赵、马、黄合称“五虎上将”，因而其后代子孙被称为“将门虎子”。越南语也有“hổ tương（虎将）”，“hổ sĩ（虎士）”等词来形容英勇的将士。“Quân vô tướng như hổ vô đầu（军队没有将军就跟老虎没有首领一样）”把英姿勃勃的军人和威风凛凛的老虎联系在一起。

中国人很早就形成了对虎图腾的崇拜之情，古时将军首领调兵的虎形信物叫做“虎符”，以体现军力与威势。“调虎离山之计”和“坐山观虎斗”就体现了虎在战争策略中的特殊地位。“Điệu hổ ly sơn（调虎离山）”和“Toạ sơn quan hổ đấu（坐山观虎斗）”可看出虎不止在中国，在越南的军事方面也有很重要的地位。

贬的一面中虎又是凶残暴戾的动物，令人望而生畏，退避三舍。在古代，猛虎吃人事件时有发生，古人视虎为害，因而把能打败和征服老虎的人视为除害的英雄，“上山打虎，下海擒蛟”便是形容本领极大的人。“伴君如伴虎”形象生动地体现了大臣百姓在帝王君权面前就像在凶狠残暴的老虎身边一样，凡事都得谨小慎微，坚决服从君王意愿，否则性命不保。越南语也有类似的俗语，“làm bạn với vua như đùa với hổ（跟皇帝交朋友如跟虎开玩笑）”。“不入虎穴，焉得虎子？”是指不亲临险境就不可能取得成功。“Không vào hang cọp, sao bắt được cọp con（不进老虎洞，怎能捉到小老虎）”也是比喻不历艰险，就不能获得成功。汉越语都用“虎穴”形容险境，可见老虎的可怕。

1.2 龙

龙在十二生肖中排第五，称之为“辰龙”。越南语称“rồng, long, thìn”。龙是十二生肖中唯一虚构的动物。龙在中国人心目中是神圣的，是具有飞天遁地、腾云驾雾、兴云布雨的神奇本领的神。和中国文化相似，越南人也非常崇拜龙，将龙视为神通广大的神。虚构的龙在中越人民的心中既可想象成吉利美好的事物，也可联想成作恶多端的怪物和带有贬义的负面形象。

中越含“龙”字的俗语通常体现龙的正面形象：

1）龙是皇权的象征。在中国，龙在汉朝后成为皇权象征，皇帝认为自己是神龙降生人间，故称为“真龙天子”。皇帝穿龙袍、坐龙椅、乘龙船、坐龙辇，皇帝死去叫“龙驭宾天”。清朝龙袍以九条金龙合“九五之尊”，北京故宫的龙图案数不胜数。百姓使用龙纹就会惨遭不测（过常宝，2011：90）。“唱戏的穿龙袍，成不了皇帝”“推翻龙床杀太子”等俗语的“龙”都指代皇帝。皇帝将龙形象据为己有，对龙文化实行帝王垄断和专制都是为了强化皇权和神化统治。

在越南的封建时代，受中国封建时期龙文化影响，龙也成为越南各朝各代崇拜的图腾，皇帝亦自称为龙的化身。从貉龙君之子雄王的龙种神话、龙王助二征夫人一臂之力的传说故事、李朝开国皇帝李太祖遇龙而成功夺权，建立李朝，定都升龙，创造越南封建国家时期一代盛世的典故可看出，龙在越南封建时期同样也是统治者维系君权的重要工具（潘华芳，2012：5）。“trứng rồng lại nở ra rồng, liu điu lại nở ra dòng liu điu（龙蛋孵出龙，蛇蛋孵出蛇）”这里的龙就是指皇帝。

2）龙是贤才能人的代名词。龙象征着出人头地、不同凡响的人中精英。三国时期的诸葛亮被称为“卧龙先生”；孔子称赞老子“龙乘风云而上九天也”；蔡邕常醉卧于路途，如龙之卧，故时人名曰“醉龙”；称赞他人出类拔萃时用“人中龙凤”；家长们对孩子寄予厚望，用“望子成龙，望女成凤”；“龙生龙，凤生凤，老鼠的儿子会打洞”分别用龙、凤、鼠这三种人们主观认为带有等级区别（龙凤高于鼠）的动物说明了原生家庭对一个人的影响，出生在优秀家庭孩子成才的可能性更大；“龙游浅滩遭虾戏”，用龙和虾作对比，突出龙所代表的人身份高贵、才能显著，非常人所能戏谑。

越南语俗语中，“Có phúc thì rắn hóa rồng, vô phúc phượng lại đổi lông hóa cò（有福则蛇化龙，无福则凤成鹭）”和“rồng thất thế hóa thành rắn（龙失势变成蛇）”是用龙和蛇代表褒贬两种相反形象的东西比喻有才能的人因遭遇不利境况而变成普通人。“Trứng rồng lại nở ra rồng, hạt thông thì nẩy cây thông rườm rà（龙蛋孵出龙，松子长成松树）”表达的是家族社会地位和父母身份地位决定了子女是否优秀、成才的传统观念。“rồng vàng tắm nước ao tù（黄龙洗污水池）”形容大材小用，强者的本领无用武之地。“cá chép vượt long môn（鲤鱼跃龙门）”和“cá chép hóa rồng（鲤鱼化龙）”比喻经过奋斗飞黄腾达，美梦成真。

3）龙有祥瑞尊贵的寓意。龙在中国古代被百姓所崇拜，充当保护神和水神的角色。古代中国是农耕社会，降雨量充足与否关系到人们的粮食是否足以饱腹。这使得人们把龙当作能兴云布雨的水神，唤作“龙王”，百姓兴建“龙王庙”祈求来年风调雨顺，庄稼能获得好收成。“龙行有雨，虎行生风”这句俗语就可看出，龙在人们心中就是兴云布雨的神灵。民间流传着“二月二，龙抬头；大仓满，小仓流”的俗语。农历二月初二是民间传说“龙抬头”的日子，也称为“春龙节”。人们认为这一天是天上主管降雨的水神龙王抬头的日子。人们在这一天祈求龙王行云布雨、广洒甘霖、滋润庄稼，寄托了人们祈龙赐福，保佑风调雨顺、五谷丰登、丰衣足食的强烈愿望。中国的龙凤呈祥图案在唐代后广为流传，不但象征帝后权力，也象征夫妻的美满结合，还可象征精神与物质的阴阳两极调和。龙凤图案是中华民族最有代表性的形象符号（过常宝，2011：92）。

越南也是农业国家，主要以耕种为生，所以气候的好坏决定了他们是否能五谷丰登。龙因有呼风唤雨的强大本领而同样被越南人民视为水神。“rồng đen lấy nước thì nắng, rồng nắng lấy nước thì mưa（黑龙取水就天晴，白龙取水就下雨）”就体现了龙在农耕社会作为调节风雨、保证收成的祥瑞之物的重要文化内涵。越南的龙还分为黑龙、白龙、黄龙三种，其中，“rồng vàng xuất hiện（黄龙出现）”是代表好运降临。

4）龙被视为中越人民的祖先。龙是中华民族权威和神灵的象征。古往今来，海内外亿万中华儿女都把自己称为“龙的传人”。在越南人心目中，龙也是他们的祖先，他们称自己是“con rồng cháu tiên（龙子仙孙）”，并以此自豪。

中越含“龙”字的俗语中也出现了龙的负面形象：中国上古神话的龙并非神圣不可侵犯。由西汉皇族淮南王刘安主持撰写的《淮南子·览冥训》中的一篇古文《女娲补天》记载，女娲炼石补天，杀黑龙以济冀州，因此就有“女娲补天先斩蛟龙”的俗语流传至今。“出了龙潭，又入虎穴”比喻刚从一个险境走出，又陷入另一个险境。

越南也有体现龙负面形象的俗语。“ăn như rồng cuốn, làm như cà cuống lội sông（吃得像龙盘旋过境，做得如桂花蝉蹚水过河）”，形容吃的很多，一点不剩却不干活的人，即好吃懒做之人；“học chẳng biết chữ cu chữ cò, nói những chữ như rồng như phượng（不知道斑鸠和鹭，却说龙和凤）”，形容愚昧无知却自吹自擂的人。

1.3 蛇

蛇在十二生肖里位列第六，叫做“巳蛇”。越南语叫“rắn, xà, tỵ”。蛇在中国古代传说故事中具有正面的形象，中国的传说故事“女娲补天”中的大地之母女娲是人头蛇身，创造人类、化育万物、炼石补天、灭火治水，堪称中华民族最古老最伟大的圣母（李艳，黄瑛，2013：98）。家喻户晓的民间故事“白蛇传”里的白蛇是知恩图报、勇于追爱、敢于反抗的美女。但是中越含“蛇”字的俗语中表达的蛇形象和象征意义却都多以负面形象出现。

汉语含“蛇”字的俗语中蛇的形象都是阴险狠毒、冷血无情的致命毒物。“人心不足蛇吞象”形容蛇的贪婪，后比喻人贪得无厌、得寸进尺，最终容易被自己的欲望所害，就像蛇想吞食大象一样。“强龙压不住地头蛇”比喻外来的力量虽然强大，但却斗不过当地的势力。蛇是农村“五毒”之一，中国农村有句俗话叫“见蛇不打三分罪，打若不死七分罪，死蛇不埋十分罪”，这句话将蛇列为人类不共戴天的宿敌，后将坏人比作蛇，即当我们遇到坏人做坏事却置若罔闻、视而不见时，就是一种纵容行为，最终会自食恶果的。“一朝被蛇咬，十年怕井绳”，被蛇咬了一次，就再也不敢碰草索。后被引申为一旦受过伤害就对类似的事物或事件十分惧怕。

越南语含“蛇”字的俗语中蛇的形象亦是如此，“Cõng rắn cắn gà nhà（引蛇咬家鸡）”即引狼入室，比喻自招其祸，自己把敌人或坏人引入内部而招致灾祸。“Ác long bất đấu địa đầu xà（恶龙不斗地头蛇）”比喻强大的外来势力却斗不过盘踞于本地的恶势力。“Rắn đổ nọc cho lươn（蛇将蛇毒说成黄鳝毒）”表示作恶多端的人将责任推卸给他人。“Rắn rết bò vào, cóc nhái bò ra（蛇蝎爬进来，青蛙爬出来）”表示恶人和弱者不能共处一室，当恶人来临时，弱者必须转移到别处。“Đánh rắn phải đánh giập đầu（打蛇打七寸）”表示彻底解决祸害根源。这些越南语俗语中的“蛇”无一例外都是穷凶极恶的坏人恶霸形象。

1.4 狗

狗在十二生肖中位居十一，称作“戌狗”。越南语叫“chó, khuyển, cẩu, tuất”。狗在中越两国都有正反面两个形象，狗的正面形象是忠诚可靠、忠于职守的人类挚友。狗的反面形象是倚仗人势、赖皮卑贱的奴才走狗。

在农村，狗的职责是看家护院。“朝里有人好做官，家里有狗好看门”“再穷不卖看家狗，再富不宰耕地牛”等俗语就可体现人们驯养狗主要是为了看门护院。越南语含“狗”的俗语也体现了这一点，“Chó giữ nhà, gà gáy trống canh（狗看门，鸡报时）”，狗和鸡都是乡村人们日常生活常豢养的家畜，狗是养来看门护院，鸡则是养来报时下蛋，这句俗语引申为每个人都应各司其职，各自做好自己的事，承担相应的责任。狗是人类最忠诚的和患难与共的朋友，“子不嫌母丑，狗不嫌家贫”这句汉语俗语就把狗塑造成了忠诚老实、重情重义的形象。

越南语也有类似俗语，“Con không chê cha mẹ khó, chó không chê chủ nghèo（儿不嫌父母贫，狗不嫌主人穷）”，汉越语中类似俗语都描述了主人家再贫困甚至身处险境狗都不会离开的情况，可看出在中越人民心中，狗是人类最忠实的朋友和伙伴。“猫来穷，狗来富”是指流浪猫去到一户人家是不祥之兆，主人家宅变穷；而流浪狗自来，主人家宅变富。古代这个说法其实不无道理，因为狗作为人类最早驯养的家畜之一，一直被当作吉利的动物。狗的叫声“旺”，其寓意吉祥喜庆；猫的叫声“喵”，谐音“灭”“没”“霉”。越南语也有相应说法，“Mèo đến nhà thì khó, chó đến nhà thì giàu（猫进家则穷，狗来家则富）”。

"狗眼看人低"形容一个人高傲自大，看不起人。这句汉语俗语自古以来就是形容势利小人的民间俗语。民间传说狗看东西时，都是把大看小、把高看矮，所以它才什么也不怕。"嫁鸡随鸡，嫁狗随狗"则反映了中国古代的封建礼教对女子的束缚和压迫，逼迫女子嫁后从夫，恪守妇道。"狗改不了吃屎"比喻恶习难改，劣性难移。"狗咬狗，两嘴毛"比喻坏人与坏人争斗，双方都没有好下场。"会咬人的狗不叫"，这是人们在日常生活中得来的生活经验，后比喻一个人表面上不露声色但是城府却很深。常言道，"打狗还要看主人"，这里的"狗"既指看家护院的狗，又可指旧时权贵人家的仆从、下人、跟班。意思是在封建等级社会，若生为贫苦百姓是不敢轻易打富贵人家所驯养的狗的，也指被权贵身边的狗腿子欺负也只能忍气吞声、不敢反抗，否则自己会被欺压报复。

越南语俗语"Đánh chó ngó chủ nhà（打狗看主人）"也表达相同意思。中国俗语"狗嘴里吐不出象牙"和越南俗语"Mồm chó làm gì có ngà voi（狗嘴里怎么会有象牙）"都比喻坏人嘴里说不出好话来。"狗嘴"和"象牙"形成对比和反差，显而易见，这里的"狗"是贬义的。"Nói như chó sủa ma（说话像狗乱叫）"是一句骂语，指聒噪喧哗，满口脏话的人。"Chó cậy gần nhà, gà cậy gần chuồng（狗倚仗主人家近，鸡倚仗鸡舍近）"类似于汉语的"狗仗人势"，比喻坏人依靠某种势力欺侮人或物。"Chó chê mèo lắm long（狗嫌猫毛多）"形容自己没有才能却爱讥讽别人的能力的人。"Chó nhà quê lại đòi ăn mắm mực（乡下狗想吃鱼露）"指处于卑贱地位却想吃高级食材。

2. 文化寓意部分相同的汉越十二生肖动物俗语对比

2.1 鼠

鼠在十二生肖中居于第一的位置，叫做"子鼠"。越南语叫"chuột, thử, tý"。中国人对老鼠没有好感。每当提到老鼠，人们就会想起一个鬼鬼祟祟、偷吃粮食的小偷形象，咬坏衣物、破坏家具的有害动物以及传染疾病的罪魁祸首，因此老鼠口碑不佳，相貌也不讨人喜欢，人们对之可谓是深恶痛绝。中国民间一直流传着"老鼠过街，人人喊打"的俗语，老鼠就这样落得个千古骂名。

中国含"鼠"语素的俗语基本都是反映老鼠负面形象。比如，在中学，老师教育班里面某个违反校纪校规的问题学生时，常说"一颗老鼠屎，坏了一锅汤"。这句俗语比喻虽是一点小问题，但危害却很大，影响了全局，造成了很大的恶果。老鼠爱在阴暗闭塞的地方躲藏。"风箱里的老鼠，尽受气"既反映了老鼠的这一生活习性，又巧妙地用来比喻人在两方面都受到冷遇或指责。老鼠和猫是天生的死对头，反映猫和鼠敌对关系的俗语也不少。"瞎猫碰到死耗子"形容一个人没什么本事却运气好，歪打正着，碰巧成功。"老鼠见猫，不敢吱声"比喻胆战心惊，十分畏惧。

中国人对老鼠恨之入骨，唯恐不能根绝，越南人亦是如此。“Cháy nhà lòi ra mặt chuột（房子着火了，老鼠就露面了）”指发生变故灾祸时坏人的真面目就显露出来了。“Bày đường cho chuột chạy（为鼠开路）”指包庇纵容坏人，使坏人逃脱惩罚和制裁。“Chuột chù chê khỉ rằng hôi, khỉ mới bảo rằng cả họ mày thơm（鼠笑猴臭，猴说自己香）”，即“五十步笑百步”，比喻两者缺点或错误性质相同，只有情节或重或轻的区别，但程度较轻者却嘲笑程度较重者。

鼠在越南语中还有中性的形象。“Chuột bầy làm chẳng nên hang（没有老鼠头子再多老鼠也不会挖洞）”，指没有领导人物即使有再多人也干不了什么大事。

“Chuột cắn dây buột mèo（鼠咬拴猫绳）”比喻自冒危险。“Chuột chạy cùng sào（老鼠跑到了竿的尽头）”，比喻陷入绝境，没有出路。“Chuột gặm chân mèo（老鼠啃猫爪）”比喻冒很大风险，鲁莽愚蠢行事。“Chuột sa chĩnh gạo（鼠掉米缸）”比喻正中下怀，正合心意。“Mèo nhỏ bắt chuột con（小猫抓小鼠）”比喻要知道选择符合自己能力的工作才能取得好结果。“Sắc nanh, chuột dễ cắn được cổ mèo（老鼠用锋利的獠牙也可以轻易咬住猫的脖子）”比喻无论敌人多么强大危险，只要我们有计谋，有工具辅助就能取胜。

2.2 牛

牛在十二生肖中排行第二，是为“丑牛”。越南语称“bò, trâu, ngưu, sửu”。古代中越两国都是农业社会，以农立国，牛在农耕社会中的重要地位不言而喻，被称为“六畜之首”。可想而知牛在中越两国的传统文化中所具有的重要意义和价值。

在中国农耕社会，牛多用于犁地耕田，“牛耕田，马吃谷”和“牛是种地的哑巴儿子”就描绘了牛辛勤耕耘、任劳任怨、无私奉献的形象。“牛是农家宝，有勤无牛白起早”“耕牛农家宝，定要照顾好”表明牛在一个家庭里如同家中之宝，是耕田种地养活一家人的重要的工具，是家里的主要财富来源。“养牛没有巧，水足草料饱”“菜不移栽不发，牛无夜草不肥”“养牛养冬膘，冬牛不瘦，春耕不愁”等俗语描述了人们饲养牛的经验，是人们养牛爱牛呵护牛的体现。

牛在越南人心目中也占据重要地位，他们认为“Con trâu là đầu cơ nghiệp（牛是基业之首）”。牛在越南是财富的象征，“Chín đụn mười trâu（九斗十牛）”形容富贵之家。“Trâu dắt ra, bò dắt vào（水牛拉出，黄牛牵入）”，像这样养有很多牛的家庭在越南农村可是非常富裕的家庭。“Lộn con toán, bán con trâu（算错数，卖头牛）”意思是算错一个很小的数字也有可能产生很严重的后果。“Tiền rợ quá tiền trâu（算错钱相当于卖头牛）”意思是费用开支不合理，额外多出来了很多钱。

牛也是力量的代名词，这一点在汉越动物俗语中都有表现。“牛有千斤之力，人有倒牛之方”和“九牛二虎之力”都是形容牛的力气之大。越南形容牛强壮力大的俗语有“Sức ba bò chín trâu（三黄牛九水牛之力）”和“Khỏe như trâu（壮如牛）”。“初生牛犊不怕虎”，指刚出生的小牛犊因为不知道老虎的厉害而不害怕老虎，比喻年轻人敢作敢为，无所畏惧。

当牛在犁田工作发脾气罢工时，农民就难以拉动它，因此中越俗语中也有关于牛倔强执拗的形象。当一个人固执地坚持某种意见或观点，不知道变通时，就可以说这个人爱“钻牛角尖”。当一个人不听劝告、固执己见时，就说他“九头牛都拉不回来”。越南的“đầu bò đầu bướu（牛头犟头）”和中国所说的“牛脾气”类似，都是形容一个人顽固不化，脾气倔强偏执。牛还有愚蠢、笨拙的意思。“对牛弹琴，牛不入耳”比喻对不能理解的人白费口舌和力气，越南语形容人愚笨则说“Ngu như bò（蠢如牛）”。

越南语中还有描述牛生活习性的俗语，如爱在泥潭里打滚的生活习性，“Bẩn như trâu đầm（像牛在泥潭打滚一样脏）”；如慢慢吞吞、行动慢的特点，“Trâu chậm uống nước đục（慢牛喝浑水）”。还有表示嫉贤妒能的俗语“Trâu buộc ghét trâu ăn（被绑着的牛嫉妒正在吃草的牛）”。而汉语中含牛字的俗语则没有这种意思。

2.3 兔 / 猫

兔在十二生肖中位列第四，称之为“卯兔”。越南语称作“thỏ, thố”。在中国文化中，兔给人的印象是温柔可爱的小动物，它是乖巧伶俐、活泼好动、机敏灵活、玲珑可爱的象征。中国俗语“兔子不吃窝边草”，比喻人不在自己的地盘干坏事，有与邻为善之意。因为兔子的窝边草是用来藏身的，如果兔子把它都吃光了，就容易暴露行踪，很有可能被猎人抓捕到，所以机智敏捷的小兔子是不吃自己的窝边草的。“媒人的嘴，兔子的腿”，指像媒人的嘴一样能说会道，像兔子的腿一样灵敏迅速。“兔子逃跑不回头”也是形容兔子跑得快，行动迅速。“静若处子，动若脱兔”常用兔子的活泼好动来形容人的性格外向开朗。越南人和中国人一样把兔子当作一种人畜无害的可爱小动物看待，但越南气候潮湿闷热，生性耐寒喜干燥的兔子在越南并不常见，因此越南语有关兔子的俗语极少。

越南的十二生肖里没有兔，而有“猫”，叫做“mèo, miêu”。猫在中越传统文化里都是负面的形象，是奸诈、晦气、虚伪的象征。在中国民间，很多人说流浪猫上门是不吉利的事，而狗则会带来好运，就形成了“猫来穷，狗来富”的民间俗语并流传开来。越南民间也有此说法，“Mèo đến nhà thì khó, chó đến nhà thì giàu（猫进家则穷，狗来家则富）”。“猫儿闻不得腥”和“哪个猫儿不偷嘴”都表露了猫喜欢偷吃的坏习惯，猫爱偷吃的形象在越南语俗语中也有体现，“Mèo nào chẳng ăn vụng mỡ（哪只猫儿不偷油）”。“猫哭老鼠假慈悲”，猫是老鼠的天敌，这句俗语比喻假装怜悯、同情。“Mèo khen mèo dài đuôi（猫夸猫尾巴长）”嘲讽那些自吹自擂的人，自身没有什么才能却自夸。“Mèo mù vớ cá rán（瞎猫碰上炸鱼）”相当于汉语的“瞎猫碰上死耗子”，比喻穷困潦倒的人却有意外收获或好运。“Chữ viết như mèo quào（字如猫抓）”

形容字写得潦草难看。“Rửa mặt như mèo（猫儿洗脸）”形容做事情马虎草率，半途而废的人。与越南稍微不同的是，猫因为乖巧温顺的模样在中国被当作宠物饲养，得到很多人的喜爱。

2.4 马

马在十二生肖中排到了第七的位置，叫“午马”。越南语是“ngọ, ngựa, mã”。一提到马，中国人一定会首先想到迅速敏捷、飞奔千里的快马形象。“有好马不怕路远，有好友不怕事难”“好马不停蹄，好牛不停犁”“马要快当，人要稳当”“快马不用鞭催，响鼓不用重捶”等俗语都是形容马驰骋千里、风驰电掣的样子。越语用“Nhanh như ngựa chạy trạm（快如跑栈之马）”指速度非常快。“Bóng ngựa qua cửa sổ（白马过隙）”，即汉语的白驹过隙，形容时间过得很快。

马在中越两国的特定语境中还表示人的意义。“好马不吃回头草”比喻有作为的人不走回头路。“又要马儿跑，又要马儿不吃草”这句话常指让人发挥自己的作用，却不给其创造好的环境或条件。“Một con ngựa đau, cả tàu bỏ cỏ（一匹马痛苦，群马不食草）”，当集体中的一个人遭遇灾难时，整个团队都一起分担痛苦。“Ngựa chạy có bầy, chim bay có bạn（马成群跑，鸟结伴飞）”，讲的是团结互助的精神。“Ngựa nào gác được hai yên（哪匹马能装两个马鞍）”指一个人不能同时承担两件大事。

当他人遭受挫折时，中国人常说“塞翁失马，焉知非福”，越南语相对应的是“Tái ông thất mã, hoạ phúc nan tri（塞翁失马，祸福难知）”，比喻好事和坏事在一定条件下可以相互转化，体现了祸福相依的思想。“Ngựa xe như nước, áo quần như nêm（车马如水，衣如楔）”指路过的人很多。中文的类似说法是“车水马龙”，即车像流水，马像游龙，形容来往车马很多、连续不断的热闹情景。诚信是中华民族的传统美德，君子讲究“一言既出，驷马难追”。越南语也有相对应的俗语强调说话算话和信守承诺。“Một lời nói ra bốn ngựa khó tìm（一句话说出来，四匹马都难找到）”形容话说出之后，无法再收回。“路遥知马力，日久见人心”和“Đường dài mới hay sức ngựa, loạn nước biết tôi trung（路遥知马力，国乱知忠臣）”基本对应。“路遥知马力”指路途遥远才能知道马的脚力好赖。

汉语带马字的俗语基本都是含褒义的，贬义的非常少，而越南语带有马字的贬义俗语就比较多了。比如，“Được đầu voi đòi đầu ngựa（得了象头还要马头）”比喻贪欲无限的人。“Ngựa lồng cóc cũng lồng（马奔腾，蛤蟆也跟着奔跃）”形容荒谬滑稽地竞相模仿。“Ngưu tầm ngưu, mã tầm mã（牛寻牛，马找马）”即物以类聚，同类的东西聚在一起，常用来比喻坏人彼此臭味相投，勾结在一起。

2.5 猴

猴在十二生肖中处于第九的位置，叫“申猴”。越南语叫“khỉ, hầu, than”。一提到猴子，中国人大多会首先想起《西游记》中神通广大、活泼好动、天不怕地不怕的齐天大圣孙悟空了。因此，在中国人的印象中，猴子是十二生肖中最古灵精怪、调皮捣蛋、活泼好动的代表动物。中国人常用“猴精猴精的”来形容人精明。“峨眉山上活猴，看精的你”本指峨眉山上的猴子十分机灵，后形容人心灵手巧、非常能干。

但因为猴子天性顽劣、不服管教、难以驯化，所以关于猴子的汉语俗语大多数都是贬义的。比如形容人的相貌丑陋，瘦得丑陋叫“尖嘴猴腮”，脸蛋因腮红涂抹过重等原因显得怪异叫“猴子屁股自来红”。又比如描述猴子滑稽搞笑的模样：“猴子戴礼帽，假充文明人”“猴子捞月一场空”“猴子学走路，假惺惺（猩猩）”。“山中无老虎，猴子称大王”讽刺了猴子在无强者压制的情况下肆无忌惮、作威作福，比喻没实权的人趁着手握实权的人不在的机会而去充当主要角色。

越南关于猴的俗语几乎没有褒义。“Cóc đi guốc, khỉ đeo hoa（蛤蟆穿木屐，猴子头戴花）”即东施效颦，用蛤蟆和猴子模仿人类的滑稽行为比喻模仿别人不但模仿不好，反而出丑。“Khỉ lại hoàn khỉ, mèo lại hoàn mèo（猴就是猴，猫就是猫）”，寓意恶性难藏。“Nhăn nhó như khỉ ăn gừng（像猴子吃姜一样板着脸）”，形容人因懊悔痛苦而脸色难看。“Chó chê khỉ lắm long, khỉ chê khỉ đỏ đít（狗笑猴子毛多，猴子笑猴子屁股红）”比喻那些自身有同样缺点的人反而讥笑别人。“Rầu rĩ như khỉ chết con（像猴子死了孩子一样丧气）”形容因失去珍贵的物或人而沮丧哀愁。

2.6 猪

猪在十二生肖中排在最后一个位置，称为“亥猪”。越南语是“lợn, heo, trư, hợi”。猪在汉越语中都是蠢钝、懒惰、贪吃、肥胖、肮脏的象征。“人怕出名猪怕壮”用猪肥头大耳的特征比喻人怕出了名招致麻烦，就像猪长肥了就要被宰杀一样，相对应的越南语俗语是“Người sợ nổi tiếng heo sợ mập（人怕出名猪怕肥）”。汉语中和猪相关的词语基本上都是骂语，比如“猪头、猪脑子、死猪、肥猪”等。“死猪不怕开水烫”通常用于讽刺或鄙视他人脸皮厚、横行霸道、无所顾忌的无赖作风。“属猪的，光动嘴巴不动脑”是叱骂他人贪吃愚笨。越南语形容一个人很笨则说“Khỏe như trâu, ngu như lợn（壮如牛，笨如猪）”，还有形容眼睛发白用“Mắt như mắt lợn luộc（眼睛像猪眼一样）”。

猪在中越两国古代社会都是财富的象征，“有猪不怕没粮，有粮不怕饥荒”“猪是家中宝，致富离不了”“无猪不成家，无猪不成冢”“农家不养猪，好比秀才不读书”“千条路，万条路，养猪是条富裕路”等汉语俗语无一不在说明在古时猪对一个家庭的重要性，是农户发家致富的主要途径。显而易见，猪对于古代农户们而言是如此贵重的家庭财产，他们自然不舍得吃猪肉。古时农户们养猪经验十足，自然见过猪吃喝拉撒、跑爬躺拱的画面了，因而俗语“没吃过猪肉，也见过猪跑”就流传开来，后来用以比喻人们虽然没有亲身经历过某事，但是也听说和见识过，对其也略有了解。越南是传统的农耕社会，猪作为六畜之一，自然也是农耕家庭的重要财产。“Giàu lợn nái, lãi gà con（养母猪能富，养小鸡有利）”“Chăn nuôi vừa khéo vừa khôn, quanh năm gà lợn xuất chuồng quanh năm（饲养家畜既擅长又聪明，一整年都有鸡和猪出栏）”等越南语俗语都能体现出猪是致富之宝。

猪在中国传统文化里还是吉祥和财运的象征，如“肥猪拱门，财源滚进”和“肥猪撞门，送上门的财气”。越南语关于猪的俗语还有其他的比喻意义，例如“Chữa lợn lành thành lợn què（把好猪治成瘸猪）”，即弄巧成拙，把好事做成了坏事。“Xắn quần móng lợn（把裤脚如猪脚那样卷起来）”形容每天操劳辛苦。

3. 文化寓意不相同的汉越十二生肖动物俗语对比

3.1 羊

羊在十二生肖中位列第八，叫“未羊”。越南语是“dê, dương, cừu, mùi”。羊在中国是祥和温良、无私奉献的象征。羊的全身都是宝，为人类奉献了羊奶、羊毛、羊肉和羊皮，连羊粪也是很好的肥料。“羊毛出在羊身上”和“羊毛搓成绳，力量大千斤”说明了羊为人类贡献的羊毛用途很大。农村俗语“牛粪凉，马粪热，羊粪啥地都不劣”充分说明了羊粪是土地极好的肥料。羊也是六畜之一，被古人视为“德畜”，是善群（羊喜欢聚群）、好仁（指羊善良，有角但不好斗）、死义（指羊被宰杀时安静，视死如归）、知礼（指羊知恩，羊羔跪乳象征孝道）的动物。因此中国人视羊为珍宝，认为“不劳而获的珍宝，不如劳动得来的羊羔”。在古籍中，“羊”与“吉祥”常常一起出现，羊被视为祥瑞之物，如“三羊开泰”。羊也是中国农耕社会的重要财富，“农家养了羊，多出三月粮”“养上一群羊，不怕有灾荒”等俗语都能体现羊的身价不菲。羊也是弱小的代表。“羊入虎口，必死无疑”和“别把敌人当羊，要把敌人当狼”都把柔弱的羊当作弱势的代表。

羊不是越南的本土动物，而是外来引进的物种，因此带有“羊”字的词语很少，大多数是来源于汉语，而且多带有贬义。“Treo đầu dê bán thịt chó（挂羊头卖狗肉）”指表里不一，狡诈欺骗。“Bẩn như thợ nề, chỗ ăn chỗ ngủ như dê nó nằm（脏如水泥匠，吃和睡的地方和羊圈一样）”形容脏乱邋遢。

3.2 鸡

鸡在十二生肖中排第十，称之为“酉鸡”。越南语是“gà, kê, dậu”。乡村农家最常饲养的家禽就是鸡，因而鸡是乡村生活中最常见不过的家禽。中国人根据鸡的生活习性创造了很多耳熟能详的俗语。有描述鸡群吵闹嘈杂、乱作一团场面的俗语，比如："一人得道，鸡犬升天""鸡飞蛋打一场空""鸡一嘴，鸭一嘴""鸭归鸭，鸡归鸡""家鸡打的团团转，野鸡打的贴天飞"等等。这些俗语生动形象地描绘了鸡飞狗跳，鸡犬不宁的嘈杂场面。还有描述鸡夺食好斗的场面，"战败的将军，落败的鸡"。鸡的主要职责是打鸣和下蛋，因此也有与鸡打鸣下蛋相关的民间俗语，比如"鸡叫也天明，鸡不叫也天明""鸡蛋里挑骨头，无中生有"等。

鸡在很多时候都与凤凰作对比。表示两者地位或级别相差悬殊的意思，有"山鸡怎与凤凰栖""落毛凤凰不如鸡""落坡凤凰不如鸡""山鸡娶凤凰，不般配""鸡窝里飞出了金凤凰"等。有"宁为鸡头，不为凤尾""宁为鸡口，无为牛后"。表示宁居小者之首，不为大者之后的意思。

汉语有关鸡的俗语大多都是根据鸡的生活习性而发展而来的，但越南语关于鸡的俗语却大相径庭。"Gà què ăn quẩn cối xay（瘸鸡只吃磐边谷）"比喻那些只会在朋友或亲人身上榨取钱财、牟取暴利的人，也比喻那些能力有限，只会在狭小范围内做小生意赚取微薄利润的人。"Gà mái gáy dở"指母鸡叫是不祥之兆，是越南人的一种迷信的表现（裴氏恒娥，2013：224）。"Tội vịt chưa qua, tội gà đã đến（鸭祸还没过，鸡祸又来到）"感叹一波未平一波又起，灾祸接连发生。"Gà chết vì tiếng gáy（鸡鸣而死）"指鸡因为打鸣而被宰杀。"Ăn cơm gà gáy, cất binh nửa ngày（鸡鸣吃饭，半日起兵）"讥讽做事拖拖拉拉、迟钝、慢吞吞的人。"Con gà tức nhau tiếng gáy（公鸡相互嫉妒打鸣）"表示相互竞争和嫉妒。"Tóc đuôi gà, mày lá liễu（头发像鸡尾，眉毛如柳叶）"形容女子姿色很美。"Gà cỏ trở mỏ về rừng（野鸡归林）"比喻忘恩负义之人。"Bé ăn trộm gà, già ăn trộm trâu（小时偷鸡，大时偷牛）"相对应的汉语俗语是"小时偷针，大时偷金"，指对孩子要从小抓紧管教，否则小时沾染上小毛病，长大就会违法犯罪。鸡在越南的传统文化中还是不吉利的象征，如"Kê báo tai, thước báo hỉ（鸡报灾，鹊报喜）"就可体现这一点，汉语俗语是"乌鸦报灾，喜鹊报喜"，没有"鸡报灾"这种说法。"gà mượn áo công（鸡借孔雀之衣）"比喻地位身份低下，品格低劣的人假装自己是身份高贵、人品高尚之人。"gà chê thóc chẳng bới, người mới chê tiền（除非鸡嫌米人才不爱钱）"指人活于世无不为利。

4. 结语

汉越十二生肖动物俗语所蕴含的文化寓意按相似度的高低可以分为三类，即基本相同："虎""龙""蛇""狗"；部分相同："鼠""牛""兔/猫""马""猴""猪"；不相同："羊""鸡"。汉越十二生肖动物俗语中所包含的动物形象的文化内涵大多存在相似之处，只有羊和鸡两种动物在中越文化中的寓意是大相径庭的。

参考文献

[1] 过常宝 . 生肖文化 / 新版雅俗文化书系 [M]. 北京：中国经济出版社，2011：89–98.
[2] 李艳，黄瑛 . 中西蛇文化的神话解读 [J]. 科教文汇（上旬刊），2013（01）：98–99.
[3] 潘华芳 . 中越关系视角下两国龙图腾之比较研究 [D]. 南宁：广西民族大学，2012.
[4] 裴氏恒娥 . 汉越十二生肖动物词语文化内涵的对比分析 [J]. 科技资讯，2013（27）：223–225.

越南六八体诗与中国唐朝七律诗对比研究

黄奕涵[1]

摘　要： 格律是诗歌的规则与框架，越南六八体诗作为中国古诗的学习者，在格律上有着借鉴和模仿之处，也势必会有自身独到的创新。唐代七律诗作为中国古诗最为讲究格律章法的诗体，能充分代表古代中国环境下的诗歌格律，越南六八体诗也是越南诗歌的集大成者，两相比较势必能看出在不同的环境下诗歌格律的发展方向，为现代诗词的发展提供借鉴与启示。

关键词： 六八体诗；唐律；格律结构

1. 引言

格律是一首诗歌的脊梁。“格”为诗歌的格式、规则、章法，是诗歌在书写方面的要求。而“律”是指诗歌的声调、韵律，是诗歌在口头朗诵上的相关要求。“格”与“律”相连用，便囊括了诗歌在口头表达与书面写作两大方面的创作要求，在句字、结构、对仗、平仄、押韵等方面都有一定限制，是诗歌在创作时所应遵守的准则。

格律规定了诗歌的框架，而诗人所需要做的是把自己的创作内容填入这个美丽的、经受了时间考验的框架中，格律的框架代代相传，而内容的创作推陈出新。格律使诗歌的创作有章可循，是对诗歌创作的有益束缚。格律在平仄音、押韵、句式结构、吟咏节奏、对仗结构等各方面规范诗歌的格式，以格式的束缚倒逼诗人的想象力，略施压力，促使诗人创作出更优雅、更完美的诗歌。

将唐七律诗作为六八体的比较对象的原因主要有三：一是唐七律诗与越南六八体诗都由汉诗演化而来（张玉梅，2008：1），可以研究比较汉诗在越南的社会环境、语言环境下演变的规律；二是唐七律诗是公认的艺术性最高的唐诗诗体，且最为讲究格律章法，极富研究价值；三是与五言诗相比，七言律诗在篇幅长度以及字数上更为接近六八体诗，更容易进行比较，进而总结出共同规律。

2. 平仄声对比

越南六八体诗的平仄类型仅有一种，即“平平仄仄平平（平平）”。具体为：在六言句中，第二字为平，第四字为仄；在八言句中，第二字为平，第四字为仄，第六、

[1] 2016 级越南语专业学生；邮箱：hyh491716473@qq.com；指导教师：祁广谋，教授。

第八字为平。第六、第八字虽然都是平声，但声调不能相同（Trần，1940：163）。一首平仄标准的六八体诗其平仄形式为：

○	平	○	仄	○	平		
○	平	○	仄	○	平 1	○	平 2
○	平	○	仄	○	平		
○	平	○	仄	○	平 1	○	平 2
○	平	○	仄	○	平		
○	平	○	仄	○	平 1	○	平 2
○	平	○	仄	○	平		
○	平	○	仄	○	平 1	○	平 2

（平 1 与平 2 为互不相同的平声声调）

而唐七律诗拥有四种平仄类型，分别为：①平平仄仄平平仄 ②平平仄仄仄平平③仄仄平平仄仄平 ④仄仄平平平仄仄。唐七律诗有如下平仄规则（王力，1997：148）：

1）在一句诗中，平仄在不同的节段交替出现（每两字为一节段）。

2）在同一联中，上句与下句的平仄是相反的、互相对立的。

3）偶数句的平仄与下一句是相同的。

4）偶数句的最后一个字必须为平声。

5）为了使第二、四条规则同时成立，在一句诗中第五字与第七字的平仄音可以互换。

6）当诗人认为平仄规则太过于约束诗歌时，只需将第二、四、六个字贴合平仄即可，即“一、三、五不论，二、四、六分明。”

综上所述，一首仄起的唐七律诗平仄形式为：

○	仄	○	平	○	仄	○
○	平	○	仄	○	平	平
○	平	○	仄	○	平	○
○	仄	○	平	○	仄	平
○	仄	○	平	○	仄	○
○	平	○	仄	○	平	平
○	平	○	仄	○	平	○
○	仄	○	平	○	仄	平

（○为不追求平仄）

从平仄音来看，六八体诗有且仅有一种平仄类型，而唐七律诗有四种平仄类型。唐七律诗平仄变化多样，一方面对诗人的创作提出了更高的要求，另一方面诗人也可以根据自己想要表达的思想情感，选择适合的平仄类型，使诗歌更个性化和具体化。六八体诗结合民族语言特点大胆创新，仅保留一种平仄类型，降低了诗歌创作难度，寻找出更适合越南语表达的平仄方式，是对诗歌格律发展的一次成功探索。

从平仄音的规则来看，六八体诗与唐七律诗在三处规则上展现出惊人的相似：

1）都按照“平仄平”的规则交错分布平仄音，产生抑扬顿挫的朗诵效果。

2）偶数句最后一字都为平音。

3）每句诗只需第二、四、六字遵照平仄音即可，放松了对平仄规则的限制，使诗人在作诗时只需稍加注意便不会违背平仄规则。

同时在唐七律诗的基础上，六八体诗也做出了三点创新：

1）不论六言句或是八言句，每一句的平仄音都是平起平落。

2）六八体诗将平声按音调分成了两部分，并规定在八言句的第六与第八字为不同的平声声调。

3）六八体诗不避讳相同的平仄声粘连在一起，“三连平”“四连平”比比皆是。

此外，根据平仄音和每句均为双数的特性，六八体诗的每一句都为平起入调，而在句末立即平落。当句起音且当句落音，即使是朗读单句也能起到抑扬顿挫的效果。而唐七律诗则不然，七律诗的上半句有平起入调，也有仄起入调，但直到下半句的最后一字方才落音，平仄音的起落跨越了上下两句。这就使得七律诗的朗读必须以上半句与下半句相结合方能起到同等抑扬顿挫的效果。

六八体诗作为唐七律诗的后来者，对唐七律诗的部分平仄规则都有所借鉴和吸取，也根据自身的语言特点发展出了具有越南民族特色的平仄规则，更符合越南语审美需求。

3. 押韵对比

六八体诗中同时包含着两种押韵方式：押腰韵与押尾韵：六言句押尾韵，八言句既押腰韵也押尾韵。其押韵方法如下：

第一句：	○○	○○	○A	
第二句：	○○	○○	○A	○B
第三句：	○○	○○	○B	
第四句：	○○	○○	○B	○C
第五句：	○○	○○	○C	
第六句：	○○	○○	○C	○D

六字句的尾韵为八字句的腰韵，八字句的尾韵为六字句的尾韵，八字句腰韵与尾韵不同韵。这种押韵方式每两句换一个韵，即保证了韵律绵延，同时还完美克服了越南语缺少同韵字的问题，使得再长的诗句也能将韵律延续。

唐七律诗要求偶数句最后一字需押韵。通常押平声韵，押韵要求严格，必须一韵到底，不许邻韵通押（王力，1997：150）。其押韵方法如下（首句入韵）：

第一句：	○○	○○	○○	A
第二句：	○○	○○	○○	A
第三句：	○○	○○	○○	○
第四句：	○○	○○	○○	A
第五句：	○○	○○	○○	○
第六句：	○○	○○	○○	A
第七句：	○○	○○	○○	○
第八句：	○○	○○	○○	A

唐七律诗每两句为一个完整的朗诵单位的特点，联尾押韵，因此朗诵起来也是抑扬顿挫，响亮而顺口。其在押韵方面规则极为严格，虽然押韵韵词较少，且只押偶数句句尾，不必句句押韵，但韵脚贯穿全诗，不得换韵。古代汉语中一个韵部不过百多字，抛去生僻字，使得韵字的选择局限在三四十个字之中，诗人需要从三四十个字中选出四五个韵字，还需要保证这些韵字都能够完整表达出自身的想法，因此在作诗过程中经常会出现韵字过少导致后几句无韵可用的尴尬情况，难以写成长篇。

当无韵可用时，只能重新选择韵字，但韵字是句意表达的一部分，换韵意味着诗歌的内容也要进行修改，而诗歌内容的修改又会牵扯到平仄音、句式结构等因素，因此改韵往往意味着重头再来。押韵规则的严谨使诗歌创作难度大幅提升，诗人需要仔细考虑韵字的选用，需要上下对照、反复检查，确定最终才能敲定韵字，但严谨的韵字极大提升了朗诵效果，使得唐七律诗的朗诵更为流畅、顺滑。

六八体诗的押韵规则要宽松许多，没有严苛的韵字要求，只需尾音相似即可。但对于数量的要求反之提升了。在六八体诗中，不仅要押尾韵，还需押腰韵，韵字数量极多。唐七律诗的《锦瑟》韵字占比仅 9%，而六八体诗《送别》韵字占比高达 30%，需要押韵的字数更多，对诗人的创作提出了新的挑战。

六八体诗句句押韵且句句承上启下、相互连结，每个韵音贯穿三句诗，每两句诗换一韵，临时换韵对诗歌整体影响甚小，再加上六八体诗结构松散的特性，可以大量使用语气词作为韵字，因此不必担心无韵可用，更容易写成长篇巨著，而多个韵音相连也使得全诗韵声此起彼伏，更易于背诵和传唱。

从整体来看，六八体诗放松了在平仄和押韵方面的规则要求，但在韵字的字数方面则要求更高。六八体诗没有拘谨于律诗中平仄排布的多变和押韵的严谨，换来的是更流畅的朗诵效果，这也更易于诗歌的背诵与传唱，有助于六八体诗的传播。

4. 对仗结构对比

对仗按类型分为词语对仗与句式对仗：使用词语对仗时，对仗的词语的词性要相同，属于同一词义范围更佳，如名词中的天文、地理、建筑等，动词中的祭祀、战争、农事等，形容词中的快慢、冷热、大小等。使用句式对仗时，对仗句法结构要一致，如主谓结构对主谓结构，动宾结构对动宾结构，述补结构对述补结构等（彭克宏、马国泉，1989：903，1306）。对仗有宽有严，根据词语对仗和句式对仗的严谨程度派生出多种对仗手法。

在六八体诗中，不要求诗人必须使用对仗手法，故有“六八体诗有韵而无对仗”的说法，但诗人总是能依靠自身的才华突破体裁的限制，在作品中使用对仗手法。因此不讲究对仗的六八体诗中依然拥有对仗结构。如诗人阮攸在其著作《金云翘传》就运用了大量的对仗手法：

（1）Hoa ghen thua thắm liễu hờn kém xanh.

红花绿柳因比不上翠翘的容颜而争风吃醋。此句中仅有词语对仗，属于对仗中的自对手法，即同句对仗，前半句的“Hoa”对后半句的“Liễu”，“Ghen”对应“Hờn”，“Thua thắm”对“Kém xanh”。名词对名词、动词对动词，对仗相当工整。同样属于自对手法的还有：

（2）Trúc xe ngọn thỏ tơ chùng phím loan.

此句描写金重与翠翘幽会结束后书房之凄清，“Trúc xe”对“Tơ chùng”，“Ngọn thỏ”对“Phím loan”。以笔杆笔尖对琴弦与拨片，指代擅长书法的金重与擅长弹琴的翠翘，又以笔杆笔尖的状态对琴弦拨片的状态，侧面体现出人物的心理状态——凄清不只属于留在书房中的金重，还属于离去的翠翘，更是暗指各有所长的两人心意相通、郎才女貌、门当户对。如此佳句，可谓绝妙。

不仅有词语对仗，六八体诗中也是有句式对仗存在的，如《金云翘传》中第173句至第176句：

（3）Gương nga chênh chếch dòm song,

（4）Vàng gieo ngấn nước cây lồng bóng sân.

（5）Hải đường lả ngọn đông lân,

（6）Giọt sương gieo nặng cành xuân la đà.

此四句描写翠翘寂寞闺中的景象，整段诗形成了类似上下阕的结构：月亮悄悄移步窗台，水面金波闪烁，庭院树影婆娑，体现出翠翘表面故作镇定却内心骚动；东墙下海棠摇曳身姿，春夜里霜气凝重，花枝斜指长空，体现出翠翘想要摆脱一成不变生活，去勇敢追寻更美好生活的真实想法。本段中例（3）与例（5）同为主谓结构，属于句式对仗；例（4）与例（6）同为述补结构，同样构成句式对仗。

而《金云翘传》中的第477至480句更是同时运用了两种对仗结构：

（7）**Kê Khang** này khúc **Quảng-Lăng**,

（8）Một rằng **lưu thuỷ** hai rằng **hành vân**.

（9）**Quá quan** này khúc **Chiêu Quân**,

（10）Nửa phần **luyến chúa** nửa phần **tư gia**.

在词语对仗方面，本段诗中的例（7）“Kê Khang”对“Quảng-Lăng”，名词大类相对。例（8）“lưu thuỷ”对“hành vân”，名词同类相对，构成成语“行云流水”。例（9）“Quá quan”对“Chiêu Quân”，名词大类相对。例（10）“luyến chúa”对“tư gia”，动词同类相对。

在句式对仗结构方面，例（7）与例（9）句式相同，同属偏正结构，形成句式对仗，例（8）与例（10）的句式相同，同属并列结构，也形成句式对仗。

在唐七律诗中，诗人必须在七律诗中的颔联（第三、四句）和颈联（第五、六句）处安排对仗结构，且必须同时使用词语对仗和句式对仗，如白居易的《钱塘湖春行》:

（11）孤山寺北贾亭西，水面初平云脚低。

几处早莺争暖树，谁家新燕啄春泥。

乱花渐欲迷人眼，浅草才能没马蹄。

最爱湖东行不足，绿杨阴里白沙堤。

“几处”对“谁家”、“早莺”对“新燕”，名词同类相对；“争”对“啄”，动词同类相对；“暖树”对“春泥”，名词同类相对；“乱花”对“浅草”，名词同类相对；“渐欲”对“才能”，程度词相对；“迷”对“没”，动词同类相对；“人眼”对“马蹄”，名词同类相对。字字相对，且都为同类相对，是极工整的词语对仗。

在句式对仗方面也不遑多让，颔联上下句同属“定语 + 主语 + 谓语 + 宾语”结构，句式相对；颈联上下句同属“主语 + 状语 + 谓语 + 宾语”结构，构成句式对仗。

由于唐七律诗每句为七字，难以对齐，因此在六八体诗中频繁出现的自对结构在唐七律诗中反而出现较少，以李商隐的《当句有对》为例：

（12）密迩**平阳**接**上兰**，**秦楼**鸳瓦**汉宫**盘。

池光不定**花**光乱，**日**气初涵**露**气干。

但觉**游蜂**饶**舞蝶**，岂知**孤凤**忆**离鸾**。

三星自转**三山**远，**紫府**程遥**碧落**宽。

诗中“平阳”县对“上兰”镇、“秦楼”对“汉宫”，都是地名同类相对；“池”对“花”、“日”对“露”，名词大类相对；“游蜂”对“舞蝶”、“孤凤”对“离鸾”、“星”对“山”、“紫府”对“碧落”，名词同类相对。本诗虽句句均有自对结构，但由于每句为七字，对仗词在句中的位置飘忽不定，不能严丝合缝地前后对齐，给读者以凌乱破碎的感觉，降低了诗歌的整体印象。

但此诗除了自对结构外，也依然遵守了七律诗在颔联和颈联的对仗要求，细细读来更是能体会到其创作之艰辛，受到的束缚之大，这也是为何唐七律诗中鲜有自对结构的原因。表1是两种诗歌对仗结构的比较。

表 1　六八体诗和唐七律诗对仗结构比较

六八体诗	唐七律诗
对仗有无全凭作者喜好，并无定例。	对仗有例可循，每一首诗都必须拥有对仗结构。
对仗结构的句数、词数不固定，多寡均有。	对仗结构的句数固定，词数固定，对仗可多但不可少。
对仗结构的类型不固定，词语对仗与句式对仗均有。	必须同时运用词语对仗与句式对仗。
可逐字逐句相对仗，也可只对其中几字。	必须逐字逐句相对仗。
对仗时只需词性相近、句型结构类似即可。	对仗时词性必须为同一大类，含义必须相近或相反；句式结构要相同。

总体而言，六八体诗并无相关对仗要求，诗中的对仗结构由作者高超文笔自由创作得来；而唐七律诗有明确对仗规则，哪一句对仗、怎么对仗、用什么对仗等相关问题都有严格要求。

4. 篇幅长度对比

六八体诗长短诗均有，其中名篇佳作多为长诗。六八体诗分正体诗与长诗。正体诗以四句诗为一段，八句为一诗，其六字句与八字句交错，共计五十六字。六八体诗的长度并无太大限制，六句为一诗、十句为一诗、十二句为一诗的情况均有出现，诗歌句数为偶数句即可，其总长度可以随作者喜好任意增减。总长超过16句的六八体诗称为长诗，长诗一般用于记载人物传记、游览见闻、英雄史诗等，其长度上不封顶。如《金云翘传》长3 254句，《蓼云仙》长2 076句，均为数千句长诗。

唐七律诗以短诗居多，长诗甚少。七律诗通常长八句，每句七字，同样为五十六字一首。因唐七律诗格律严谨，创作难度大。律诗越长则创作难度越高，故而唐七律诗长度大多不超过八句。超过八句的律诗称为排律或长律，长律名篇极少，且因韵字限制，使得长律的总长度一般不超过50句，超过百句的律诗甚为罕见。如七言排律中影响力较大的杜甫排律《题郑十八著作丈故居》仅16句，黄台的《题歙州问政山聂道士所居》全文40句，与动辄数千句的六八体诗形成鲜明对比，在篇幅长度上唐七律诗与六八体诗便有较大差异。

六八体诗在平仄、对仗结构方面的放松降低了其创作长篇诗歌的难度，使得长篇巨著的出现成为可能；而唐七律诗在创作的各个方面都要求严格，平仄、押韵、对仗都有较高要求，使得长篇律诗的创作极为困难，律诗写长的难度呈指数上升，使得想要创作长篇诗歌的诗人们只能转而写乐府诗或骈文。

5. 吟咏节奏对比

诗歌的吟咏节奏分为长拍（下文以“—”标记）和短拍（下文以“-”标记）。一般认为，诗歌的吟咏节奏与其句式结构密切相关，欲研究吟咏节奏，则必先了解其句式结构。六八体诗的吟咏节奏并不完全取决于其句式结构。以《金云翘传》为例，六八体的句式结构有以下几种（句 b 为吟咏节奏）：

六言句 2+2+2 结构：

（13）a. Chợp chờn /cơn tỉnh /cơn mê

b. Chợp chờn(-)cơn tỉnh(—)cơn mê

六言句 4+2 结构：

（14）a. Buông cầm xốc áo /vội ra

b. Buông cầm(-)xốc áo(—)vội ra

六言句 2+4 结构：

（15）a. Cứ trong /mộng triệu mà suy,

b. Cứ trong(-)mộng triệu(—)mà suy,

六言句 3+3 结构：

（16）a. Mai cốt cách /tuyết tinh thần,

b. Mai cốt cách(—)tuyết tinh thần,

六言句 1+5 结构

（17）a. Rằng/Sao trong tiết Thanh Minh,

b. Rằng Sao(-)trong tiết(—)Thanh Minh,

八言句 2+2+2+2 结构：

（18）a. Sen vàng/lãng đãng /như gần /như xa.

b. Sen vàng(-)lãng đãng(—)như gần(-)như xa.

八言句 2+2+4 结构（4+4 结构）：

（19）a. Nhắp đi /thoắt thấy /ứng liền chiêm bao.

b. Nhắp đi(-)thoắt thấy(—)ứng liền(-)chiêm bao.

八言句 3+5 结构：

（20）a. Cuối tường dường /có nẻo thông mới rào.

b. Cuối tường(-)dường có(—)nẻo thông(-)mới rào.

虽然六八体诗中句式结构多种多样，但吟咏节奏并不完全取决于句式结构，而是自成体系。其吟咏节奏为两字一短拍，四字一长拍，长拍位于第四字后，第五字前。

吟咏时一般不考虑诗歌的实际内容，常常出现动词、名词被长短拍割裂开来的情况。这样富有特色的吟咏节奏显然不是沿袭自越南汉诗的。既然六八体诗是脱胎于六八体民谣而来，那么这样的吟咏节奏极有可能也是根据民谣的唱法或曲调而来的。以越南传统歌筹《西湖怀古》（Ca Trù: Tây Hồ hoài cổ）前六句为例：

（21）Dập dìu(-)trăng mạn(-)gió(—)lèo,
Lỏng ngâm(-)vân thuỷ(—)lơi chèo(-)yên ba.
Cảnh Tây(-)Hồ khen(—)ai khéo(-)đặt,
Trong(-)thị thành(—)riêng một(-)áng lâm tuyền.
Bóng(-)kỳ đài(—)giăng mặt nước(-)như in,
Tàn(-)thảo thụ(—)lum xum toà(-)cổ sát.

歌谣中，每句歌词均被歌谣的曲调分成四个部分，每部分一至三字，以二字居多，每句歌词含一个长拍和两个短拍，长拍位于第三或第四个字后。这种吟咏节奏与六八体诗中的八言句十分相似，我们有理由相信六八体诗的吟咏节奏源自民谣。

考虑到吟咏节奏会对诗中的词语进行分割，一些诗人在创作之时就考虑到其吟咏效果，使用贴合吟咏节奏的句式，以避免原有句式在吟咏被切割的尴尬情况，以潘青福《秦夜》（Đêm tần）前四句为例：

（22）Canh trăng / sương dẫn / phiền về,
Buồn thao / thức đọng / bốn bề / nghiêm lâu :
Sân mê / ngậm bóng / cây sầu,
Liễu nghiêng / tóc rủ / trước lầu / gió se.

此诗在创作之时就考虑到其吟咏节奏，诗文均使用“2+2+2”结构，完美贴合六八体诗吟咏时的长短拍节奏，是一首吟咏节奏决定句式结构的六八体诗。

而唐七律诗的吟咏节奏与诗歌的句式结构密切相关，句式结构决定了诗歌的吟咏结构。且看唐七律诗的主要几种句式结构（句 b 为吟咏节奏）：

2+2+1+2 结构：

（23）a. 春山 / 无伴 / 独 / 相求，伐木 / 丁丁 / 山 / 更幽。（杜甫《题张氏隐居》）
b. 春山（-）无伴（—）独相求，伐木（-）丁丁（—）山更幽。

2+2+2+1 结构：

（24）a. 晴川 / 历历 / 汉阳 / 树，芳草 / 萋萋 / 鹦鹉 / 洲。（崔颢《黄鹤楼》）
b. 晴川（-）历历（—）汉阳树，芳草（-）萋萋（—）鹦鹉洲。

2+2+3 结构：

（25）a. 映阶 / 碧草 / 自春色，隔叶 / 黄鹂 / 空好音。（杜甫《蜀相》）
b. 映阶（-）碧草（—）自春色，隔叶（-）黄鹂（—）空好音。

4+1+2 结构：

（26）a. 欲为圣明 / 除 / 弊事，肯将衰朽 / 惜 / 残年。（韩愈《左迁至蓝关示侄孙湘》）

b. 欲为圣明（—）除（-）弊事，肯将衰朽（—）惜（-）残年。

4+2+1 结构：

（27）a. 丛菊两开 / 他日 / 泪，孤舟一系 / 故园 / 心。（杜甫《秋兴八首·其一》）

b. 丛菊两开（—）他日泪，孤舟一系（—）故园心。

4+3 结构：

（28）a. 艰难苦恨 / 繁霜鬓，潦倒新停 / 浊酒杯。（杜甫《登高》）

b. 艰难苦恨（—）繁霜鬓，潦倒新停（—）浊酒杯。

可以看出，唐七律诗吟咏节奏根据其句式结构而划分：不论何种句式结构，长拍均在第四字与第五字之间，短拍依照其句式结构而具体划定。

两种诗歌体裁相比较，六八体诗的句式结构对其吟咏节奏影响较小，甚至吟咏节奏会反作用于句式结构，以“2+2+2”的吟咏节奏逼迫诗人写出“2+2+2”结构的诗歌；而唐七律诗的句式结构决定其吟咏节奏，吟咏节奏不能反作用于句式结构。

六八体诗与唐七律诗都基本遵循“两字一短拍，四字一长拍”的吟咏节奏，且长拍都置于每句第四字之后，第五字之前。单就吟咏节奏而言，六八体诗沿袭了唐七律诗的部分规则，更多地受到其本土民谣的影响，发展出了具有越南特色的诗歌吟咏节奏，是唐七律诗与越南民谣相互融合、相互交流的成果。

7. 双数与单数诗句对比

六八体诗或为一句六字，或为一句八字，是为双数；唐七律诗每句为七字，是为单数。单数与双数的差别会使诗人在创作上有着不同的思维见解，进而影响到两种诗歌在人物描写、情感表达、写景叙事等方面产生细微的差异，使得六八体诗与七律诗创作拥有各自不同的适用范围。

六八体诗每一句有六、八个字，由于是双数的缘故，其诗六字句的平仄律只能是“平平仄仄平平”或“仄仄平平仄仄”；八字句的平仄律只能是“平平仄仄平平平平”或“仄仄平平仄仄平平”，略显单一而呆板。双数字的诗句注定了六八体诗在平仄律上的先天不足，只会是平音和仄音的单调重复，这可能也是中国六言诗式微的原因之一。六八体诗的发明者显然也看到了这一点，索性规定只保留“平平仄仄平平”这一种平仄。平仄句句相同的六八体诗虽然少了些许变化，但读起来平仄相同而连贯，也多了几分流畅之意。

七律诗每一句有七个字，单数意味着更丰富的变化，多出来的一个字可以造就更多的组合。六八体诗只能容纳两种平仄，而七律诗拥有足足四种平仄，灵活程度不可同日而语。再加上七律诗可以换音、拗音，故其在平仄变化上更为丰富多彩。

双数与单数的不同还延伸到了结构方面。六八体诗六字句最常用的结构有“2+4”“4+2”“2+2+2”这三种，但这三种结构最终都能归纳到“2+2+2”这一大类中去；八字句同理，基本结构也可归纳为“2+2+2+2”。这意味着诗歌在创作时极易沦为双音节词语的简单堆砌，双音节词语的泛滥能降低诗歌创作的门槛，但也让诗歌结构更加固定，更难突破框架的束缚，变化更少。

在诗歌中大量使用双音节词语后，进而带来一个问题：在越南语中，双音节的名词和形容词比比皆是，很容易嵌入诗中，但动词和虚词却多为单音节，不能直接嵌入双数字的诗中，如“rằng”“mua”“đánh”“đi”等。而动词往往是诗歌的灵魂，主人公的一颦一笑、一举一动都得依托动词来实现，因此动词是万万不能缺少的。

在不减少诗歌的原意下，诗人们常常对单音节词进行复音节化处理，使单音节词变成双音节，随后再嵌入诗中。复音节化通常有三种方法，第一种方法是在词前添加一个修饰成分，如“rằng”“mua”变成“người rằng”“thích mua”等；第二种方法是在词后添加一个补充成分，如“đánh”“đi”变成“đánh nhau”“đi nhanh”等；第三种是在诗中添加语气词，因此我们常常能在诗中见到大量诸如“luôn”“đâu”“này”“chăng”的语气词。这三种方法都是采取“添词”的形式来迎合“2+2+2”结构，有“凑数”之嫌。原本一个单词就能表达的意思拓展成了两个单词，使得六八体诗的意义密度下降，往往一句诗中只能容下一个动词，同样的篇幅能表达的内容更少，不得不拉长诗歌的长度。

但复音节化处理同样有其优点：用两个单词去表达一个单词的含义，加入的修饰成分和补充成分使其描述更具体、更直接、更接近作者原本含义，避免了读者苦思冥想猜测作者原意的尴尬情形，使读者理解更为深入。语气词的大量使用一能使诗歌更贴近日常生活用语，给人以亲切的感觉，二是能使诗歌更为流畅和连贯，放大了六八体诗便于传唱的优点。

与六八体诗相比，唐七律诗的结构有“2+2+2+1”“2+2+1+2”等诸多变化，单数赋予了七律诗灵活组合的特点，不论是单音节词或是双音节词都能轻松嵌入其间，不必为了复音节化处理而头疼。单音节词的轻松嵌入使得一句诗中往往能容纳两个甚至三个动词，一句诗里可以有多个动作，多个转折，相同的篇幅能表达的内容更多、更丰富。

没有经过复音节化的词句往往包含了复杂的含义，拥有大量可以深入挖掘的内涵，会出现需要读者慢慢猜测诗词含义的情况，但同时也给读者提供了广阔的想象空间，在描绘景色、伤春悲秋等方面体现出了巨大优势，使读者不必拘谨于字里行间，可以遨游于自身的想象之中。

双数与单数在平仄律及结构上的影响，间接导致了两种诗歌体裁在内容表现方面的不同。在写景抒情方面，六八体诗由于内容含义密度较低，往往是一句诗写景，下一句诗抒情，如《金云翘传》中的：

（29）Buồn trông cửa bể chiều hôm,
Thuyền ai thấp thoáng cánh buồm xa xa?

Buồn trông ngọn nước mới sa,

Hoa trôi man mác biết là về đâu?

黄昏下沧海茫茫，疑惑那一叶孤舟正驶向何方；波涛翻翻滚滚，而后感叹飘零落花的命运浮沉不定。整段诗以排比的手法，突出表现翠翘的孤零、无依无靠和不知去往何方的无力感。先用六字句描写景色，铺垫背景，后用八字句描绘情境，抒发内心的悲苦，情感表达具体而直接。每句诗只使用一个意象，仿佛像是一句话拆成两句诗，使得诗歌表现富含逻辑性，意义连贯而流畅。

同样是写景抒情，唐七律诗含义密度较大，一句诗中可以同时写景和抒情，又以恰到好处的描绘带来朦胧的美感，表现出和六八体诗不同的一面，如杜甫《咏怀古迹》中的：

（30）一去紫台连朔漠，独留青冢向黄昏。

画图省识春风面，环佩空归月夜魂。

从紫台一去直通向塞外沙漠，荒郊上独留的青坟对着黄昏。只凭图画识别昭君的容颜，月夜里环珮叮当是昭君归魂。诗人来到王昭君的故乡，触景生情，表达了昭君对故国的思念，赞美了昭君虽死，魂魄归乡的精神。每一句诗中包含两个意象，先写情境，再写背景：如“紫台”和“青冢”是情境，“朔漠”和“黄昏”是背景，同时描写情境和背景，带有转折的意味，给人时空变换、沧海桑田的美感。

此诗没有将情感独独拎出来长吁短叹，但更高明地将情感寄托于景色之中，寄情于景。读者读到的是景色，感受到的是情境，细细品来又能体悟到作者所表达的情感，仅一句诗中就容纳了三种元素，实乃一字千金。

一句诗中能表达更多的含义使得七律诗擅长细节的描绘，但总体逻辑性不强，上一句还是“黄昏青冢”，下一句便开始追思昭君的面庞，两句诗中留出了大量的想象空间，其中的种种转折都需要读者以想象力填补。这种叙述手法就好似一本书只能看其中的几页，但这几页的故事都非常精彩，使读者忍不住联想其他页的故事。这样点到为止的叙述手法使七律诗拥有一种“犹抱琵琶半遮面”的效果，使读者在脑海中想象出最为美好的画面。

综上所述，六八体诗缘于其每句双数字的特性，在变化和灵活性方面都有所欠缺，但独特的复音节化处理使其内容密度降低，更易于读者理解，也使内容更为连贯，在流畅性上更是达到了一个高峰，更有利于写成抒情长篇，使《征妇吟曲》《宫怨吟曲》《金云翘传》等长篇六八体诗的出现成为可能。而每句单数字的唐七律诗具有内容密度高的特点，擅长细腻绵婉的情感表达，同时篇章短小，虽只有八句，但内容广博。两相对比，唐七律诗在写景抒情方面更为浪漫狂放，更为婉转多变，想象空间更为广阔；六八体诗胜在表达更具体而直接，内容更为流畅，篇幅更长，更易于读者理解。

7. 结语

六八体诗是越南传统诗歌表现形式与汉诗相结合的一种创新。这种诗歌体裁在创造的过程中大量吸收和借鉴了七言汉诗的音韵格律。从两种诗歌体裁的格律方面比较，六八体诗沿袭了汉诗的部分规则，使得六八体诗和唐七律诗在平仄规则上有所相同：

1）六八体诗与唐七律诗都按照“平仄平”的规则交错分布平仄音。

2）六八体诗与唐七律诗在偶数句的句末都以平音结尾。

3）六八体诗与唐七律诗都有“一、三、五不论，二、四、六分明”的平仄规则。

4）六八体诗与唐七律诗都押尾韵。

5）六八体诗与唐七律诗都遵循“两字一短拍，四字一长拍”的吟咏节奏，且长拍都置于每句的第四字之后、第五字之前。

六字、八字一句的六八体诗注定与七字一句的唐七律诗有所不同：六八体诗每一句都是双数，“2+2+2”结构的限制使得六八体诗在变化多样性和灵活性上都不如唐七律诗，情感表达方面也不如唐七律诗细腻婉转。但通过复音节化处理，让六八体具备内容密度低、描绘事物精准的特点，使其在诗歌的流畅性上更胜一筹，在内容的逻辑性和连贯性上也极为突出，画面表达更具体更直接，内容更易于理解，更有助于诗歌的创作和传播。

平仄与对仗本是汉家诗歌特有的格律规则，极其考验创作者的文学素养及韵学造诣。越南六八体诗沿袭了部分汉诗规则但却不拘泥于规则：在六八体诗的格律规则中，六八体诗极大放松了在平仄方面的要求，更是对对仗规则毫无约束，极大降低了创作者的写作门槛，文学素养的多寡不再束缚六八体诗的创作；在押韵方面，六八体诗提出了更高的要求，稍稍提升了创作难度，但却没有提高其写作门槛——即使是蒙学儿童也能分清什么词押韵、什么词不押韵。更押韵的诗歌使得六八体诗更易于背诵和传唱，造就了六八体诗的兴盛。

在六八体诗的演变过程中，民谣对六八体诗的格律影响极大：六八体民谣直接决定了六八体诗是六言八言相交错的诗歌。民谣的曲调、停顿方式决定了六八体诗的吟咏规则，吟咏规则又间接地影响了六八体诗的句式结构，使得六八体诗与它的前身——越南七言汉诗和唐七律诗都有较大的区别。

此外，与唐七律诗的原有格律规则相比，越南六八体诗的格律规则在平仄、押韵、对仗，具有诸多创新之处：

1）每一句六八体诗的平仄都是平起平落，平仄固定；而唐七律诗可平起，也可仄起，平仄不固定。

2）六八体诗按越南语的音调特点，将平声按音调细分为两部分，并纳入到诗歌平仄规则中去。

3）六八体诗中甚至可以出现连续四个平声字，并无限制；而唐七律诗限制相同平仄的字连续出现。

4）六八体诗中同时押腰韵与尾韵，押韵词众多，六八体诗的韵词占比约为唐诗的三倍。

5）六八体诗的对仗结构不作具体要求，而唐七律诗有严格的对仗结构要求。

6）不论六八体诗的句式结构如何，其吟咏节奏都大体按照“两字一短拍，四字一长拍”进行朗诵，而唐七律诗的句式结构决定其吟咏节奏。

六八体诗对唐七律诗的格律规则有所传承和借鉴，沿袭了唐七律诗的格律主体，但根据越南民族的语言特点发展创造出了具有民族特色的格律规则，使六八体诗的格律规则更符合越南语的语言特点，更贴合越南民众的审美，更能满足创作者和传播者的使用需求，由此加速了六八体诗的发展与传播。

六八体诗，是唐七律诗与越南民谣相互融合的成果，是越南诗人在文化领域的璀璨结晶。越南六八体诗在格律方面的种种创新，使六八体突破了自己，达到了连唐七律诗都未曾达到的领域——长篇叙事诗领域。可以说，是格律规则上的创新使六八体诗能够在长篇叙事方面一展所长，进而诞生出如《金云翘传》这样伟大的文学作品。

六八体诗的创新也能给中国诗坛的发展带来一些启示：1）是否可以通过放松对创作规则的限制，使诗歌能够更灵活、更轻松地创作出来，降低创作门槛，激发人们的创作欲望？2）是否可以减少押韵方面限制，使得诗歌能够更朗朗上口，从而诞生更多如《陋室铭》这样易学易背的名篇，更利于诗歌的传播？

总的来说，六八体诗是越南人民的智慧结晶。虽然六八体诗沿袭了唐七律诗的格律规则，但也经过本土化改造，发展出其独有的格律规则，使中国的文学体裁为广大越南人民所接受，也糅合了众多越南民谣元素，是唐七律诗一种大众化、歌谣化的演化方向。

参考文献

[1] Trần Trọng Kim. Việt Nam Văn Phạm. in lần thứ bảy [M]. Nxb Tân Việt Saigon, 1940.

[2] 彭克宏，马国泉 . 社会科学大词典 [M]. 北京：中国国际广播出版社，1989.

[3] 王力 . 古代汉语 [M]. 北京：中华书局，1997.

[4] 张玉梅 . 论越南六八体、双七六八体诗与汉诗的关系 [D]. 华中师范大学，2008.

越南语成语俗语中龙形象的研究

黄爱亮[1]

摘　要：以成语、俗语为切入角度，挖掘龙在越南成语、俗语中的形象并探讨其成因。越语成语俗语既展现了龙的物理形象、生活习性及本领等外在形象，又涵盖了正面、负面和中性的内在形象。龙的形象在“万物有灵”的观念下形成，并在社会发展和意识形态的变化当中不断被赋予新的内涵。

关键词：越南成语；越南俗语；龙形象

1. 引言

在越南，龙居“四灵”之首，又是“八物”之一，以水喷空则化为云雨，放喉长吟则声贯云霄，能左右人之祸福，主宰世间兴衰，在越南文化体系中占据举足轻重的地位，不仅活跃于史书、传说，在成语、俗语中也占有一席之地。成语、俗语是越南民族在悠长的历史发展中沉淀下来的文化瑰宝，语义丰富，片言只字也大有乾坤，从该角度解读龙形象，有助于进一步解码越南龙文化。

一直以来，国内外学者对龙形象的探索从未止步，侧重点则有所不同：国内学者主要聚焦中国龙在志怪小说、古籍文献、出土文物等载体的外在形象分析，以成语、俗语为载体的研究更注重向宏观的龙文化延伸，且此类研究多数以中国龙为研究对象，以越南龙为对象的研究屈指可数：陶文文（2016）根据龙意象的内涵将越南涉龙成语俗语粗略进行分类，对成语中的龙形象分析着墨不多；陈志明（2011）则主要从定量的角度对比中越两国的涉龙成语。国外研究集中在龙的起源、龙在各封建朝代的外形变化方面，涉及越南成语、俗语中龙形象的研究较国内丰富但同质性较大（Phạm，2017；Lê Đức Luận，2012）。此类研究主要指出龙的象征意义，并列举涉龙成语俗语及歌谣作为例证。Trần（2004）重点叙述龙在中越两国文化中的地位、龙与越南的民族精神。

总体而言，龙在越南成语、俗语中的形象研究还有待深入。无论是国内还是国外，“龙形象”和“成语、俗语”这两大要素的结合还不够紧密，少数兼顾这两者的研究在深度和系统性方面有所欠缺。

为进一步完善前人的研究，本文以《越南成语、俗语与歌谣词典》（1995）、《越南成语与俗语词典》（2014）和《越语词典》（2003）为基础语料，结合各大线上成

[1] 2016 级越南语专业学生；邮箱：1978230275@qq.com；指导教师：裴氏天台 [越]，研究员。

语俗语收藏网站、相关期刊及学位论文，对涉龙成语、俗语进行搜集整理，分析成语、俗语中龙的外在与内在形象，同时采用文献研究法和类比推理等方法探究越南龙外在与内在形象的成因。为研究之便，笔者将成语、俗语的变体视为同一条，如“Cá chép hóa rồng（鲤鱼化龙）”和“Cá hóa rồng（鱼化龙）”仅计做一条；而意同象异的成语、俗语则做保留，如“Đầu rồng, đuôi rắn（龙头蛇尾）”和“Đầu rồng, đuôi tôm（龙头虾尾）”计做两条。根据上述计数原则，本文研究的涉龙成语、俗语共计 57 条。

2. 龙在越南成语、俗语中的外在形象

越南龙的外形一般取证于建筑、雕刻、绘画等造型艺术：龙普遍被刻在宫殿石阶、柱子和墙脊上，也被用于器具、服饰和桌椅的装饰，载体丰富且形象直观。据此，越南学者 Thu Trạng（2019）总结了越南龙外在形象的经典模式：（1）龙综合了多种动物，其中以“虎头、鹿角、兔眼、牛耳、蛇颈、蛙肚、鲤鱼鳍、鹰爪、虎脚”的组合最为常见。（2）龙的躯体像蛇一样弯曲，或弯成 12 段近似正弦波的曲线，代表一年中的 12 个月，象征四季寒暑的变化和水稻种植文化的繁荣与富足。柔软曲折的身体彰显龙改变自然和掌控天气与收成的能力。龙背有长鳍，小而匀。（3）龙口中通常含有一颗珠子，珠子象征人文性、知识和高尚的品德。龙头始终向上欲噙住珠子，象征对人文价值的崇尚、对学识与高尚精神的追求。龙头方、吻部短、鼻子大，面目舒展，神态愉悦。

对比造型艺术中的龙，语言层面的龙形象略显单薄与模糊。Lê Văn Đức & Lê Ngọc Trụ（1970：1246）主编的《越南字典》对龙有如下描述：“龙是一种身长、鳞大、嘴宽、独角、足有鳍、在水中生活、在天上飞翔的生物，是四灵之首。”此类描述不足以让人完整地想象出龙的模样，即便想象出来，也必定形态各异，难以达到造型艺术中龙形象的高度统一。《岭南摭怪》《粤甸幽灵集》《大越史记全书》等汉文古籍中虽有不少与龙相关的记载，但都十分吝惜笔墨来刻画龙的外在形象。本文尝试从成语、俗语语素组合的角度探知一二。

2.1 龙的物理形象

成语、俗语具有简洁凝练的特点，在有限的语素里无法对龙形象展开详尽描写，通常只能反映出龙物理形象中的某一个点。由“Rồng nằm bể cạn phơi râu（龙卧浅池晾须）”、“Gái có chồng như rồng có vây, gái không chồng như cối xay chết ngõng（女有夫如龙有鳍，女无夫如磨无轴）”、“Họa long điểm tinh（画龙点睛）”和“Mưa tháng sáu, máu rồng（六月雨，龙之血）”可知，龙不同于虚幻无形的风雨雷电，是一种具有实体的动物，有须、有鳍、有眼睛，还会流血。“Nem rồng chả phượng（炮龙烹凤）”表示龙是可感可触、可以被人征服的，甚至会成为人们的口中食。“Vẽ rồng nên giun

（画龙成蚯蚓）”、“Sa cơ, rồng cũng như giun khác nào（失机，龙与蚯蚓无异）”、“Vẽ rồng, vẽ rắn（画龙画蛇）”表明龙与蚯蚓、蛇在外形上的相似性：三者都有长长的躯干，躯体柔软，线条流畅，多作蜿蜒盘曲之状。在越南民间故事《伞圆山神》中，南海龙王之子小龙被牧童砸中头部死在江畔，碰巧被到江边玩耍的伞圆山神救活，山神对小龙的第一印象是“头部受过猛烈撞击、死了很久的大蛇”（洋洋、曾添翼，2016：61）。这不仅表明龙与蛇高度相似，同时也印证了龙的动物性和凡性。没有狂风骤雨和电闪雷鸣等异常的自然现象作为前兆，龙的现身显得稀松平常，很容易被人类孩童砸死。

2.2　龙的习性

“Rồng bay, phượng múa（龙飞凤舞）”和“Rồng lội ao tù（龙涉污池）”说明苍穹、水域皆为龙的活动场所，龙可登天、可潜渊，显然“ao tù（污水池）”这样的小池子并非龙的栖身之所。

龙喜水，越语有不少涉龙成语、俗语将龙和水联系在一起，如“Nước chảy lòng ròng, như long cuốn thủy（水流滚滚，如龙卷水）”。

“Trứng rồng lại nở ra rồng, liu điu lại nở ra dòng liu điu（龙蛋生龙子，铁线蛇蛋生铁线蛇）”。龙除了以产卵的方式繁殖外，还可以由其他物种幻化而成，其中最为人们所熟知的当属“Cá chép hóa rồng（鲤鱼化龙）”。然而鲤鱼不是唯一可以化龙的物种，九龙江平原地区至今仍然流传着“Cù dậy”的传说。“Cù dậy”一指虬龙破土开江：虬龙为无角之龙，长居地下，在它破土崛起的地方能形成江河。二指鳄鱼化龙：相传鳄鱼常年藏身于汀洲修炼等待化龙的时机，等到风雨交加、电闪雷鸣之时，鳄鱼翻动身体，腾空化龙，留下破土而出后形成的突起，即人们所说的“Cù lao（洲渚）”。

越语涉龙成语、俗语中，龙几乎没有静态形象，更多地展现其敏捷矫健、灵活飘逸的一面，例如“Nói như rồng cuốn（说如龙卷）”、“Nói như rồng leo（说如龙攀）”、“Long hành, hổ bộ（龙行虎步）”、“Long bàn, hổ cứ（龙盘虎踞）”、“Rồng bay, phượng múa（龙飞凤舞）”、“Rồng lội ao tù（龙涉污池）”。

2.3　龙的本领

“Rồng đen lấy nước được mùa, rồng bạch lấy nước vợ vua đi cày（黑龙取水则丰收，白龙取水皇后也要下地耕田）”、“Cửu long phún thủy（九龙喷水）”，说明龙司掌降雨，取水、喷水，牵动人间的旱涝和作物收成。黑龙取水则雨量丰沛，万物得到滋润，作物长势良好，劳动人民有大收成；白龙取水则雨量稀少，容易引起干旱和饥荒，民以食为天，在歉收的情况下即便尊贵如皇后也要亲自下地耕田。《鳞潭神传》中也记载了龙神取水的故事：“潭中有灾旱事，师幸存。龙即吸砚水中喷成墨雨，以济其旱。”（孙逊，2010：134）

云和雨联系密切，通过观察云的变化可以预判阴晴。龙能降雨，自然也有召唤云的能力。在越语中不乏包含“龙 – 云”组合的成语、俗语，如“Rồng mây gặp hội（龙云相会）”、“Vân tòng long, phong tòng hổ（云从龙，风从虎）”，云与龙相伴相随，行云布雨是龙最基本的能力。

龙的第二个能力是知晓世间的一切。“Thông rồng bể cạn（龙通水陆）”，龙普阅周天之事、遍识周天之物，无论地上水下，万物皆明。

3. 龙在越南成语、俗语中的内在形象

龙在越南成语、俗语中的形象丰富多彩，兼具正面形象、负面形象和中性形象，多种形象共生共存、共同发展，使龙形象更加立体、更具张力。

3.1 龙的正面形象

龙被越南民族视为灵物。“Long ly quy phượng（龙麟龟凤）”是越南民间文化中的四种灵兽。麟性情温和，被奉为“神宠”；龟清高脱俗，象征长寿；凤为百鸟之王，象征不朽与永生；龙则为四灵之首，集合众多动物的优点和一切美好的事物，是神圣、高贵的象征。

龙同时还是佛祖的护法，具体体现在成语“Cửu long phún thủy（九龙喷水）”：佛陀诞生之日，有九条龙从天上吐出一温一凉的水为佛陀沐浴，同时众神洒下鲜花、奏响仙乐以示庆祝（张宜乾，2014：41–52）。佛教自传入越南后不断发展壮大，在李朝开国之初被定为国教，一度出现“百姓大半为僧，国内到处皆寺”的盛况。虽然后黎朝和法国殖民统治时期佛教受到压制和削弱，但因其根基深厚，至今仍保持着“越南最大宗教之一”的地位。在佛教文化的熏陶下，越南人接受了佛经中龙作为护法的形象。

龙具有强大的力量，是力量的化身。成语“Rồng tranh hổ chọi（龙争虎斗）”指强者间势均力敌的较量。虎乃百兽之王，雄壮威武、勇猛刚强，龙是鳞虫之长，呼风唤雨、神通广大。两者旗鼓相当，在成语、俗语中也常常搭配使用，如“Long hành, hổ bộ（龙行虎步）”，意为走姿如龙、步伐如虎，指有帝王风度的人。“Long bàn, hổ cứ（龙盘虎踞）”指地势险峻。

龙与云的组合被视为好运与机遇的化身。“Rồng mây gặp hội（龙云相会）”、“Rồng gặp mây cọp gặp gió（龙遇云，虎遇风）”意指碰上有利的条件使意图得以实现。“Rồng mây”源于汉语中的“龙云”一词，唐代韩愈的《杂说》有云：“云，龙之所能使为灵也；若龙之灵，则非云之所能使为灵也。然龙弗得云，无以神其灵矣。失其所凭依，信不可欤！”龙使云有了灵性，而龙的灵性却不是因为云，但若没有云，龙就难以显现其灵。可见龙需要有云的凭借才能随心所欲、大显身手，因此龙遇上云被视为交

好运和碰上好时机的象征，前人也常用云龙相会来指士子中第。

此外，龙极其珍贵和稀有。成语“Nem rồng chả phượng（烹龙炮凤）”形容菜肴珍奇豪奢，用龙和凤炮制的菜肴之所以珍和奇，源于菜肴原料本身珍稀的性质。龙的肢体部位也常用于指珍贵的事物，如“Gạo đỏ（越南红米）”由于营养价值高、品种珍贵而被称为“Gạo huyết rồng（龙血米）”。

龙还是越南民族的先祖。几乎每一个民族都有自己的“开辟神话”，用于解释本民族的起源、追溯民族的始祖。于越南民族而言，大越始祖乃炎帝神农后裔泾阳王。泾阳王娶洞庭君龙王之女为妻而生貉龙君，后身为龙种的貉龙君与身为仙种的妪姬结合繁衍百越众生，遂越南民族以“Con rồng cháu tiên（龙子仙孙）”自称。

从先祖的结合出发，越南人民产生了龙与仙为佳偶良配的观念，然而佳音难觅，佳偶难寻：“Thế gian được vợ hỏng chồng, có đâu mà được tiên rồng cả đôi（夫妻哪能两全，世间哪来龙仙成双）”。有了“龙仙配”的珠玉在前，龙与其他物种的结合就会被视为门不当、户不对的婚姻，如“Cóc cỡi rồng（蛤蟆乘龙）”意为貌美聪慧的女子下嫁丑陋愚钝的男子。此处的龙代表婚姻家庭关系中美丽、聪颖、贤惠的女性。类似的俗语还有“Rồng vàng tắm nước ao tù, người khôn ở với người ngu bực mình（黄龙污水池中浴，聪明人和愚人一起生活令人恼怒）”，此句是妻子对愚笨的丈夫的抱怨。龙也可以用于指理想的夫婿：“Đẹp duyên cưỡi rồng（乘龙良缘）”指女子嫁得良人。

在越南人眼中，龙代表有才华、有能力的人，“Rồng lội ao tù（龙涉污池）”、“Rồng nằm bể cạn phơi râu（龙卧浅池晾须）”指有才能的人处于不利处境难以发展、力不从心的状态。龙本应飞腾于九天之上，或遨游于深渊之中，在狭小的池子里活动不便，纵有广大神通也无法施展。

龙还是英雄豪杰的化身：“Vân tòng long, phong tòng hổ（云从龙，风从虎）”，云和龙之间存在从属关系，云听从龙的差遣，是龙降雨时的得力助手，云从龙象征英雄人物一呼百应，风光无限。“Sa cơ, rồng cũng như giun khác nào（失机，龙与蚯蚓无异）”则从反面告诫世人要警惕英雄失势，得意时不可骄纵大意，要常思失意之悲。“Rồng thiêng uốn khúc（神龙蟠曲）”指英雄人物时运不济，将自己潜伏起来，等待时机。

封建统治者为宣扬君权神授的思想，曾一度将龙垄断，使其成为帝王的专属。在越南正史中，龙与皇权的结合非常紧密。《李纪·太宗皇帝》《黎纪·大行皇帝》《李纪·仁宗皇帝》等史记均有相关记载。受后世推崇的帝王几乎都有自己的“龙传说”。反观成语俗语，龙与皇权捆绑的场合仅有“Trai ơn vua cỡi thuyền rồng, gái thương chồng bồng con thơ（男子报隆恩则乘龙舟，女子心疼丈夫则照料幼儿）”一句，意为男儿应为国效力，女子的本分是持家育儿，“Rồng”此处专指帝王。龙在成语、俗语中的皇权色彩略显淡薄，反而世俗化和贴近生活。越南的丧葬文化中有“Mả táng hàm rồng（墓葬龙颚）”的观念。人们在日常生活中根据“龙”的颜色判断晴雨：

“Rồng đen lấy nước thì nắng, rồng trắng lấy nước thì mưa（黑龙取水则晴，白龙取水则雨）。”

龙与越南人的心理文化也密切相关。龙承载着越南人民的渴望与追求，有入仕的渴望，如“Cá chép hóa rồng（鲤鱼化龙）”，指士子登科及第、金榜题名，体现了越南进取的民族精神；龙也代表渴望依靠权高位重者来改变人生轨迹的追求，如“Dựa mạn thuyền rồng（倚靠龙舷）”指女子被皇帝选为宫妃、皇后，或嫁入富贵人家，实现“飞上枝头变凤凰”的美梦。

3.2 龙的负面形象

龙由多种动物综合而成，外表精致华丽，常被用来装饰建筑和器具。但也正因如此，龙往往成了华而不实的代表，如“Chạm rồng, trổ phượng（雕龙刻凤）”、“Khen ai khéo tạc bình phong, ngoài long, lân, phượng trong lòng gạch vôi（夸人巧凿屏风，外龙麟凤，内砖头石灰）”。这两句俗语都指装饰烦琐但秀而不实，批判虚有其表的事物。这种华而不实的形象也体现在语言上：“Nói rắn nói rồng（谈龙说蛇）”，指说话冗长、漫无边际；“Người cóc mồm rồng（龙嘴蛤蟆身）”，指身份、能力低微的人喜欢自吹自擂，雷声大雨点小。体现在行为上则是“Vẽ rồng, vẽ rắn（画龙画蛇）”，批判把事情复杂化、舍近求远的行为。

龙还与桂花蝉、猫等意象形成反差，展现贪婪、好吃懒做、言行不一的形象。“Ăn như rồng cuộn, làm như cà cuống lội nước（吃如龙卷，做如桂花蝉涉水）”、“Uống như rồng leo, làm như mèo mửa（喝如龙攀，做如猫吐）”指食如饕餮，做事却像桂花蝉涉水一样温吞，像猫呕吐一样东一些西一些（Trần，2004）。

龙也指失去利用价值的人或事物。“Chó cỏ rồng đất（刍狗土龙）”意为用稻草扎成狗、用泥土捏成龙，以便祭拜仪式结束后随时丢弃。该成语也用来自谦，表明自己无用。

另外，龙还指遭遇逆境的人。“Công bỏ rú, rồng bỏ mưa（孔雀离开山，龙离开雨）”指人被逼入绝境、走投无路，也指人因某种理由而被迫离开自己熟悉的环境。

3.3 龙的中性形象

“Lưỡng long chầu nguyệt（二龙朝月）”指宫殿、寺庙、亭子的房顶上起装饰作用的“双龙朝拜月亮”的形象：月亮居中，两条龙分列月亮的两侧，龙的尾巴向上翘，头往下垂，眼睛往上抬看向月亮，作臣服状。部分越南学者认为，两条龙分别代表阴阳两极，而月亮正是生出阴阳的太极。整个二龙朝月的形象象征天地和谐、宇宙平衡。

“Rồng đến nhà tôm（龙临虾舍）”指有贵客到家中拜访，龙是主人对来客的尊称，虾为主人自谦，意在抬高对方、视对方为座上宾。

4. 越南成语、俗语中龙形象形成的原因

4.1 龙外在形象的成因

原始社会时期，古越先民尚处于蒙昧状态，思想极不成熟，无法科学解释自然现象，因此他们从自身经验出发，依靠感性来感知周围世界。他们以自身为依据，将自然万物与自身对比，产生了“万物有灵”的观念，并创造了一系列神话传说来合理化各种自然现象及周围发生的一切（蔡文青，2015：22–24）。越南人民创造山精水精的故事来解释洪水泛滥现象，用鸿庞氏的传说解释民族起源，用鱼精食人的传说解释海浪翻卷、吞噬船只的现象。龙极有可能就是在这种“万物有灵”的观念下形成。

越南龙的外形随着时间的推移不断变化。从出土文物上看，龙的形态各异，有鳄型龙、鳄头蛇尾型龙、鳄头蛇身型龙、猫型龙等，这些龙形象都具有鲜明的地域特色，原型均为越南当地的产物，可见龙外在形象的塑造与当地的自然环境有关。越南地处亚洲东南部、中南半岛的东部，属于热带季风气候，高温多雨、森林茂密，优越的地理环境和气候条件为大量动物提供了优良的栖息场所。此外，越南河网密布、沟渠纵横，有利于鳄、鱼、蛇等水生生物的生长繁殖。由于生产水平低下、出行方式落后，人们被局限在一定的活动范围，日常生活中接触最多的莫过于当地的山川产物，其中鳄、蛇、鱼最具代表性。人们以此类动物为原型，用想象力加工美化，赋予其新的内涵，龙正是这些新内涵的融合与升华。鱼将鳍奉献给了龙，“鲤鱼化龙”的传说更是直接将鱼与龙联系起来；龙喜欢盘曲、喜水、卵生等特点在蛇身上也能找到对应。步入封建社会后，越南龙的造型基本以蛇型龙为主。虽然越南最早的龙图腾起源于鳄鱼，且综合了其他物种，但是龙主干部分似蛇的观念已深入人心。龙蛇并称的现象除了常见于成语、俗语中，还可见于民间游戏当中：“Rồng rắn lên mây（龙蛇上云霄）”是一种儿童游戏，参与者需一边吟唱同名童谣，一边进行游戏。“Rồng rắn（龙蛇）”一词还用于形容人群排成蜿蜒长队的景象。

随着农业文明的发展，人们对雨水十分依赖，越南农民将水视为农业生产的重中之重：“Nhất nước, nhì phân, tam cần, tứ giống（一水，二肥，三勤，四种子）”。农业生产催生了水神崇拜，与水和雨相关的动植物往往会想象成具有司雨能力的神灵（向柏松，2007）。在越南，蛇是水神的象征，多地都有水神信仰，人们常在码头、河口、小溪、水沟等靠近水源的地方建庙、殿、亭，把蛇当作水神来供奉（Nguyễn，2010）。龙极有可能在吸收综合蛇的特性时，将蛇作为水神司雨的能力也一并吸收。雨从天而降，龙要施雨，也必定要升至高空，由此产生了龙能飞天的本领。

4.2 龙内在形象的成因

笔者将龙神圣、高贵、强大、祥瑞、珍稀等品质归为龙的神灵形象，将龙与士人、英雄、婚丧、建筑、民族心理等文化关联的形象归为世俗形象。由于龙的皇权形象

在成语、俗语中被淡化，故本节不对龙的皇权形象成因进行探讨。

4.2.1 龙的神灵形象成因

龙的神灵形象伴随龙的诞生而形成。原始社会时期，人类的生存环境极度恶劣，不仅要应对猛兽的侵袭，还要承受自然灾害的威胁。人在大自然面前显得渺小和不堪一击，于是对自然界中的精怪神灵普遍产生敬畏的心理，龙也因此被视为强大、神圣不可侵犯的形象。

封建王权也是龙神化的推手之一。进入封建社会后，统治者为了更好地统治民众，增加其政权的合法性和神秘色彩，在将自己和龙捆绑的同时，美化和神化龙的形象，以达到粉饰自身的目的。15 世纪后黎朝前期出现四灵的说法，把龙列为四灵之首，将龙与其原型动物鳄鱼、蛇、鲤鱼等剥离，同时也剥夺了龙的原始民俗色彩，龙神灵的性质自此得到增强（Phạm，2017）。

此外，越南是传统的农业生产国。农业靠天吃饭，气象、气候条件对农业影响巨大。在劳动人民的意识里，龙能够呼风唤雨、保佑五谷丰登，是农业经济保护神，龙的形象自然具有神圣性。

4.2.2 龙的世俗形象成因

相传雄王时期，古越就有文龙的习俗。丁部领是《大越史记全书》中最早与龙挂钩的越南皇帝。李朝时期，帝王龙和民间龙出现分化，但是直至后黎朝前期龙才正式成为君王的象征，由此可见龙在民间有充分的发展空间。即使在龙成为封建帝王的囊中之物后，民众的信仰空间仍然得到了保留，如郑阮纷争时期，出现了“龙子龙母欢聚一堂”“龙追捕猎物”“龙成双成对”等民间艺术造型（Phạm，2014）。17—19 世纪越南封建制度走向衰落，龙的神性和权威大打折扣，龙进一步深入寻常百姓家，与鸡、猫、猪、牛等家养动物一起出现在民间画作中。

越语成语、俗语中龙的皇权色彩淡薄而民间世俗气息浓厚的原因与成语、俗语本身的特点也有莫大关系。作为民间文学的一部分，成语、俗语更加注重生活本身和个人诉求或某一群体诉求的表达，不像史家儒士精心编排一系列神龙传说来维护封建王朝。可以看到，大部分涉龙成语、俗语描写的内容与世俗生活息息相关：龙参与到越南人的婚姻文化、墓葬文化、建筑文化、处世文化和心理文化当中，一方面寄托越南人民对世间的美好的向往与追求，另一方面是对现实的宣泄和对自身命运的哀叹。人们将民间嘲讽艺术与成语、俗语巧妙结合，通过将龙置于“Ao tù（污池）”、“Bể cạn（浅池）”等狭小的空间，与龙上天入地的形象形成强烈反差，展示龙“落魄”的一面以控诉贤良之士怀才不遇、秀外慧中的女子遇人不淑；又将龙与桂花蝉、猫等低微的动物进行对比来增强讽刺效果，突出龙“丑陋”的一面以表达对好逸恶劳、贪得无厌之人的厌恶与嘲讽。龙丑陋的世俗形象与神圣的神灵形象对立，是龙越来越贴近普通百姓生活的必然结果。

5. 结语

由于成语俗语简洁凝练的特点，龙的外在形象没有得到充分刻画，仅提及了最突出的几个“点”：有须、有鳍、有眼睛、有血，是实体的动物，外形与蛇和蚯蚓相似。习性方面，龙喜水、好动，水空两栖，以卵生和化形的方式繁殖。能力方面，龙能行云布雨且通晓万物。龙外在形象的形成与越南的自然地理环境、农业生产催生的水神崇拜密切相关。

越语成语、俗语塑造了龙的多面形象，既有神圣、高贵、强大、祥瑞、珍稀的神灵形象，也有贴近生活的世俗形象。这两种形象齐头并进、共同发展，使龙在成语、俗语中也能大放异彩。总而言之，龙的神灵形象均为正面，世俗形象则有褒有贬，主要以正面形象居多。龙在越语成语、俗语中与民众的生活联系密切，渗透越南人日常生活的方方面面，从婚丧到建筑装饰，从为人处世到人生追求，龙无处不在，而一直以来龙的显性形象——皇权的象征在成语、俗语中反而被淡化。究其原因，龙成为皇权的代表并非一蹴而就，且封建制度的衰落为龙在民间预留了发展空间；其二是由于成语、俗语更注重生活本身和个人或群体的诉求，描写内容与世俗生活相关也顺理成章。龙沾染凡尘气息，还要归功于越南民间辛辣的嘲讽艺术在成语俗语中的运用。

由于语言载体的限制，成语、俗语中的龙形象是不完整的，仅代表一个或几个侧面。但以成语、俗语为切入角度，我们可以了解到越南劳动人民心目中最真实的龙形象，这种形象又与其他载体上的龙形象相互补充，丰富了龙的文化内涵。

参考文献

[1] Lê Đức Luận. Biểu tượng Long-Rồng trong văn học dân gian người Việt [J]. Tạp chí VHNT, 2012 (331).

[2] Lê Văn Đức & Lê Ngọc Trụ. Việt Nam Tự Điển [Z]. Nhà sách Khai Trí, Sài Gòn. 1970: 1246.

[3] Nguyễn Thị Thanh Lưu. Từ truyền thuyết rồng Thăng Long khám phá biểu tượng rồng trong truyền thuyết dân gian Việt Nam [A]. Hội thảo của Viện Văn Học [C]. Viện Văn Học Hà Nội, Hà Nội. 2010: 38–48.

[4] Phạm Thị Thanh Nga. Dấu ấn Rồng trong tâm thức người Việt qua tục ngữ, thành ngữ, ca dao [J]. Tạp chí VHNT, 2017 (401): 45–50.

[5] Phạm Nguyễn Quỳnh Anh. Rồng trong văn hóa Đông-Tây [J]. Tạp chí Đại học Thủ Dầu Một, 2014 (6): 68–78.

[6] Thu Trạng. Tìm hiểu về ý nghĩa hình tượng rồng trong phong thủy và kiến trúc [J/OL]. (2019–12–16) [2020–03–10]. https://quavang.vn/blogs/tu-van-phong-thuy/tim-hieu-ve-y-nghia-hinh-tuong-rong-trong-phong-thuy.

[7] Trần thị thanh liêm. Văn hóa rồng và rồng trong thành ngữ, tục ngữ Việt Nam [J]. Ngữ học Trẻ, 2004: 348–357.
[8] 蔡文青 . 越南汉文志怪传奇小说中精怪、鬼魅、神仙形象研究 [D]. 南昌大学，2015.
[9] 陈志明 . 十二生肖动物的汉越成语及其文化比较 [D]. 华中师范大学，2011.
[10] 孙逊 . 越南汉文小说集成 · 岭南摭怪列传（乙本）· 鳞潭神传 [M]. 上海：上海古籍出版社，2010.
[11] 陶文文 . 越南龙文化研究 [D]. 广西民族大学，2016.
[12] 向柏松 . 中国龙的形成与水神崇拜 [J]. 长江大学学报（社会科学版），2007（04）: 8–13.
[13] 洋洋，曾添翼 . 越南民间故事选编：汉越对照 [M]. 广东：世界图书出版广东有限公司，2016.
[14] 张宜乾 . “龙” 参构的成语语义结构分析及文化阐释 [D]. 福建师范大学，2014.

汉泰基本颜色词文化内涵对比研究

黄雪艺[1]

摘　要： 颜色不仅具有物理意义，还具有文化意义。颜色在人们的脑海中引发的联想关系到不同社会的宗教文化、政治传统和民俗习惯等，共同构成了颜色丰富的文化内涵。同一种颜色，对于不同社会文化背景的人来说，虽然它的物理属性是相同的，文化内涵却可能相差甚远。颜色文化孕育于社会生活之中，同时反作用于社会生活。因此，在进行汉泰跨文化交际时，熟悉对方社会的颜色文化，可以有效地提高交际效率。

关键词： 汉泰颜色词；内涵；跨文化

1. 汉泰颜色词的文化内涵

颜色的物理属性源于自然，人们对颜色的感知是一样的，但是当颜色进入社会文化领域，它便具有了丰富的文化内涵，本文将对汉泰语中常见的四个基本颜色词的文化内涵展开分析。

1.1　中泰两国的红色

1.1.1　“红”在汉语中的文化内涵

在中国，红色的文化内涵以积极意义为主。人们普遍认为红色是最能代表中国的颜色，即“中国红”。中国人对红色的崇拜可以追溯到原始社会。那时候，先民的生存条件恶劣，太阳和火是红色的，象征光明和温暖，这就是先民对红色的最初印象。此后，当人们掌握了提取染料的技术后，便倾向于将各种日用品染为红色。

“红白喜事”指婚丧嫁娶等事宜，其中红事指婚嫁寿诞等值得庆贺的喜事。在古代，当男女大婚时，婚礼现场可以说是入目皆为红色，新人都身着大红色婚服。婚房内，桌上点着红蜡烛，床上铺着红被子，可见人们在如此重要的一个日子里，将美好祝愿寄托给了红色，希望未来的生活红红火火。

“春节红”意指春节期间，大街小巷、家里家外都是一片红色的海洋。传说，从前有一种怪兽叫“年”，会在春节时为非作歹，而这种年兽最怕的就是红色和火光，因此，人们便在春节的时候挂上大红色的灯笼、换上红色的新衣服，以此吓跑年兽。

[1]　2018级泰语专业学生；邮箱：3367966962@qq.com；指导教师：马静，副教授。

虽然是传说，但是时至今日，红色仍是春节最不可或缺的元素。人们喜爱用红色来营造热闹、祥和的节日气氛。

在封建社会，红色还是权力和高贵的象征，是高官的专属颜色。“朱门酒肉臭，路有冻死骨”中的“朱门”即指贵族人家的红漆大门。在现当代社会，封建制度已经消失，但红色依然保留了成功、兴旺发达等象征意义。“满堂红”比喻全面胜利或是处处兴旺，“红运”指的是好运气。

在中国的近现代史上，战争给红色带来了另一层意义——革命。党的军队被称为红军，中共政权被称为红色政权。红色的革命意义从苏联传入中国，是外来文化与本土革命的结合，甚至可以说是与传统文化的结合。每年国庆节，举国上下一片鲜红，其中既有纪念新中国成立这一层革命意义，又有庆祝美好生活的喜庆意义。

1.1.2 “แดง”在泰语中的文化内涵

与中国相似，泰国国旗也有红色元素，代表民族并象征各族人民的力量与献身精神。但是在政治方面，近些年，红衫军的影响力甚于国旗。泰国红衫军是反独裁民主联盟的俗称，因为他们行动时都身着红色衣服以便识别，而得此名。红衫军是活跃在泰国政治舞台上的重要团体之一，曾多次参与街头斗争活动。因此，在政治敏感时期，普通民众对红色的使用一般较为谨慎，尽量避免穿着红色衣服出门，以防被人误会自己的政治立场。

在中国，无论是春节还是婚礼等重要日子，人们都习惯于派发红包以表达祝福和感谢，泰国也有“เงินถุงแดง”（“红包钱”），但它的意思并不同于中国传统的发红包习俗，而是指装在红色袋子里的钱。在过去，泰国国王会把自己的钱存在红色袋子里，当国家有难时，就把里面的钱拿出来，捐给国家以缓解危机，以此教育人们注重存钱，以防患于未然。

在红色的运用上，汉泰语中还有许多相异的表达习惯，例如泰国人会用红色表示事情的结果，“เรื่องแดงขึ้นมา”（“事情红起来了”）表示事情暴露了；“คดีแดง”（“红案件”）指已经确定结果的案件。在汉语中，类似意义一般用白色表示，例如“真相大白”。刚出生的小孩子皮肤娇嫩，泛着淡淡的红色，因此泰国人会用“เด็กแดง”（“红孩子”）和“ลูกแดง”（“红孩子”）比喻小孩，然而在汉语中，“红人”是指成功、得意、受欢迎的人。

在中泰两国，红色都是常见的颜色，在汉泰颜色词的象征意义中，二者有共同点，如革命精神等，但是总的来说，红色在中国文化中以积极意义为主，在泰国文化中以消极意义为主。所以在跨文化交际中，中方应该避免将自己对红色的喜爱盲目地转移到对方社会中，免得犯了对方禁忌而不自知。

1.2 中泰两国的黄色

1.2.1 “黄”在汉语中的文化内涵

虽然不似红色那般可以被称之为“中国红”，但是黄色在中国也拥有源远流长的尊贵地位。传说黄帝时期，人们上衣玄下裳黄，二者皆为尊色。后来隋文帝“定黄为上服之尊”，正式从统治者意志层面崇尚黄色，乃至唐高祖武德年间，开始规定赤黄是皇帝常服专用色彩，并禁止士庶穿着。此外，跟皇帝有关的龙椅、圣旨等皆为黄色。

黄色与皇权密切相关，同时还是黄金的颜色。因此，黄色在民间象征着辉煌与成功，像“飞黄腾达”比喻人骤然得志，官职升得很快，其中“飞黄”是传说中的神马名。如今封建制度早已崩溃，但是人们对黄色的推崇流传了下来，指代富贵、繁华等义，例如黄金地段、黄金周等。

在现代社会，黄色还被赋予了极具贬义色彩的隐喻意义，即指代庸俗低级、色情淫秽的事物。这一引申义由西方社会传入，源于 19 世纪末刊登于美国《纽约世界报》上的连载漫画《黄色孩童》。漫画的主人公是一个身穿黄色衣服的小男孩，漫画内容低级庸俗，受此影响，黄色渐渐成为了专门指代淫秽色情的颜色。黄色从尊贵之色变为低贱之色。可见随着历史发展和社会变化，颜色的文化内涵也会相应发生改变。

1.2.2 “เหลือง”在泰语中的文化内涵

不同于中国，泰国用黄色代表皇室是与国王的出生日期有关。拉玛九世和拉玛十世都出生于星期一。根据印度神话传说，星期一的代表色是黄色，同时国王的幸运色也是黄色。因此，每当国王生日的时候，民众都会穿上黄色的衣服，以示对国王的尊敬。如今，随着黄衫军的影响力扩大，黄色在泰国多了一层政治意义。黄衫军指泰国人民民主联盟，是一个宣称拥护皇室的政治组织，因其支持者在集会常身着黄色衣服，故得此名。

在被称为“黄袍佛国”的泰国，黄色受到人们的喜爱还与佛教有关。“ผ้าเหลือง”（“黄布”）指僧人身穿的黄色衣服，一般借指僧人。“ร้อนผ้าเหลือง”（“黄布热”）的表达比较形象。在热带地区的泰国，僧人觉得穿着又宽又长的黄布很热，不想穿了，借此表示僧人还俗。

在汉泰语中，黄色都是一种以正面意义为主，深受人们喜爱的颜色，但是侧重点稍有不同。在泰国，人们对黄色的喜爱主要缘于对国王的尊敬和对佛教的虔诚。而在中国，佛教的影响力并没有那么广泛，人们对黄色的喜爱更多是因为它象征着权力与辉煌。此外，黄色在中国现代社会常被用来表示事情失败或者是淫秽色情的事物，而在泰国并无此含义。

1.3 中泰两国的黑色

1.3.1 “黑”在汉语中的文化内涵

人们常将黑色与白色相提并论，但是在古代，黑色的地位却比白色要尊贵得多。历朝历代中，秦朝最为崇尚黑色，从贵族权臣到平民奴仆，皆着黑色服饰，乃至宫殿装饰、军队旗帜，都是一片黑色。时至今日，人们出席重要场合时，庄重、肃穆的黑色服饰依然是第一选择。

与白色不一样，黑色跟死亡联系在一起，偏向于指代恐怖氛围和心理。在原始社会，人们的生存条件恶劣。太阳落山后，天地一片漆黑中，人有可能被寒冷冻坏，有可能被野兽侵袭，因此对黑暗怀着巨大的恐惧。尽管后来人类进入了文明社会，但这种恐惧心理已经进入人类的潜意识，黑色也因此跟凶杀、灾难等联系起来。人死亡后，在传统丧礼中，前来吊唁的亲友不一定必须穿白色孝服，却会在手臂上戴上黑色挽章，以示哀悼。

黑色是典型的禁忌色，其文化内涵以贬义居多。在佛教术语里，“黑”即是罪恶的别名。此外，黑暗与光明相反，因此可以引申出“不公开的、隐秘的”等意思，多指违法的或违背公序良俗的事物。例如“黑心”指人阴险，“黑店”指敲诈顾客的商店，“黑市”指暗中进行非法买卖的市场。

1.3.2 “ดำ”在泰语中的文化内涵

泰国一般将黑色与死亡相联系，如果说汉民族的丧礼是白色的，那么泰国的丧礼则是黑色的，这源于两国传统丧服颜色的不同。曼谷王朝第四位国王拉玛四世曾下令要求王孙贵族在参加丧礼时穿黑色服装，以表示对死者的哀悼。后来，穿戴黑色服饰作为丧服的习俗在民间渐渐广泛流传开来，成为泰国的传统。“ชุดดำ”（“黑衣服”）指丧服，“ผ้าดำไว้ทุกข์”（“用黑布戴孝”）一般指逝者亲属佩戴黑纱，以示哀痛和尊重。

相比于中国，佛教在泰国的影响更加深远，因此，泰语的很多词汇和俗语来源于佛教教义。在佛教术语中，“ดำ”象征罪恶和邪恶，指代恶魔和地狱，还可以引申为非法的事物，其消极意义，比起汉语中的“黑”，有过之而无不及。在汉泰语中，有很多词语可以直接对应，只是中心语和定语的位置刚好相反，例如，“ใจดำ”指黑心，用于形容心思歹毒的人，“ตลาดมืด”指黑市，其中“มืด”也可表示黑暗。

在泰国，除了死亡和邪恶，黑色也可以表示权力和礼仪。泰国社会阶层分明，相比于普通民众在日常生活中喜爱穿着色彩斑斓的服饰，社会名流在重要场合，一般会穿上更稳重、内敛的黑色礼服。

在中国和泰国，黑色都是一个比较偏向消极意义的颜色，人们对它的本能排斥主要来源于对黑暗的恐惧。由于泰国受佛教文化影响更深，泰国人更加认为黑色“罪恶深重”，加上黑色是泰国传统丧服的颜色，所以总的来说，黑色在泰国表示的消极文化内涵甚于中国。而在中国，由于在奴隶社会就曾产生了黑色崇拜，加之后来统治者对黑色的推广，所以黑色在中国的正面意义略多一些。

1.4 中泰两国的白色

1.4.1 “白”在汉语中的文化内涵

白色在光谱中的物理意义比较特殊，通常被认为是无色，即不是色彩。相比于西方以白色代表纯洁，在中国传统文化中，白色由“无”引申开来，常带贬义色彩。“白痴”是愚笨的人，战争中“举白旗”是失败一方的投降行为，遭到别人白眼表示被鄙视，“一穷二白”表示什么也没有。人们把集结了种种贬义的白色运用到京剧中，让反派人物戴上白色脸谱，以象征人物的奸邪、阴险，经典角色如曹操、赵高等。

在汉民族文化中，白色的禁忌之义主要还是因为其与死亡相联系。根据五行学说，西方属金，颜色为白，对应季节是秋，秋天时节大自然一片萧条肃杀，日落西山更是令人徒生凄凉之感，因此“白”常与死亡有关。“红白喜事”中“红事”指喜事，“白事”指丧葬事宜。亲人死后，家属要穿白色孝服，张贴白色挽联，高挂白幡，烧白色纸钱。

当然，白色也并非全无褒义。虽然白色给人苍白之感，但是另一方面，它也有干净、美好之义。黑夜结束后，东方发白，新的一天由此开始，因此白色也有清白、美好的积极意义，“清白做人”指做人堂堂正正、光明磊落。《楚辞·离骚》：“伏清白以死直兮，固前圣之所厚。”指保持清白节操，为正直的信仰而死。

1.4.2 “ขาว”在泰语中的文化内涵

泰国国旗由红、白、蓝三色组成，分别具有不同的象征意义，其中白色代表宗教，象征着宗教的纯洁。白色的“纯洁”之义，来源于泰国的祥瑞圣兽白象。传说中，释迦牟尼的母亲在临产前，曾梦到有一头白象递了一朵莲花给她，因此，在深受佛教文化影响的泰国，白象受到了人们虔诚的供奉。“**นุ่งขาวห่มขาว**”的意思是穿白戴白，指某人穿上白衣服，怀着最纯洁的心灵去寺院修行。

在泰国，人们一般用白色来代表纯洁美好、远离罪恶。例如，“**เน็ตสีขาว**”（“白色网络”）指健康的、无黄赌毒内容的网站，“**โรงเรียนสีขาว**”（“白色学校”）指没有毒品传播以及其他不良行为的学校，“**สื่อขาว**”（“白色媒体”）指健康的、不传播不良信息的媒体。

但是，也有一些相似的颜色词表达方式，在汉泰语中却有着毫不相干的意思。例如中国人用翻白眼这一表情表示嫌弃、失望、厌恶等意思，泰国人却常常用白眼表示胆小、懦弱。“**ขี้ขลาดตาขาว**”（“白眼懦夫”）的意思就是指某人胆小如鼠。“**หนังสือปกขาว**”（“白色书刊”）并不是汉语中代表政府立场的白皮书，而是对应汉语中的黄色书刊，即色情淫秽刊物。这是因为在过去，这种类型的书不能正大光明地售卖，故将其封面做成白色的，以掩饰书里的真实内容。

白色是汉泰颜色词文化内涵差别最大的颜色之一。在中国，白色以负面意义居多，尤其是因为凶丧这一文化内涵，而成为禁忌之色。而在泰国，由于白色象征着宗教的纯洁，故以正面意义居多，深受人们喜爱。此外，在汉泰语中，白色都有干净美好、正义光明的象征意义。在跨文化交际中，白色的文化内涵尤为值得注意，应尽量做到尊重对方的文化，因此不冒犯对方的信仰。

2. 汉泰颜色词文化内涵的影响因素

语言和文化紧密相连，不可分割。受文化背景影响，在不同的社会中，颜色往往被赋予不同的文化意义。汉泰颜色词的文化内涵受到宗教信仰、神话传说、社会事件和崇拜禁忌等因素的影响。

2.1 宗教信仰

泰国是一个佛教历史悠久的国家，享有“黄袍佛国”之称。而在佛教世界里，黄色是最常见的颜色之一，寺庙的尖顶通常金碧辉煌，佛祖塑像更是金光灿烂，僧侣日常所穿的衣服也大多是黄色的。“**ผ้าเหลือง**”本义指黄布，泰国人一般以此借指出家人。在中国，许多跟佛教有关的事物也是黄色的，例如寺庙的墙体、佛殿的装饰、僧人的袈裟等。不过相比于泰国，儒家的影响力在中国甚于佛家，故黄色大受欢迎不是因为佛教文化，而是因为其象征着世俗社会的权力和地位。

中国的本土宗教道教，也尤为钟情黄色。道教对黄色的喜爱首先缘于在传统文化中，黄色象征着健康长寿。古人认为老人年龄极大后头发会变黄。道家追求长生不老，自然对黄色追捧有加。其次，道教尊黄帝为始祖，黄帝五行是土，颜色为黄，故道教对黄色也极为尊崇。

2.2 神话传说

泰国色彩文化受印度宗教影响较大。印度文化认为一周七天，每天都有相应的守护神，且对应不同的颜色。在印度神话中，“**วันอาทิตย์**”（“星期日”）跟太阳神有关。传说神把六头狮子研成粉末并用红布包裹起来，再施行一系列巫术，将其变成了红色身体的太阳神。所以，红色就是星期日的代表色，寓意着健康和财富。此外，星期一到星期六的代表色分别是黄色、粉色、绿色、橙色、蓝色和紫色，且各自具有美好的寓意，如和平、希望等，这就是泰国独特的七彩文化。

中华文明是农耕文明，依靠黄土地耕种粮食、繁衍后代，故自古以来就敬地神、尊黄色。传说先祖女娲娘娘就诞生于黄土之中，然后依据自己的模样，用黄土捏制了许多小人，这就是人类的起源。在五行学说中，五方中的中央对应五色中的黄色，后来封建帝王规定黄色为皇家专属的颜色，就是受到中央为尊的思想影响。而秦朝选择黑色为“国色”，也是源于秦文公曾猎捕黑龙的传说。黑龙象征水，故秦朝尚水德，以黑色为尊。

2.3 社会事件

在泰国国旗上，红色代表着民族和象征各族人民的力量与献身精神。然而，近些年，红衫军作为一股政治力量，给红色带来了革命意义。红衫军指泰国反独裁民主联盟，是一个反对人民民主联盟、支持前总理他信的政治团体。而黄衫军是指泰国人民民主联盟，是一个宣称拥护皇室的政治组织，因为他们在行动时分别身着红色衬衫和黄色衬衫以示区分，故得此名。由于红衫军和黄衫军以及其他的政治力量曾多次发生冲突，以至于在敏感时期，红色和黄色都被暂时从原有的幸运色文化内涵中脱离出来，象征着各自的政治立场。

有的泰国人认为白色可以表示中立。因为在泰国，人们会用“红色地带”指代动乱频发的泰南的北大年、也拉和陶公三府，用“白色地带”指代安全的地区。然而，白色跟政治挂钩时也象征着反动和落后，例如在中国新民主主义革命时期，“白军”指国民党军队，“白区”指国民党统治区域，在中国的传统文化中，白色本来就是禁忌色，用白色形容反动统治者，正好表达了人民的憎恨之情。

2.4 崇拜禁忌

在泰国，一周七天，每一天都有对应的代表色。人们喜欢用自己出生那天的代表色作为幸运色，在日常生活中，会尤为钟情自己的幸运色，例如在搭配衣服时，会优先选择自己的幸运色。有幸运色的同时，也有禁忌色，比如星期日的幸运色是红色，禁忌色是蓝色，那么在这一天，人们在穿衣打扮时，除了会首选红色，还会尽量避免蓝色，以免遭遇霉运。

中国有十二生肖，每年对应一个，周而复始，其中每十二年一遇的农历属相所在的年份，称为本命年，例如一个人是龙年出生的，那么以后的每一个龙年都是他的本命年。但是，本命年常常被认为是不吉利的，所以为了趋吉避凶，人们会在本命年穿红色内衣裤或是系上红色丝绳。中国人本命年选择红色物品来源于传统文化中的红色崇拜，赋予了其驱邪护身的作用。

3. 颜色词在跨文化交际中的应用

当今社会，全球化程度不断加深，各国之间在政治、经济与文化方面的交流比以往任何时候都要频繁，而在进行国际交流与合作时，颜色作为一种视觉效果，是无国界的语言，可以让跨文化交际变得更有默契。例如，在接待泰国外宾时，可以提前了解清楚对方的幸运色，然后准备物资时，运用上对方喜爱的颜色，这样可以让外宾产生宾至如归的感觉，从而有利于进行良好交流。

其次，当我们要开拓海外市场时，抓住对象国消费者的心理偏好，有针对性地选取颜色进行产品外观或广告的视觉设计，将会大大提升营销成功的机会。前文说到，红色在中国是表示喜庆吉祥的颜色，是在新人的婚礼上最不可缺少的一种颜色，而在泰国却经常与恐怖、危险等负面意义联系在一起，所以如果要在泰国推广婚庆用品的话，就要谨慎将红色作为产品主打色，以免带来不好的市场反响。

由于语言和社会历史文化背景的差异，在跨文化交际中遇到障碍在所难免，一味地回避差异只会导致问题越来越复杂。例如不理解他国的颜色文化内涵而又不愿意主动了解，就是舍弃了一个搭建文化沟通桥梁的机会。因此，我们需要提高跨文化思辨能力，辩证看待不同国家的文化差异，并通过颜色这一蕴含丰富文化内涵的桥梁，提高合作与交流的效率。

4. 结语

无论是在中国，还是在泰国，颜色都是社会文化中不容忽视的一部分。人们赋予服饰、建筑、器具颜色，同时也传达了情感与心理。因此，以颜色为窗口，我们可以窥探到一个民族、社会的历史文化。

通过对比研究四个汉泰基本颜色词的文化内涵，可以得知汉泰基本颜色词的文化含义存在大量的相异之处，这与两国的文化背景存在较多差异有关。当然，汉泰基本颜色词文化含义的相似之处也有不少，针对这个现象，可以追踪溯源，一窥色彩象征意义背后的宗教信仰、神话传说、社会事件以及崇拜禁忌等影响因素。综上研究，可见颜色在跨文化交际实践中的重要性，希望本研究可以为汉泰等语言学习者和跨文化交际者提供一些启发与帮助。

参考文献

[1] 段万海 . 汉泰颜色词文化意义对比研究 [D]. 云南师范大学，2017.

[2] 龚雪 . 汉泰语基本颜色词对比及汉语基本颜色词对泰教学策略研究 [D]. 华中科技大学，2015.

[3] 蒋秋萍 . 汉泰颜色词对比研究 [D]. 暨南大学，2011.

[4] 刘璐 . 现代汉泰语基本颜色词义项分布对比研究 [D]. 西南大学，2020.

[5] 苏柳杨 . 跨文化视角中汉越颜色词的对比研究 [D]. 广西民族大学，2011.

[6] 谭苗 . 颜色中的文化差异——中、越、泰基本颜色的象征意义对比研究 [J]. 湖北函授大学学报，2015，28（16）：193–194.

[7] 王芯兰 . 汉语与泰语基本颜色词的文化内涵比较 [D]. 浙江大学，2017.

[8] 夏羚 . 跨文化交际之常用颜色词对比 [J]. 青年文学家，2020,（35）: 189–190.
[9] 杨姬娴 . 汉泰颜色词比较及泰国大学生汉语颜色词习得情况调查分析 [D]. 山东大学，2013.
[10] 杨丽莹 . 基于对比的泰国学生汉语基本颜色词习得研究 [D]. 哈尔滨师范大学，2021.
[11] 姚小平 . 基本颜色词理论述评——兼论汉语基本颜色词的演变史 [J]. 外语教学与研究，1988,（01）: 19–28，80.

四、
词汇与语义探析

转喻——概念整合视域下《孙子兵法》中“兵”的语义认知研究

陈 露[1]

摘 要： 军事用语“兵”的语义扩展体现了转喻思维的使用。以概念转喻与概念整合为理论框架，采用定量与定性相结合的研究方法，对《孙子兵法》“兵”的转喻类型及其语义网络、语义建构机制进行分析，发现：1）基于59条语料，“兵”的转喻类型包括控制转喻、事物–部分转喻、行为转喻三类；2）上述转喻类型中，“兵”的语义可分别引申为“兵代控制者”“兵代战争”“兵代指挥战争”三大语义类型；3）概念整合认为“兵”的语义建构受到其转喻机制及语境中其他概念实体语义的影响。转喻–概念整合理论为“兵”的语义阐释提供了新视角，促进了对中国兵家典籍的文化解读。

关键词： 孙子兵法；兵；转喻；概念整合；认知语义

1. 引言

《孙子兵法》是中国古代军事著作《武经七书》之一，被誉为“兵经”“百代谈兵之祖”的兵家经典，是我国现存最古老的兵书，被历代兵学家、军事家所推崇。它集中体现了中国古代军事思想，揭示了军事斗争的内在规律。“兵”是《孙子兵法》的重要词汇之一。“兵”为会意字，本义是兵器，甲骨文像双手合握一个长柄锋刃的砍伐器（李学勤，2012），如“兵不刃血”的“兵”即为其本义。手持兵器的人参与作战，因此“兵”的语义可引申为“士卒”“军队”等参战者；进一步扩展可引申为“军事”等义项，如“纸上谈兵”。汉语大字典列举了“兵”的九个义项：①兵器，武器；②士卒，军队；③军事；④战斗；⑤战争；⑥用兵器杀；⑦灾，灾害；⑧防；⑨古称为国战死的人。

由此可见，“兵”已由基本义项“兵器，武器”扩展至其他军事相关义项。关于“兵”的研究主要分为兵学和语言学研究两类。兵学研究包括春秋兵学对先秦哲学思想的贡献（张涅，2004）以及《孙子兵法》对王阳明兵学思想的影响（阎盛国，2009；黄朴民、熊剑平，2020）；语言学研究主要有“兵”的军语语义扩展研究（周大军，2009）以及兵学术语英译研究（郑侠，2015；李长庭，2021）。其中周大军（2009）指出了“兵”的隐喻与转喻的语义扩展途径，但并未深入揭示其语义建构内

[1] 2015级英语专业学生；邮箱：18777183676@163.com。

在认知机制。目前对“兵”的认知语言学研究并不多见也不够深入。作为人类基本认知思维方式之一，转喻是最基础的意义扩展过程之一，为概念实体理解提供心理可及（Taylor，1995）。概念整合理论揭示了信息由认知加工构建层创意义的认知机制。基于此，本文从转喻－概念整合视角出发，考察《孙子兵法》中“兵”的转喻类型及其语义延伸，探究军事术语“兵”的认知运作机制，并尝试揭示“兵”语义建构过程，为《孙子兵法》的兵家术语提供认知阐释。

2. 概念转喻与概念整合理论

2.1 概念转喻理论

和隐喻一样，转喻常被看作一种修辞格，是A与B（B与A有邻近关系）之间的替代关系。随着认知语言学的发展，转喻被看成一种心理机制，是人类基本认知手段。Radden & Kövecses（1999）论证了转喻的本原性，提出语言在本质上是转喻，转喻的认知观建立在三个假设之上：转喻的概念现象、转喻的认知过程以及转喻运作的理想化认知模型。在同一理想认知模式中，转喻是一个概念实体（转喻喻体）为另一个概念实体（目标实体）提供心理通道的认知过程（Radden & Kövecses，1999）。概念转喻认知机制如图1所示。根据理想化认知模型中转喻喻体和转喻目标之间的关系，将转喻分为两大类：整体与其部分之间的转喻和整体中不同部分之间的转喻，具体如表1所示。

图1 概念转喻认知机制

表1 Radden & Kövecses（1999）的转喻分类

整体与其部分之间的转喻	整体中不同部分之间的转喻
①事物与部分转喻	①行为转喻
②标量转喻	②感知转喻
③构成转喻	③因果转喻
④事件转喻	④生产转喻
⑤范畴与成员转喻	⑤控制转喻
⑥范畴及其特征转喻	⑥所属转喻
⑦缩减转喻	⑦容器转喻
	⑧地点转喻
	⑨符号和指称转喻

2.2 概念整合理论

基于心理空间理论，Fauconnier（1997）提出概念整合理论（Conceptual Integration Theory，CIT）。心理空间理论最早由 Fauconnier（1985）提出，用以揭示自然语言语义的建构。Fauconnier & Turner（2002）指出，人们进行思考、交流时，为了达到局部理解与行动目的，会构建小概念包，即心理空间。概念整合理论便是一种即时建构心理空间的思维认知活动，包括四个心理空间：输入空间 1、输入空间 2、类属空间和合成空间（图 2）。两个输入空间的部分组织或结构跨空间映射至类属空间；类属空间反映两输入空间共有的抽象结构；在类属空间的约束下，两输入空间选择性地投射至合成空间；经过组合、完善和扩展，合成空间最终形成层创结构。经过不断发展，形成了四种概念整合网络模型：简单型、镜像型、单域型和双域型（Fauconnier & Turner，2002）。

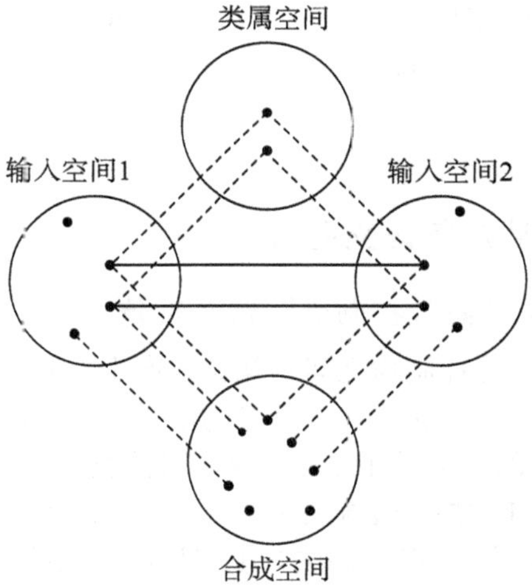

图 2　概念整合运作模型图（Fauconnier，1997）

3.《孙子兵法》中“兵”的转喻量化分析

3.1 “兵”的转喻类型及分布

古今汉语中，“兵”的使用一直非常活跃。以“兵”为词根可派生出许多词语表达士兵名称，然而“兵”的语义已经不局限于表达各类士兵名称，而是在其基本义上发展出许多新的语义（周大军，2009）。兵器、武器是战争的基本组成成分之一，“兵”常与其他和战争或军事相关的概念有着密切的联系。在《孙子兵法》中，基于

"兵"的基本义"兵器、武器"及其在文中的语境，可知"兵"不再表达"兵器、武器"的"工具"语义，而是通过转喻，表征与其基本义邻近的其他军事概念，如兵器的控制者"士兵"等。

《孙子兵法》中关于"兵"的语料可检索出 72 条。对语料进一步筛选，重复出现且语义相同的句子中的"兵"只计一次，得出 59 条有效语料。根据 Radden & Kövecses（1999）的转喻分类，对语料进行归类，得出三种转喻类型：控制转喻、事物 – 部分转喻和行为转喻。其中，控制转喻占比最高，约占一半，其次为事物 – 部分转喻和行为转喻，两类型占比相差不大，如表 2 所示。

表 2　"兵"的转喻类型、语义延伸及其分布

转喻类型	语义延伸	数量	比例
控制转喻	兵代控制者	29	49.15%
事物 – 部分转喻	兵代战争	16	27.11%
行为转喻	兵代指挥作战	14	23.72%
总计		59	100%

3.2 "兵"的转喻及其语义延伸

3.2.1 控制转喻及"兵代控制者"语义延伸

控制关系中控制者和受控制物之间相互替代产生控制转喻，即控制者代替受控物和受控物代替控制者。与"兵器"最直接的联系为其控制者，即持兵器的人，如"士兵"等，因此"兵"的语义延伸常常涉及控制转喻。当受控物"兵"代指控制者"持兵器的人"时，两者建立控制转喻关系，"兵"作为喻体通过转喻为目标实体"兵器的控制者"提供心理可及。《孙子兵法》中"兵代控制者"的控制转喻共有 29 条，包含"兵代军队"（22 条）、"兵代士兵"（4 条）、"兵代敌人"（3 条）、"兵代军事家"（1 条），如表 3 所示：

表 3　"兵代控制者"的转喻语义延伸

语义延伸	数量	比例
兵代军队	22	75.86%
兵代士兵	3	10.34%
兵代敌人	3	10.34%
兵代军事家	1	3.45%
总计	29	100%

由表3可知，“兵代军队”的控制转喻数量最多，其他三类控制转喻的延伸义较少，其中“兵代军事家”仅有1例。军队、士兵、敌人、军事家等皆为持兵器或者控制兵器的团体或战争参战人员，与“兵器”属于同一认知域中具有邻近关系的概念。基于此，识解表征“军队”等控制兵器的参战人员义项涉及转喻思维的调用，如例（1）–（2）。

（1）故胜兵若以镒称铢，败兵若以铢称镒。(《孙子兵法·形篇》)

（2）兵怒而相迎，久而不合，又不相去，必谨察之。(《孙子兵法·行军篇》)

例（1）–（2）中“兵”的语义识解依赖控制转喻认知机制。例（1）意为“胜利的军队较之于失败的军队，就像用镒称铢那样占绝对优势；失败的军队较之于胜利的军队，就像用铢称镒那样处于绝对劣势”。例（2）表达“敌人愤怒前进，但久不交锋又不撤退的，必须谨慎地观察他们”。此时，“兵”不再表征基本义“兵器”，而是识解为控制兵器的控制者。基于语境，认知主体围绕“兵”这一认知域，以“兵”的本源义“兵器”为认知参照，为目标语义“军队”和“敌人”的识解提供心理可及，并激活该义项。其中“兵”与“军队”“兵”与“敌人”构成控制转喻，“兵（兵器）”为受控制物，“军队”“敌人”为“兵（兵器）”的控制者。其转喻机制如图3、4所示。

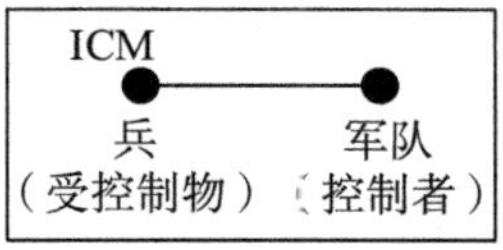

图3　“兵”的控制转喻机制

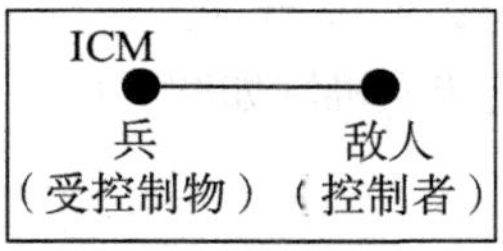

图4　“兵”的控制转喻机制

3.2.2　事物–部分转喻及“兵代战争”语义延伸

事物–部分转喻涉及整体与部分的关系，包括整体转指部分和部分转指整体。兵器为军事战争中的重要组成部分，因此“兵（兵器）”常常以“战争”为认知背景。《孙子兵法》中“兵”运用了事物–部分转喻机制来激活与军事战争相关的语义信息，表征“兵”与“战争”的语义联系。如例（3）。

（3）夫兵久而利国者，未之有也。(《孙子兵法·作战篇》)

例（3）句意为“战争久拖不决而对国家有利的情形是没有的”。“兵”不再表达“兵器”本源义，其语义的识解依赖转喻思维的参与，如图5所示。认知主体以“兵”的本源义，即战争组成元素之一“兵器”为认知参照点，为“战争”这一目标义项提供心理可及并激活该层语义，两者间的转喻类型为事物与部分之间的转喻，“兵”为部分，“战争”为整体，即语义延伸为“兵代战争”。

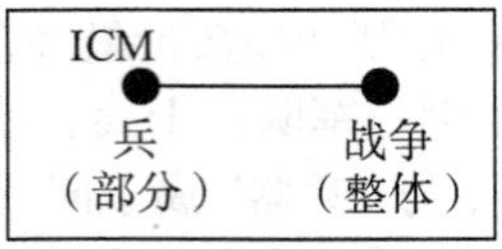

图 5　“兵”的事物–部分转喻机制

3.2.3　行为转喻及“兵代指挥作战”语义延伸

行为理想化认知模式包含施事、受事、工具、行为本身、行为结果、时间等，这些因素之间存在行为转喻关系。打胜仗常常需要将领善于指挥作战，因此“兵”与“指挥作战”这一行为存在着邻近关系，语义相互关联，通过行为转喻实现语义可及。《孙子兵法》中“兵”的识解需要调动转喻思维来表征“指挥作战”这一语义，二者的行为转喻关系为“兵代指挥作战”，如例（4）。

（4）故知兵之将，生民之司命，国家安危之主也。（《孙子兵法·作战篇》）

例（4）中“兵”的识解需要借助转喻思维，句意为“懂得指挥作战的将帅，是民众生死的掌握者，是国家安危的主宰”。在战争这一军事行为认知框架中，当工具“兵（兵器）”代替“指挥作战”这一行为时，“兵”不再表征工具“兵器”，而是识解为“指挥作战”这一行为，二者建立“工具代行为”的行为转喻关系，并以工具“兵（兵器）”作为认知参照点，为行为“指挥作战”提供心理可及，实现“兵”的转喻语义延伸。其转喻机制如图 6 所示。

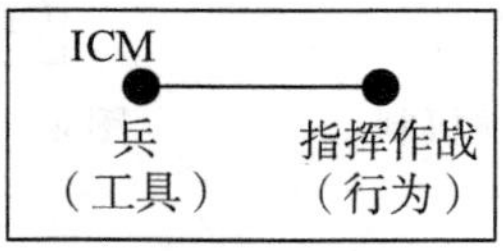

图 6　“兵”的行为转喻机制

4. 转喻 – 概念整合视域下《孙子兵法》中“兵”的语义认知阐释

“兵”的语义不再局限于本源义“兵器”，而是通过转喻进行了语义延伸，产生出其他有赖于语境的义项。转喻 – 概念整合模型可帮助阐释其语义建构认知机制。基于该模型探究语义建构，不仅能展现其他概念实体在“兵”的转喻中的作用，而且能揭示语境中不同语义的认知整合过程。

4.1　控制转喻 – 概念整合语义建构

“兵”的控制转喻揭示“兵代控制者”中受控制物与控制者的关系。通过转喻 –

概念整合模型，可看出控制转喻如何促进心理空间的信息整合，进而建构新的语义结构。

（5）是故百战百胜，非善之善者；不战而屈人之兵，善之善者。（《孙子兵法·谋攻篇》）

例（5）句意为“百战百胜还不算高明中的高明；不经交战而使敌人屈服，才算是高明中最高明的”。其中“兵”为“兵代控制者”的控制转喻，为同一认知域中“军队”的概念提供心理可及，转喻机制如图 7 所示。通过引入概念整合理论，控制转喻“兵代军队”语义建构得以清晰展现，如图 8 所示。

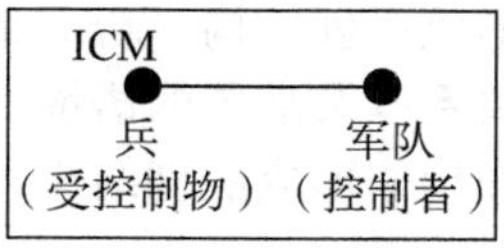

图 7　“兵”的控制转喻机制

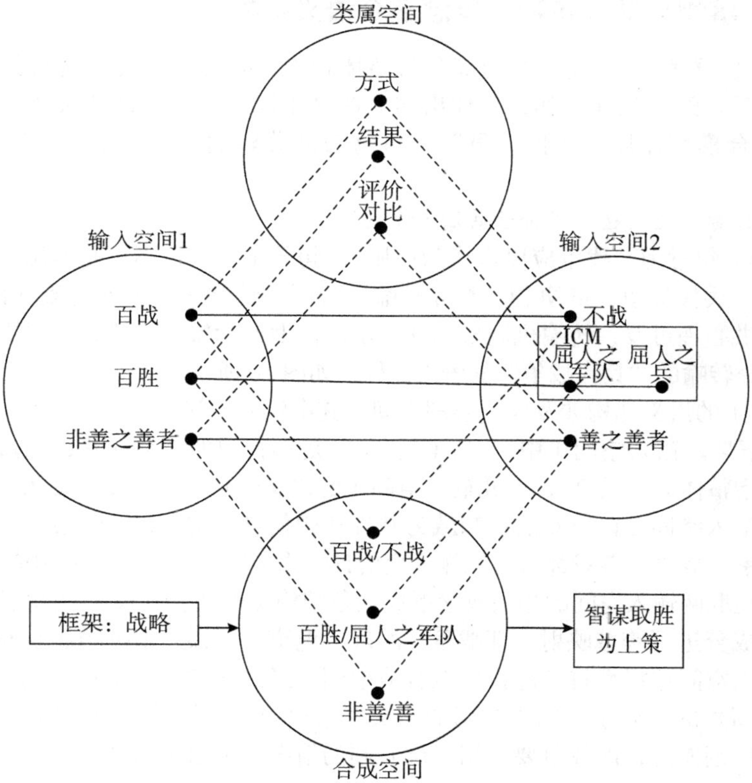

图 8　“是故百战百胜，非善之善者；不战而屈人之兵，善之善者。”转喻–概念整合语义建构

输入空间 1 和输入空间 2 分别表达不高明与高明的谋攻之策。输入空间 1 为“百战百胜，不算高明中的高明”，输入空间 2 为“不经交战使敌军屈服，是高明中最高明的”。由于“兵”的控制转喻，输入空间 2 为“军队”语义的识别提供了可能。“军队”的语义通过转喻被激活后，输入空间 2 的转喻信息结构更新为“屈人之军队”。类属空间提取两输入空间的抽象结构（方式、结果、评价对比），指导两输入空间对等成分跨空间映射并选择性投射至合成空间。其中，输入空间 1 的“百战”“百胜”“非善之善者”分别与输入空间 2 的“不战”“屈人之军队”“善之善者”对应。基于类属空间的概念结构，两输入空间的信息选择性地投射至合成空间。合成空间中，认知主体经过组合、完善、扩展形成层创结构，新语义关系同时由两个输入空间的信息建构起来。基于新建的语义关系以及战争的语境，合成空间建构新的框架——战略框架。最终合成空间经过认知操作形成层创结构，其层创意义为战争以智谋取胜为上策。

4.2 事物与部分转喻 – 概念整合语义建构

“兵（兵器）”与“战争”为部分与整体转喻，其转喻语义建构与其句子语境信息有关系。经过认知运作，延伸出与本源义不同的但邻近的相关概念。以下借助概念整合模型还原“兵代战争”的事物与部分转喻的语义信息重组内在认知机制。

（6）兵者，诡道也。（《孙子兵法 · 计篇》）

例（6）句意为“战争应以诡诈为原则”。句子中“兵”不再是本源义“兵器”，而是表征“兵代战争”的事物 – 整体转喻，为同一认知域中的作为整体的“战争”的概念提供心理可及，转喻机制如图 9 所示。借助概念整合理论，可以更好地理解事物 – 部分转喻的“兵代战争”的语义建构，如图 10 所示。

例（6）的语义建构涉及四个心理空间，其中输入空间 1 为战争框架，输入空间 2 为游戏框架。输入空间 1 中，“兵（兵器）”是事物中的部分元素，通过事物 – 部分转喻转指整体的“战争”，因此输入空间 1 的语义信息发生改变，变为“战争”与“诡道”。输入空间 2 以游戏的认知域为基础建构信息结构，以此情境建立起战争与游戏的关系。战争和游戏都需要诡诈多变的计谋来应对对手，且两者构成隐喻关系。类属空间提取两输入空间的相关概念形成抽象结构（事件、方式），并激活两个输入空间对应成分进行跨域映射，即战争 – 游戏，诡道 – 计谋。根据类属空间的抽象结构，两输入空间选择性将信息投射至合成空间，经过认知操作形成层创概念。基于合成空间新建的不同于两输入空间的语义关系以及具体语境，建构作战势态框架，最终形成层创概念，即战争要根据自己有利的情况，采取灵活的措施以掌握战争主动权。

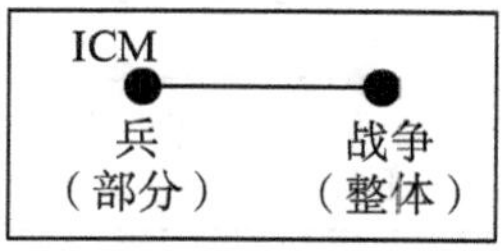

图 9 “兵”的事物–部分转喻机制

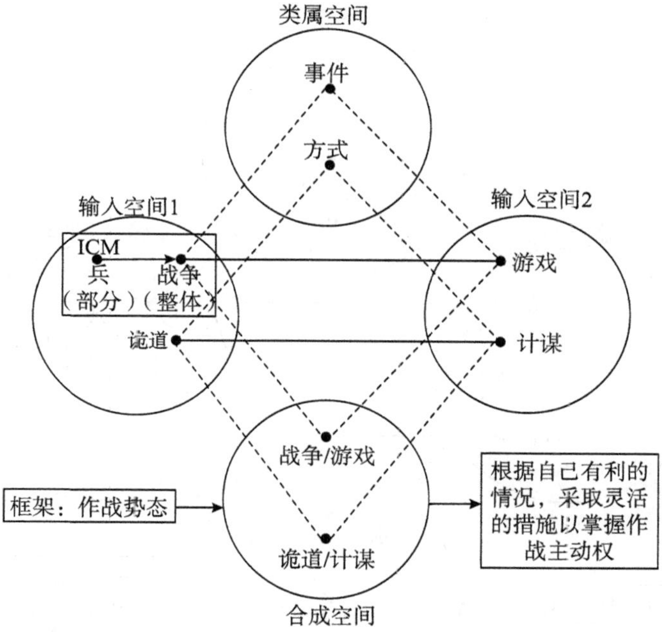

图 10 “兵者，诡道也。”转喻–概念整合语义建构

4.3 行为转喻 – 概念整合语义建构

《孙子兵法》中的行为转喻描述部分与部分之间的关系，即工具与行为之间的关系，表征“兵代指挥作战”语义。以例（7）为例，借助概念整合模型，分析行为转喻背后的语义建构机制，揭示其转喻与语境中其他概念实体共同进行语义融合的认知运作过程。

（7）水因地而制流，兵因敌而致胜。（《孙子兵法·虚实篇》）

例（7）句意为“水的流动因地势的高低而制约流向，指挥作战根据敌人的变化而夺取胜利”。其中“兵”不再是其本源义“兵器”，而是表征“兵代指挥作战”的行为转喻，为同一认知域中的“指挥作战”行为概念提供心理可及，转喻机制如图 11 所示。概念整合理论可揭示行为转喻“兵代指挥作战”语义建构认知机制，如图 12 所示。

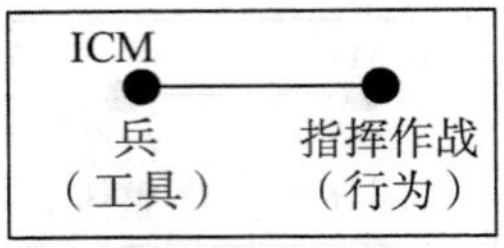

图 11　“兵”的行为转喻机制

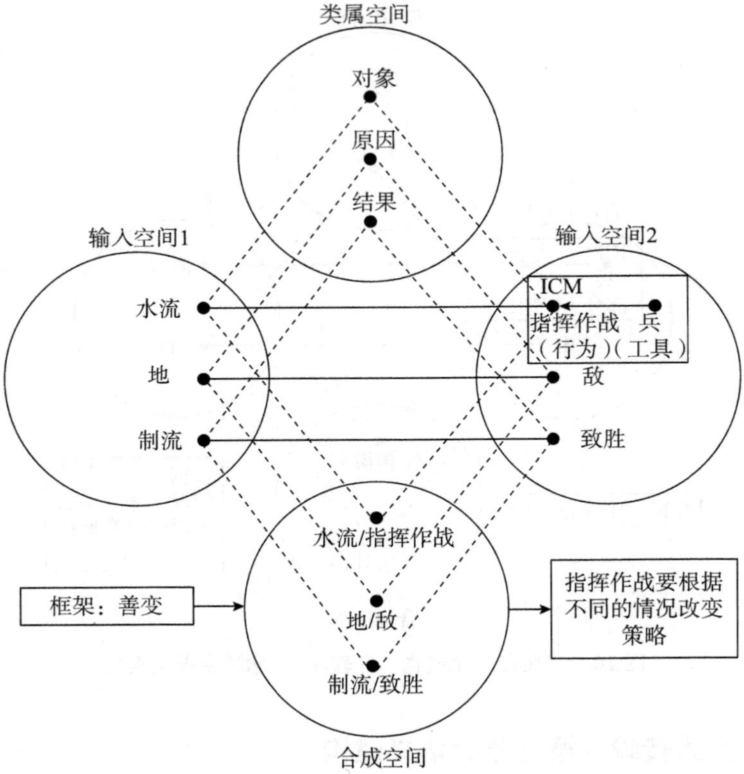

图 12　“水因地而制流，兵因敌而致胜。”转喻–概念整合语义建构

如图 12 所示，语义建构基于概念整合的四个心理空间，其中输入空间 1 的信息建构水的框架，输入空间 2 的信息建构战争框架。输入空间 1 语义信息包括“水流”“地”“制流”“兵”“敌”“致胜”。由于“兵”的行为转喻，即“兵”由本源义“兵器”转指“指挥作战”的行为，输入空间 2 的信息结构更新为“指挥作战”“敌”“致胜”。两输入空间的概念被抽象到类属空间（对象、原因、结果），在类属空间的指导和约束下，进行对等跨域映射，即水流 – 指挥作战、地 – 敌、制流 – 致胜，并选择性投射至合成空间。合成空间经过组合、完善、扩展，形成层创结构，建构不同于两输入空间的新的结构关系。基于新建的结构关系及其所在语境，合成空间建立起善变框架。最终经合成空间的逻辑认知组合，层创意义得以建构，即指挥作战要根据不同的情况改变策略。

转喻－概念整合模型为《孙子兵法》中“兵”的语义延伸与建构提供了合理的解释，揭示了“兵”的转喻认知思维及其内在语义认知机制。由上文可知，“兵”的语义建构受到转喻机制及语境中其他概念实体的影响。转喻机制为输入空间提供新的语义信息，与其他概念实体提供的信息在合成空间进行整合，由此建构了新的框架以及层创意义。转喻－概念整合模型清晰展示了“兵”的意义融合过程以及新语义的建构过程。

5. 结语

《孙子兵法》为中国兵家典籍的代表作之一，“兵”是其重要军事词汇。“兵”的转喻研究发现，《孙子兵法》中“兵”的转喻类型包括控制转喻、事物－部分转喻及行为转喻三类；概念整合研究可以清楚地看到“兵”新的概念语义建构过程；转喻－概念整合双重视角为“兵”的阐释提供了认知方式。借助转喻－概念整合模型分析《孙子兵法》，有助于军事语言的语义研究，也有助于将认知研究拓展到兵家典籍领域，为典籍研究提供认知阐释。

参考文献

[1] FAUCONNIER G. Mental space [M]. Cambridge: MIT Press, 1985.

[2] FAUCONNIER G. Mapping in thought and language [M]. Cambridge University Press, 1997.

[3] FAUCONNIER G, TURNER M. The way we think: conceptual blending and the mind's hidden complexities [M]. New York: Basic Books, 2002.

[4] RADDEN G, KÖVECSES Z. Towards a theory of metonymy [A]. // PANTHER K, RADDEN G. Metonymy in langauge and thought [C]. Amsterdam: John Benjamins, 1999.

[5] TAYLOR J. R. Linguistic categorization: prototypes in linguistic theory (2nd edition) [M]. New York: Oxford University Press, 1995.

[6] 黄朴民，熊剑平．知行合一：王阳明兵学思想管窥 [J]. 浙江社会科学，2020（09）：112–120，160.

[7] 李长庭．《孙子兵法》兵学术语英译策略探究——基于 Hofstede 的文化维度 [J]. 中国民族博览，2021（02）：111–113.

[8] 李学勤．字源 [M]. 天津：天津古籍出版社，2012.

[9] 阎盛国.《孙子兵法》对王阳明兵学思想的影响 [J]. 史学月刊，2009（09）：127–130.
[10] 张涅. 春秋兵学对于先秦哲学思想的贡献 [J]. 文史哲，2004（02）：25–31.
[11] 郑侠.《孙子兵法》兵学术语英译研究——以林戊孙英译本为例 [J]. 河北联合大学学报（社会科学版），2015，15（06）：115–117，121.
[12] 周大军. 从“兵”看军语语义扩展 [J]. 中国科技术语，2009，11（01）：33–37.

动趋式"V 出"的宏事件表征

张　丹[1]

摘　要："V 出"是汉语动趋式之一。现有文章大多从生成语法、功能语法、构式语法等视角对动趋式"V 出"进行研究，从宏事件角度进行研究的文章则寥寥无几。本文基于 Talmy（2000）的宏事件理论对动趋式"V 出"进行认知语义分析。研究发现，动趋式"V 出"可分为趋向义、结果义和时相义，分别表征运动类、状态类、实现类和体相类宏事件，但有些用例无法归入合适的类别；表面形式相同的句法格式表征了语法、语义性质迥异的概念结构。本文旨在从宏事件的角度拓宽汉语动趋式"V 出"的研究范围，深化其认知研究。

关键词：宏事件；动趋式；"V 出"；认知语义分析

1. 引言

动趋式是汉语中较常用的一类动补结构，因其语义类型丰富、句法结构多样等原因引起学界的关注。学界分别从句法结构（张伯江，1996；贾钰，1998；陆俭明，2002）、趋向补语的语义特征和语义路径（孟琮，1992；邱广君，1995；刘月华，1998）以及不同动趋式结构之间的对比分析（张谊生，2006；范立珂，2012）等几个方面进行考察。动趋式"V 出"的研究也多从句法描写和语义分析的层面展开，从认知的角度研究还有待拓展（杨桦，1992；郭珊珊、朱乐红，2011；高逢亮、匡鹏飞，2018；陈嘉琪，2020）。Talmy（2000）通过总结各类语言中相似的句法、语义性质提出了宏事件理论。核心图式是宏事件理论最重要的信息。汉语的趋向补语属于卫星语类，起表征核心图式的重要作用。基于此，本文运用 Tamly 的宏事件理论对动趋式"V 出"进行认知语义分析，总结"V 出"的中"出"的语法和语义性质并分析"V 出"表征的宏事件类型。

2. 理论基础

2.1　五类宏事件

Talmy（2000）发现跨语言存在词汇化模式相似的五类宏事件，并提出宏事件理

[1]　2016 级英语专业学生；邮箱：1099078532@qq.com。

论（Macro-event Theory）。宏事件由构架事件（Framing event）、副事件（Co-event）以及副事件对构架事件的支撑关系（Support relation）三部分组成。在宏事件中，构架事件具有建立整个宏事件架构的特性，是宏事件概念结构的中心；副事件为构架事件提供支撑，起背景支持作用；支撑关系包括先发关系、使能关系、原因关系、方式关系、目的关系、后发关系和构成关系，最常用的两类关系为方式关系和原因关系。构架事件涵盖四类语义成分：主体成分（Figural entity）、背景成分（Ground entity）、动作过程（Activating process）以及系联功能（Association function）。系联功能本身或与背景实体一起形成构架事件的核心图式（Core schema），表述事件最核心的信息，是句法和语义体现的重点（Talmy，2000）。构架事件的概念结构可用图 1 表示：

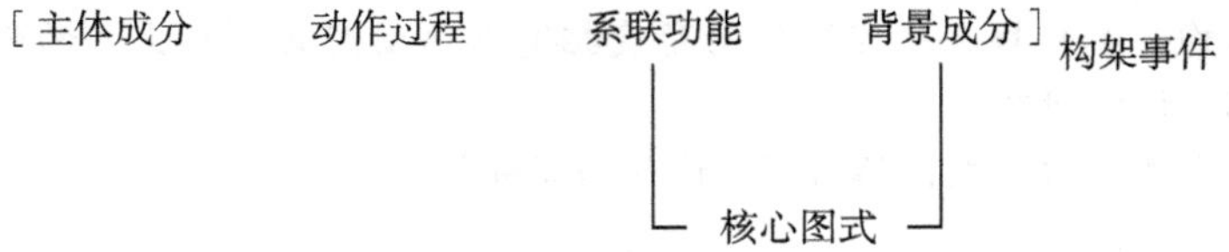

图 1　构架事件的概念结构

语义成分的合并，主、副事件的融合，采用综合单一的句子表征是宏事件的共同特点。动词词根和卫星语均可合并表达多种语义成分，如动词词根在表述动作过程的同时兼表方式、原因、体相等，而卫星语在表述系联功能的同时兼表背景、主体、方式等（严辰松，2008）。通过核心图式由动词还是卫星语表征，世界上的语言类型可分为两类，V 型语言（Verb-framed language）和 S 型语言（Satellite-framed language）。汉语属于一类很强的 S 型语言，常用补语表达事件的核心图式。

构架事件包含五种类型：运动事件（Motion Event）、状态变化事件（State-of-change Event）、体相事件（Temporal Contouring Event）、实现事件（Realization Event）和行动关联事件（Action Correlating Event）。运动事件表示事物在空间上的移动或静止，状态变化事件表示事物状态发生变化或守恒，实现事件表示目的的实现或确认实现，体相事件表示事件在时间上的廓延，行动关联事件表示两个事件参与者之间发生的相互关系。本文分析“V 出”表征的宏事件及其语义成分特征。

2.2　动趋式

孟琮（1992）指出，动趋式指动词附带一个趋向词补语。“趋”指汉语中的“趋向成分”，称为趋向补语，属于封闭功能形式词类，几乎所有的汉语句子都能探其踪影。趋向补语通常用于动词和形容词“来 / 去、上 / 上来 / 上去、下 / 下来 / 下去、出 / 出来 / 出去”等词后面，也可单独作动词。趋向补语可以表方向，如“走进来”；表结果，如“看出问题”；还可表状态，如“唱上了”（刘月华，1998）。很多研究只是关注动趋结构的“动词＋趋向补语”本身。实际上，“动词＋补语”所处的句法环境复杂多样。动补结构可由下面的图式描述（严辰松、陈冬兰，2021）：

a. NP V-C

b. NP1 V-C NP2

C 代表趋向补语“出”，V-C 构成复合谓语“V 出”，即 Talmy 所称的动词复合体（verb complex）。动趋式“V 出”中，“V 出”被用来陈述名词短语所指，陈述的对象通常是主体成分。根据句法环境的不同，趋向补语“出”具有不同的功能，被陈述的对象 NP/NP1/NP2 的性质也不尽相同，可能表征不同的概念结构。

3.“V 出”表征宏事件分析

本研究使用定性分析的方法，在 BCC 语料库（荀恩东等，2016）搜索栏中输入“V 出”，得到 1 614 608 个结果；搜集的“V 出”实例经过处理后，进行语法意义和宏事件分类，总结句法语义特征。经分析得出，“V 出”的语法意义分成趋向义、结果义和时相义三类。“出”的趋向义为通过动作使人或物体从某处所的里面移动到外面，可细分为具体和抽象两类；结果义表示事物从无到有、从隐蔽到显露，也细分为具体和抽象两类；时相义表示动作在时间进程中的显现程度，已经表示很虚化的意义，不再作进一步区分。“V 出”可参与表达运动、状态变化、实现和体相四类宏事件，并表征为两类句式：① NP V- 出（例如：暴突的眼睛也要弹出）；② NP1 V- 出 NP2（例如：他已经做出成绩）。汉语采用动词前并非卫星语的语类进行表征关联事件，因此关联事件未纳入归类范围。动趋式“V 出”的语义类型和构架事件对应关系如下表：

表 1　“V出”语义类型与构架事件的关系

构架事件类型	例句	“V 出”语义类型	
运动事件	两人又开始并肩地走着，跨出大门。	基本趋向义	趋向义
状态变化事件	那男人掏出手绢不停地给女人擦脸擦嘴。	抽象趋向义	
实现事件	这位带苏北口音的镇江人，过去在学校做科研，写出论文就完成任务。	基本结果义	结果义
	脑子一片混乱，无法做出理性的判断。	抽象结果义	
体相事件	我希望你们打出风格、打出水平。	时体义	

3.1　运动事件

Talmy（2000）指出，五类宏事件中，运动事件属于最基本的事件类型。运动事件表示主体对背景移动或保持静止。主体成分指发生运动的主体；背景成分指主体发生运动的起始点或结束点，是主体的参照点；动作过程指运动过程本身；系联功能指主体移动的路径。路径（+背景）构成运动事件的核心图式，汉语中通常用趋向补语进行表征。“V出”表征运动事件时，主体成分通过运动进行空间位置的移动，即从内部环境到外部环境，此时趋向补语“出”表空间趋向义。“V出”表征运动事件的部分例子如例（1）–（5）所示：

（1）**她**换上一套色彩浓艳的湘绣织锦旗装，将苍白的小脸衬得有些血色，在做过几次深呼吸之后，勇敢地**踏出**房门。

（2）**她**羞红了脸，趁他松手时，赶紧离开他怀里，一溜烟地**跑出**房间。

（3）雄虎鲸停住了，把**头探出**水面有6英尺，然后纵身跳过雪妹，试图向约翰尼的背后扑去。

（4）克勒韦尔老头跟玛奈弗太太一同把**医生送出**大门。

（5）据说其中有政治因素，是不是如此，是另一个问题，但等到林夫人恍然大悟，把**局外人**都**赶出**大门。

例（1）—（5）中，黑体部分表示动趋式“V出”，黑体加下划线部分表示运动事件中的主体成分，下划线内容表示事件的背景成分（下文同）。例（1）—（5）的主体成分分别为“她”、“她”、“熊虎鲸的头”、“医生”和“局外人”，且全都表征在句子中。例（1）—（5）中，“出”表示路径成分，背景成分分别为“房门”“房间”“水面”“大门”“大门”，表达位移的起点，意为“从……出”，如图2所示。

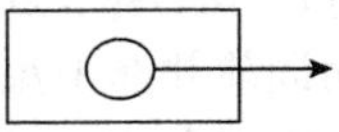

图2 “从……出”

图2的起点位置为运动主体开始移动前所处的位置，即房间内部、水面内部、大门内部，终点位置为房间外、大门外。箭头表示运动的方向。

上述例子中，动词“踏”、“跑”、“探”、“送”和“赶”都属于移动动词（motion verbs），表示运动的方式或原因。例（1）—（3）把运动过程和运动的方式合并融合到一个动词中，例（4）—（5）则把运动过程和运动的原因合并融合到一个动词上。以例（1）、（5）的句子为例，概念语义结构分析如下：

例（1）: [她 MOVED TO 房门外] WITH-THE-MANNER-OF [踏]

例（5）: [林夫人 MOVED 局外人 TO 大门外] WITH-THE-CAUSE-OF [林夫人赶]

根据分析得出，进入“V出”句式并表达趋向意义的动词主要有两类，第一类为自移动词，表示主体自身的运动方式，如“踏、跑、探”；第二类为使移动词，作用于主体，使其改变位置，如“赶、送”。在“V出”表征运动事件中，运动过程和副事件（方式或原因）合并融合到同一个动词中。

3.2 状态变化事件

状态变化事件表明主体或情景通过某个动作后改变原有属性或保持某种属性（Talmy，2000）。状态变化事件的主体成分为具有某种属性的物体或情景；背景成分体现为该属性；动作过程表示主体的改变或维持不变；系联功能表示物体或情景相对于特征的方向关系，也被称为转变类型（贾红霞、李福印，2015）。相比于运动事件，状态变化事件可以分为状态改变和状态不变两类事件。“V 出”表征的状态变化事件主要体现在状态改变这一类，此时趋向补语“出”表抽象的趋向义，意为物体或情景的显露、显现。“V 出”表征状态变化事件的部分例子如例（6）–（11）所示：

（6）他没听清楚，侧低下头望着她，瞧她跑得满头大汗，他温柔地**掏出**手帕为她擦汗。

（7）第二天斯皮尔斯撞见了一个喝醉的中士，他再次重复命令，那名中士还嘴，他就**掏出**手枪，对准中士的脑门就是一枪。

（8）那人被逼得在林中连连躲闪，才呛的一声**掣出**长剑，奋起迎击，一支长剑剑光乱闪，剑势开阖，敌住了双铜的攻势。

（9）温小蝶见他装酷不酷，装严肃却又很滑稽的神情，忍不住**笑出**眼泪。

（10）痛，好痛。好痛！钟雨纯额头上都**冒出**汗了。

（11）灯光映射在他那坚强、果敢、刮得光光的脸上，他的双眼**冒出**怒火。

例（6）—（11）的主体成分分别为“手帕”“手枪”“长剑”“眼泪”“汗”“怒火”。背景成分为“手帕的位置状态”“手枪的位置状态”“眼泪的状态”“汗的状态”“恼怒的情绪”。背景成分未表征在句中，而是通过分析语义成分得出。系联功能为“出”，体现在动趋式“V 出”中。动作过程都为“状态的变化”。

上述状态变化事件可细分为三类，第一类是物体的位置状态变化，如例（6）—（8）；第二类是与人体相关的物质状态变化，如例（9）、（10）；第三类是情绪的状态，如例（11）。例（6）—（8）中，主体成分“手帕”“手枪”“长剑”经历了一个由内向外的位置变化，但路径并未有明显改变。类比第一类运动事件得出，动词“掏”“掏”“掣”编码了物体运动的方式，“出”表示抽象的趋向意义。例（9）、（10）中，“眼泪”“汗”为主体成分，属于与人体相关的物质，此类物质从无到有，通过人体变化而显露在体外。通过这些物质变化，可以推断出人的情绪变化状态也跟着发生了转变。动词“笑”“冒”编码了运动的形式，“出”表示显露义。例（11）的主体成分为恼怒的情绪，属于第三类状态变化事件，未编码到句子中。动词“冒”编码了运动的形式，“出”表示显露义。

3.3 实现事件

实现事件表达行事主体通过某种行为达到某种意图，目标得以完成。实现事件包含两类元素，行事主体的意图和行事主体意图达成的程度。意图达成程度可分为完成（fulfillment）和确认完成（confirmation）两种（贾红霞、李福印，2015）。Talmy（2000）认为，现代汉语大多数动词都是未尽完成义动词（moot-fulfillment verb）或蕴含完成义动词（implied-fulfillment verb），需要添加“实现”义的补语才能表达完全的“实现”。例如，“踢”“开”“杀”需要添加“着”“开”“死”这些表“实现”义的卫星语素才能表达完全的“实现”义（严辰松，2005）。“V 出”表征实现事件中，趋向补语“出”为完成义，表示事件的完成和意图的满足。“V 出”表征实现事件的部分例子如例（12）—（16）所示：

（12）据我所知，国外科普作品的问世，多半是先由科学家**写出初稿**，然后由科学编辑根据内容加以修改，特别注意文字的生动活泼（即可读性），改完后再回到作者手里，由作者根据修改稿件再改，着重考虑科学上的正确性。

（13）记者近日在呼和浩特市一些医院采访中发现，医生**开出处方**后不再像往常那样将药方交给患者划价取药，而是随着药品市场竞争的加剧，一些药店的药价比医院低 30% ～ 50%，因此拿处方到药店买药的人越来越多。

（14）车把式思索了一会，终于**想出**了一个两全其美之**策**。

（15）经过将近一年的努力，这个公司已研制、**生产出** 10 多种**新产品**，产品销路很好，到年底，盈利 39.5 万元。

（16）苏联最近就罗斯福诞生一百周年发表的言论中，指责美国政府在对外政策中**表现出“冒险主义和侵略性”**。

例（12）—（16）中，主体成分分别为“初稿”“处方”“策”“新产品”“冒险主义和侵略性”。趋向补语“出”为虚义，帮助整个事件补足或确认完成义，并未特指任何实体成分。

例（12）的动词“写”为蕴含完成义动词，动词本身隐含了实现的意义，趋向补语“出”确认“写初稿”动作的完成。如无趋向补语，“写”的隐含完成义可以取消，如“科学家们试图写初稿，但没有写出来”。例（13）—（15）的“开”“想”“生产”是未尽完成义动词，这类动词语义表达动作本身的同时，还进一步说明施事主体有意图地进行该动作，如“医生需要一个处方”、“施事需要一个两全其美的策略”、“公司需要新产品”，进而通过“开”“想”“生产”来达到目的。至于目的是否实现未知，需要增加趋向补语“出”来确认目的的实现。此外，还可借助汉语的体标记“了”“着”“到”等来表达实现意义（贾红霞、李福印，2015），如例（14）的“想出了一个两全其美之策”。Talmy（2000）提到，卫星语不仅可以表达实现义和确认实现义，还可表达超额实现义、欠额实现义和反实现义。以例（16）中“表现出‘冒险主义和侵略性’”为例。“表现”意为某种作风显露出来，通常为褒义，例（16）的“冒险主义和侵略性”则是贬义性质，表达反实现义。

3.4 体相事件

体相事件是运动事件在时间域内的隐喻映射，表达动作在时间进程中的分布模式或呈现程度，包括“开始”“延续”“结束”“完成”“重复”“逐渐减弱”等（Talmy，2000）。“V出”表征体相事件的部分例子如例（17）—（20）所示：

（17）这一制度的实施，提高了教师工作积极性，不少优秀教师安心教学岗位，**带教出**一批青年骨干教师。

（18）连中国市场的晚到者——**丰田**，也越来越**显示出**“全球第二”的风范来。

（19）他若有所思地看到他们疑惑的脸上，开始**显露出**一种恍然大悟的表情。

（20）广告在报刊、杂志上逐渐多了起来，人们又感到厌恶和反感了，但后来随着广告势不可当地涌来，以及广告制作水准的提高，**人们**对广告的反感日趋淡化，并逐渐**表现出**兴趣和依赖。

具体来说，例（17）中“带教出”表示“成功教学”的体相义，例（18）中“显示出”在时间轴中处于起点位置，并随着时间轴前进，表示“延续”的体相义，例（19）、（20）的“显露出”“表现出”表示“开始”的体相义。体相事件中，“出”表征虚化的体相义，陈述整个事件，不再陈述任何实体。“出”为体相事件设置了一个时间节点，使得原本的无界事件变为有界的事件，使其具有终结性（telicity）。例（17）中，背景成分为培养优秀教师完成的时间点，例（19）—（20）的背景成分则为动作开始的时间点。上述例子的动作过程和副事件分别合并融合到动词“带教”“显示”“显露”“表现”中。

4. 结语

本文基于Talmy（2000）的宏事件理论，简要分析了动趋式“V出”中“出”的语法和语义性质，描述了“V出”的句型及其中的句法和语义成分，并根据Talmy提出的分类方法，以BCC语料库提供的语料为基础，对“V出”表征的宏事件进行分类。通过分析得出，“V出”可分成趋向义、结果义和时相义三类语法意义。趋向补语“出”的语义除基本语义“从……出去/来”外，还包含“显露”“外显”“完成”等引申义。按照宏事件分类标准，“V出”可表征运动类、状态类、实现类和体相类四类宏事件。汉语表征关联事件时，采用动词前并非卫星语的语类进行表征，因此未列入本文讨论范围。

趋向补语“出”表征运动事件和变化事件时，表达实在的空间意义和物体的状态意义。当表征体相事件和实现事件时，趋向补语“出”表征虚化的体相意义。无论是实义还是虚义，趋向补语“出”都表示物体空间变化或状态幻化的临界点，使得事件继续进行、继续保持某一状态或者得出某种结果。表面形式相同的句法格式表征了语法、语义性质迥异的概念结构。

参考文献

[1] TALMY L. Toward a cognitive semantics, volume II: typology and process in concept structuring [M]. Cambridge: The MIT Press, 2000.

[2] 陈嘉琪．试析“V 到 N”与“V 出 N”的异同及换用条件 [J]. 现代语文，2020（7）: 39–45.

[3] 范立珂．“V 来”和“V 到”的替换条件及认知动因 [J]. 汉语学习，2012（1）: 104–112.

[4] 高逢亮，匡鹏飞．试论“V 出”类形式动词及其词汇化 [J]. 语言教学与研究，2018（3）: 104–112.

[5] 郭珊珊，朱乐红．论汉语“出”类趋向补语的语法意义 [J]. 湖南科技大学学报（社会科学版），2011（3）: 89–93.

[6] 贾红霞，李福印．状态变化事件与实现事件的概念界定 [J]. 外语教学，2015（1）: 22–27.

[7] 贾钰．“来 / 去”作趋向补语时动词宾语的位置 [J]. 世界汉语教学，1998（1）: 41–46.

[8] 刘月华．趋向补语通释 [M]. 北京：北京语言文化大学，1998.

[9] 陆俭明．动词后趋向补语和宾语的位置问题 [J]. 世界汉语教学，2002（1）: 5–17，114.

[10] 孟琮，等．汉语动词用法词典 [M]. 北京：商务印书馆，1992.

[11] 邱广君．谈“V 上”所在句式中的“上”意义 [J]. 汉语学习，1995（4）: 24–26.

[12] 荀恩东．大数据背景下 BCC 语料库的研制 [J]. 语料库语言学，2016（1）: 93–109.

[13] 严辰松．英汉语表达“实现”意义的词汇化模式 [J]. 外国语（上海外国语大学学报），2005（1）: 23–29.

[14] 严辰松．伦纳德 · 泰尔米的宏事件研究及其启示 [J]. 外语教学，2008（5）: 9–12.

[15] 严辰松，陈冬兰．汉语趋向补语表征 Talmy 五类宏事件研究 [J]. 浙江外国语学院学报，2021（5）: 20–28.

[16] 杨桦．试论“V 出”结构及其句式 [J]. 天津师大学报（社会科学版），1992（2）: 72–75.

[17] 张伯江，方梅．汉语功能语法研究 [M]. 南昌：江西教育出版社，1996.

[18] 张谊生．“看起来”与“看上去”——兼论动趋式短语词汇化的机制与动因 [J]. 世界汉语教学，2006（3）: 5–16，2.

汉越词词义变化及影响因素探析

赵　鎏[1]

摘　要： 中越自古以来便有着密切频繁的语言文化交流，汉越词作为两国文化交流的产物和媒介，具有重要的研究意义。本文梳理了汉越词的有关概念和分类情况，以权威汉越词词典作为研究语料，选取其中出现的部分双音节汉越词进行研究，将其与现代汉语对应词义对比，分析汉越词词义存在扩大、缩小、不变等情况，提出造成词义变化的原因是越南社会经济发展以及社会环境变化。最后，对中国师生在越南语及汉越词教学过程中出现的问题提出习得建议。

关键词： 汉越词；词义对比；汉越词教学

1. 引言

汉语传入越南后，越南人按照自己的理解和思维方式，将汉语借词进行本土化的改造，创造出了汉越词，汉越词也在发展过程中逐渐衍生出新的词义。

在汉越词中，双音节汉越词的数量多、占比大。汉语对越南语语音系统的影响，导致中越两国的外语学习者们在学习汉越音、汉越词时，很容易受到母语影响从而导致发音不准确或者汉越词理解上“望音生义”的偏差。因此，分析双音节汉越词的词义变化，研究其背后的文化现象，对于汉越互译及汉越教学工作有重要意义。鉴于此，笔者以汉越词权威词典为主要语料，参考祁广谋主编的《越南语汉越词词典》（2017）、Hoàng Phê（黄批）主编的 *Từ điển tiếng Việt*（《越南语词典》，2003）和《现代汉语词典》（第 7 版）中的词义注释，进行双音节汉越词词义分析，对一些特殊汉越词在语境中的使用进行讨论，分析其语义特点及词义变化背后的文化现象，促进更好地理解汉越词背后的文化内涵。

2. 汉越词的有关概念及分类

2.1　汉越词概念

关于“汉越词”的概念，中越学者一直以来都有着不同的划分方式和定义角度。早期学者大多以词汇借源作为标准来定义“汉越词”相关概念。例如王力（1980：2）

[1]　2017 级越南语专业学生；邮箱：948365473@qq.com；指导教师：祁广谋，教授。

提出："越语中的汉语借词叫做汉越语。"文中所表述的"汉越语"指的是唐代传入越南语的整套汉字音。林明华（1986：111–116）也认为："被借用到越南语中的汉语词汇，通称汉越词。"有学者以时间频率作为定义标准，例如阮文康（2007：131）认为："至少一次作为交际语境词汇单位在越南语中使用的叫做汉越词。"以构词特点作为定义标准的，如罗文青（2008：165–168）认为："汉越词，就是指汉越音读的越语借汉词。"还有以语音语素作为定义标准，例如咸蔓雪（2016：18）认为："汉越词是一个词汇学上的概念，指的是越南语中由汉越音组成的词汇。"祁广谋（2013：49–59）认为："汉越词是越南词汇系统中一个重要的组成部分，指的是越南语中能够独立运用的汉越音类汉语借词以及由汉越音类语素构成的复合词。"

对于汉越词的这些不同概念，我们要根据不同的研究领域加以区分，才能更好地把握汉越词的词义变化及其内涵。结合笔者的研究方向和内容，本文采用祁广谋关于汉越词的定义。

2.2 汉越词分类

关于汉越词的分类，不同学者的分类方法也有所不同。王力（1948）将汉越语分为古汉越语、汉越语、汉语越化三类。国内学者普遍承袭王力的研究思路，一般将广义上的汉越词分为古汉越词、狭义上的汉越词、越化汉越词。

古汉越词指的是从汉代开始输入越南语的汉语词，它在唐代汉越语语音体系正式形成之前列入越南语词汇，比"汉越词"出现得更早一些，因此也可以称为"前汉越词"。汉越词指的是唐代以来输入的汉语词。汉越词在现代越南语中所占比例非常大，几乎涉及各个领域的词汇，影响着越南人的生活。这说明汉越词在越南语中地位举足轻重。越化汉越词的出现时间晚于汉越词。越化汉越词在现代越南语中占比较小，在数量上远不如古汉越词和汉越词的数量多。越化汉越词原本也属于汉越词的范围，但受越南语读音系统以及越南人使用习惯的影响而逐渐发生改变，慢慢脱离了汉越词而与纯越词有了更多相同或者相似之处。

3. 汉越词词义演变

汉越词是中越两国之间文化交流的见证和语言文字的产物，大部分汉越词仍然保留汉语原义。经过长期的使用，汉越词受到了越南社会文化的影响，越南人民在借用过程中对其加以创新，有部分汉越词与现代汉语对应词的原义已不相同。此外，在社会发展的过程中，不光汉越词词义产生了变化，现代汉语词汇的词义也在发生动态改变，而其对应的汉越词仍然保留汉语原义，这也是现代汉语对应词与汉越词词义不同的原因。

下面，本文将结合例词、例句，在具体语境中分析一些汉越词的词义。

3.1 汉越词与现代汉语对应词词义完全相同

在现代越南语词汇系统中，有一部分汉越词与现代汉语对应词的词义完全相同。这些双音节汉越词语义、构词与现代汉语对应词完全相同，甚至发音也跟对应汉语词相近，这对于汉越词学习者来说十分易于理解、掌握并能灵活地使用。

此类词主要涵盖有关概念、术语类的专有名词，涉及工业、医疗、物理、生化、药学、宗教等专业领域，例如：sản nghiệp（产业）、sán khí（疝气）、siêu âm（超音）、sinh thái（生态）、sâm nhung（参茸）、siêu sinh（超生）等。下面将分析其中一些词：

（1）sinh hoạt—生活

在现代汉语，“生活”可作为名词也可以作为动词来使用。在越南语中，sinh hoạt 也有类似的用法，例如：

①作名词，指人或生物为了生存和发展进行的各种活动，包括政治、文化生活等。例如：

（汉）物质生活和精神生活都很重要。

（越）Sinh hoạt vật chất và tinh thần đều rất quan trọng.

②作名词，指团体或某一组织的集体活动。例如：

（汉）党团活动。

（越）Sinh hoạt Đảng và Đoàn.

③作动词，指个人衣、食、住、行等各方面的情况。例如：

（汉）生活简朴是个好习惯。

（越）Sinh hoạt giản dị là một thói quen tốt.

④常用在越南语口语中，作动词，表示组织、进行各种活动。例如：

（汉）班上正在组织文艺活动。

（越）Lớp đang sinh hcạt văn nghệ.

（2）sinh trưởng—生长

①作动词，在一定生活条件下，生物体生长发育，体积和重量逐渐增加。例如：

（汉）春天草木开始生长。

（越）Mùa xuân cây cỏ bắt đầu sinh trưởng.

②作动词，出生和成长。例如：

（汉）为孩子创造一个健康的成长环境。

（越）Tạo một hoàn cảnh sinh trưởng lành mạnh cho con cái.

这类汉越词与现代汉语对应词的语义、词性、用法完全一致，对于中国学生和越南学生来说都较容易理解。

3.2 汉越词与现代汉语对应词词义部分相同

在学习越南语的过程中，不难发现并非所有汉越词都能与现代汉语对应词完全词义等同。汉语输入越南语时，部分汉越词还受当地语音系统影响而改变了读音，又因为受到越南社会文化的影响而发生了词义改变，使得这类汉越词与对应汉语词只有部分语义相同，具体可分为词义拓展和词义缩小两类。

3.2.1 词义拓展

汉越词产生后，受到越南社会、文化、观念、方言等各方面的影响，发生了词义拓展的现象，词义相较于现代汉语对应词增多了，适用的情境和场景也更广泛。有些汉越词可以与多个现代汉语词汇相对应。这些对应词并不是“完全相等”的同义词，只是“意思接近”的近义词，它们可以在某些特定语境下互相替换使用。下面笔者将具体分析一些词语：

（1）sự thật—事实

在现代汉语中，“事实”可以作为名词和副词，越南语中用法也与之类似：

①作名词，指事情的真实情况。例如：

（汉）文章反映了事实的真相。

（越）Bài văn này đã nói đúng sự thật.

②做副词，表示“事实上……真实情况是……”。例如：

（汉）事实上，他这样处理是对的。

（越）Sự thật là ông ấy giải quyết như thế này là đúng.

除此之外，越南语中 sự thật 还衍生出了“真理”这一词义，但是在现代汉语中“事实”就没有这一词义。例如 Báo Sự thật 翻译成现代汉语就是《真理报》。当然，在一些正式的场合，若要表达“真理”这一词义时，更多时候还是使用汉越词 chân lý，而不是 sự thật。

（2）sinh viên—生员

我国明、清时期科举考试分为四级：院试—乡试—会试—殿试，院试未中称为“童生”“童子”，通过院试者则被称为“生员”，俗名“秀才”。这些科举职官名称进入越南后，在本地文化影响下逐渐产生了新义。例如，越南语汉越词中也有 sinh viên，但 sinh viên 除了保留“生员”这一古义之外，词义发生了拓展，更多的时候用来指“大学生”。而现代汉语中，“生员”则没有“大学生”这一词义。例如：

①作名词，保留古意，生员

（汉）他考上了生员。

（越）Anh thi đỗ sinh viên.

②作名词，现代越南语中指大学生

（汉）他是班上最有能力的学生。

（越）Anh ấy là người sinh viên có khả năng nhất trong lớp.

除了 sinh viên（生员）之外，越南语中还有 cử nhân（举人）、tiến sĩ（进士）等词在现代越南语中分别指“本科生”“博士生”。

3.2.2 词义缩小

一部分汉越词由于不符合越南人的思维方式和表达习惯，或者表达的事物在现代越南语中已经不复存在了，其表达的内容不如原汉语对应词那么丰富，适用语境和场景也没有原来那么广泛了。这类汉越词的部分词义不再使用，发生了语义范围缩小的现象。

（1）sinh địa—生地

在现代汉语和越南语中，“生地”作为名词，都可指一类药材。

作名词，表示一种药材名称。例如：

（汉）生地是一种药材的名称，具有清热的功效。

（越）Sinh địa là tên của loại thuốc, có tác dụng giải nhiệt.

此外，现代汉语中，“生地”作名词还可以指陌生的地方、荒凉的地方，而越南语中的“sinh địa”并没有这层含义。陌生之地，荒凉之地，越南语通常说“Nơi xa lạ, nơi hoang vu”。

（2）hoàn cảnh—环境

在现代汉语和越南语中，“环境”作为名词，都可以指抽象概念中的“情况、条件、境地”。例如：

作名词，表示“情况、条件”。例如：

（汉）即便处于困难的境地，也要保持初心。

（越）Dù trong hoàn cảnh khó khăn, vẫn phải giữ lòng sơ.

此外，现代汉语中，“环境”作为名词，还可以指实际的“周围环境”，例如生态环境、自然环境，而越南语中则不能指真实的生态环境，词义发生了缩小。若要指自然生态环境，越南语中用的是“môi trường”。例如：bảo vệ môi trường là trách nhiệm của mỗi người.（保护环境是每个人的责任）。

（3）sinh khí—生气

在现代汉语和越南语中，“生气”作为名词，都有“生命力、活力”的意思。

作名词，指生气、生命力、活力。例如：

（汉）改革为政治生活带来新的生机。

（越）Cải cách thổi một luồng sinh khí cho đời sống chính trị.

而在现代汉语中，“生气”除了表示生命力之外，还表示因不合心意而产生不愉快的情绪。越南语中则没有这层含义，取而代之的则常用 tức giận 来表示“生气”这一情绪。

3.3 越造汉越词

现代越南语中还有些汉越词找不到对应的现代汉语词。它们有的是在本身汉语语素和词义基础上添加了越南语中的语素而新造出来的词汇，一般称之为“越造汉越词”或“越创汉越词”；有的则是保留古代汉语词义而在现代汉语中该词义已不再使用，所以没有对应的汉语词语。越南学界普遍认同将其归为汉越词。下面具体地分析一些越南人自创的汉越词：

（1）sinh tố—维生素，果汁

“Sinh tố”这个词也是汉越词，按照汉越音，其对应的汉语字样是“生素”。在越南语里，“Sinh tố”作名词有两个意思：一是指维生素，例如，“维生素 A”越南人除了直接使用英语词汇“Vitamin A”之外，还可以说“sinh tố A”；二是指果汁，例如，“橙汁”越南人除了说“nước cam”之外，还说“sinh tố cam”。

（2）sung mãn—美满、充沛

在越南语中，“sung mãn”作形容词有两层含义。一是指“美满、圆满”，例如：Nhân dân được hưởng một cuộc sống sung mãn（人民得以享受美满生活）。此外，现代越南语还可以用“sung sướng”来形容“幸福、美满”。二还可以形容“充沛、旺盛”，例如：“sức lực sung mãn”（精力充沛）。另外，越南语如果想表达“充满”，还可以用纯越词“tràn đầy”。

除了上述这类词外，还有一部分汉越词保留古汉语词义或者带有古汉语色彩。这种词语在现代越南语中的数量并不多，例如官职官阶、诗歌辞藻等，一般见于文学、影视作品中，在现代越南语的日常交际中很少使用。要理解这类越造汉越词，需要对中越两国历史和文化有较全面、深入的了解。

（1）sắc phong—敕封

“Sắc phong”（敕封）也是一个保留古代汉语词义的汉越词，它大约是在中国唐代的时候引入越南。封建时期这个词在越南被广泛地使用，现在也可在文学作品和历史题材的影视剧中频频见到这个词。所以对大部分越南人来说，这个词完全可以理解。例如：

（汉）越南封建时期，有才的人常常得到皇帝的敕封。

（越）Thời phong kiến ở Việt Nam, người có tài luôn được vua hoàng sắc phong.

另外，含有相同语素的“sắc chỉ”（敕旨）、“sắc chiếu”（敕诏）、“sắc lệnh”（敕令）、“sắc luật”（敕律）、“sắc tứ”（敕赐）等保留古汉语词义的汉越词，也可以关联记忆。

（2）sơ suất—疏率

“Sơ suất”（疏率）在封建时期传入越南之后，在现代汉语中已经不再使用了，但在越南语中仍有使用。

①古语，作形容词，疏率、轻率。例如：

（汉）在做决定时不要太轻率。

（越）Không nên sơ suất trong khi đưa ra một quyết định.

②作形容词，疏忽大意、草率。例如：

（汉）犯粗心大意的毛病。

（越）Mắc bệnh sơ suất.

③作名词，指不当、不周之处。例如：

（汉）不当之处请您原谅。

（越）Nếu có gì sơ suất mong bác bỏ qua.

此外，还有一些汉越词产生于法属时期，现代越南语中也很少使用这些旧词，只有了解有关背景文化者才理解其文化内涵。这一性质与保留古汉语词义的汉越词相似，因此笔者在此也将它们归入到保留古汉语词义这一类别中。例如："sơ học"（初学）指的就是法属时期的小学，这个词在现代越南语也很少使用了。现在越南人想要表达"小学"一词义时，一般使用"tiểu học"。

综上，在现代越南语中，大部分汉越词与现代汉语对应词词义完全相同，少数汉越词词义部分发生拓展或缩小，还产生了越创型汉越词，部分保留古汉语词义的汉越词在现代汉语和现代越语中极少使用，只有了解相关的历史文化背景知识才能理解其词义。

4. 汉越词词义变化影响因素及教学建议

4.1 汉越词词义变化原因

如前文所述，中国的历史文化通过各种方式、途径不断浸入越南，越南自古便开始借用汉语词汇，在此过程中逐渐发展、形成了汉越词。在时代的变革和历史的发展中，部分汉越词逐渐脱离现代汉语对应词原本的词义，衍生出新的词义及语体文化色彩。汉越词与现代汉语对应词的差别主要原因有以下几个方面：

4.1.1 社会发展影响

长期以来，越南的社会文化还相对欠发展。随着全球文化传播和经济发展，越南社会也逐渐发展进步，人民生活得到了改善，一些汉越词在使用过程中也发生了词义变化或衍生出新义。例如："sinh hoạt"，过去只是指一般的社会生活、衣食住行等。随着社会历史的发展，其语义扩大后指"组织生活"。"sinh viên"除了保留"生员"这一古义之外，还注入了新义，更多的时候用来指"大学生"。

其次，随着互联网及智能手机的普及，越南文化与国际文化接触融合，在使用一些具有国际性的、各领域的词语时，越南人就尽力地保留它们原来的形式。在表达一些国家名称如："Australia"（澳大利亚）、"Syria"（叙利亚）等时，一般直接保留其英文形式，而不通过汉越词翻译。还有一些新引入越南语的外文词汇如

“Coca-cola”“video”“online”“copy”等外来词汇时，越南人就一般直接保留其英语词汇名称而不使用现代汉语词汇中的“可乐”“视频”“在线”“复制”等汉语词了。

4.1.2 社会环境影响

一种语言进入另外一种语言，通常会受到借入语语言使用规律的影响，并反映在语言语义上。例如汉语的“维生素”在越南语中直接简化为 sinh tố（生素），在语义上已满足表述需要。越南语中“sinh tố”也用于指“果汁”，这是社会知识的作用，因为果蔬等含有的维生素相当丰富。再如“sinh thời”，粤语方言是“生时”，跟北方方言不尽相同，北方方言是“在世时”。因此，社会环境不同，也会造成词义变化。

中越两国文化相似，但本质上却有着极大的差别。对于传入本土的汉语借词，越南人民结合本民族的自我文化认同和民族信仰加以理解，使得部分汉越词的词义逐渐脱离原本的汉语词义，而增加了越南本民族的思维理解和情感色彩。

4.2 关于汉越词在越汉翻译教学中的习得建议

4.2.1 对越南语学习者的建议

汉越词是越南语词汇系统中重要的组成部分。因此，在学习越南语时，尤其不能轻视对汉越词的学习。把握好汉越词的词义，在学习、理解越南语词汇时就会容易很多。然而，并不是所有越南语学习者都能清楚分辨哪个词是汉越词、哪个词是纯越词。对于中国学生来说，由于母语为汉语，学习汉越词有先天的优势。但也正因为和母语相似，很多中国学生仅根据汉越音去推断、理解汉越词词义，很容易因判断错误而造成词义理解偏差。

要想学好汉越词，首先要掌握好汉语发音和越南语发音。其次是要充分了解汉越词的发展历程，以及中越两国的历史背景、语言文化。因为有很多汉越词是古汉越词，充分了解两国的历史文化背景，才能更好地理解词义。最重要的是要与时俱进，关注汉越词词义的动态变化。

4.2.2 对越汉翻译教学的建议

汉越词产生后，由于思想观念和文化的差异，导致部分进入越南语的汉越词的词义发生了变化。因此，在进行越汉翻译教学的过程中，教师首先应该根据中越文化背景和语言使用规律阐释汉越词在具体语境中的功能与意义，根据语用规律指出翻译的策略和方法。

对于与现代汉语对应且词义完全相同的汉越词，教师应该教给学生如何靠汉越音把汉越词推理成汉语词，逐渐让学生养成“推词”记忆的习惯，利用这一方法拓展越南语词汇量。例如，当学生学会了“sinh trưởng”这个词时，就可以推出“sinh tố”“sinh sắc”“sinh quán”“sinh quyển”等含有相同汉语语素的词汇，利用汉越音记住对应的“生命”“生存”“生理”等词义。

对于与现代汉语对应但词义部分相同的汉越词，教师应重点给予关注。因为单纯依靠语音去“推词”时，学生往往很容易对这类词产生词义理解偏差。教师应重点讲解发生变化的那部分词义，结合例句和具体情境，帮助学生更好地理解、记忆此类词语。

最后，对于已经完全越化或保留古汉语词义的汉越词，由于在现代汉语中没有对应词，中国学生对于这一块的文化知识储备可能比较欠缺甚至之前未曾涉猎。教师应该进行文化背景及文化含义的补充，并督促学生课后多了解相关知识，才更助于理解此类汉越词。

5. 结语

汉越词作为汉字传入越南的产物，是越南文字发展史中的关键一环，是中越两国自古以来关系往来的见证，其背后所蕴藏的历史文化价值不可估量。世界文化是一个大熔炉，在多元文化的大背景下，未来世界各国语言文化的发展趋势也必定趋于更加特色化、多样化，越南语也不例外。越南语词汇将在保留自身特点的情况下，继续吸收外来词汇，从而不断变得丰富多样。但不可否认的是，不论越南语词汇如何拓展或变化，汉越词在越南语中的地位是不可撼动的。它必将在越南继续发展下去，迸发出新的生命力，成为越南语中不可分割的一部分。

参考文献

[1] Hoàng Phê. Từ điển tiếng Việt [M]. Đà Nẵng: Nxb Đà Nẵng, 2003.

[2] Lê Đình Khẩn.Từ vựng gốc Hán trong tiếng Việt[M].Hà Nội:Nxb Đại học Quốc gia Hà Nội, 2002: tr.59–60.

[3] Nguyễn Như Ý.Từ điển giải thích thuật ngữ ngôn ngữ học[M]. Nxb Giáo dục,1996:tr.369.

[4] Nguyễn Thiện Giáp.Từ và từ vựng học tiếng Việt [M]. Hà Nội: Nxb Giáo Dục, 1991: tr.242.

[5] Nguyễn Văn Khang. Từ ngoại lai trong tiếng Việt [M]. Hà Nội: Nxb Giáo dục, Hà Nội, 2007: tr. 131.

[6] Vương lộc. Một vài kết quả bước đầu trong việc khảo sát từ Hán Việt cổ[J]. Ngôn Ngữ,1998: tr.13.

[7] 林明华 . 汉越词初探 [J]. 东南亚研究资料，1986（04）：111–116.

[8] 罗文青 . 越南语双音节汉越词特点研究——与汉语比较 [M]. 广州：世界图书出版广东有限公司，2011.

[9] 罗文青 . 越语双音节汉越词对应汉语倒序现象规律初探 [J]. 广西民族大学学报（哲学社会科学版），2008（04）：165–168.
[10] 祁广谋 . 论越南语汉越词词义内容的动态变化 [J]. 日本学研究，2013，（1）：49–59.
[11] 祁广谋 . 越南语汉越词词典 [M]. 北京：商务印书馆，2017.
[12] 王力 . 汉越语研究 [J]. 岭南学报，1948，9（1）.
[13] 王力 . 龙虫并雕斋文集（第二册）[M]. 北京：中华书局，1980.
[14] 咸蔓雪 . 汉语越南语关系语素历史层次分析 [M]. 上海：中西书局，2016.
[15] 中国社会科学院语言研究所词典编辑室 . 现代汉语词典（第 7 版）[M]. 北京：商务印书馆，2016.

越南语植物词语命名的理据及特点研究

梁如冰[1]

摘　要： 研究越南语植物名称的理据即探究其植物从何得名，分析越南语植物词语的构成形式，总结越南语植物词语命名的八种基本类型及命名规律，发现各语种植物词语命名理据存在共性，又别具特点。研究可补充和完善越南语词汇研究，为语言教学提供实用语料，帮助学习者更好地理解和掌握该类别词语，在跨文化交际上具有一定的实用价值。

关键词： 越南语；植物词语；命名；理据

1. 引言

语言理据是指语言在由无序到有序的自组织的运转过程中的促发语言存在、变异和发展的动因，它是语言生命的基因（王艾录、司富珍，2002：5）。我们常说的命名理据即事物获得名称的依据或缘由，简而言之便是“从何得名”。受词语的系统性影响，同一类别词语的命名理据也存在一定的关联。对于越南语某个具体类别的植物词语进行命名理据分析可以对同一命名理据的词语有更深入的了解，有助于补充和完善越南语词汇研究。同时，在语言教学中引导学生探究越南语植物词语命名背后的认知机制，可为教学提供理论依据，帮助学习者更快地理解该类别的词语，具有一定的实用意义。此外，对越南语植物词语进行命名理据研究可以为越汉词典编纂的完善、跨文化交际及汉越互译等方面提供实用语料，为分类词汇词典的编纂提供更多的参考依据，有助于推动跨文化交流。因此，本文选取《越汉辞典》（1960）与《新越汉词典》（2011）中以 cây、cỏ、hoa 开头的 670 个越南语植物词语作为研究对象，通过对其构成形式和语义特征的分析，揭示其命名理据和命名特点，进一步促进越南语词汇的研究。

2. 越南语植物词语的构成形式

从语义组合形式分析，越南语的植物词语属于“类名 + 种名”的复合式植物词，类名为植物类名，是中心词，即陈述对象的本体；种名则是动物名、人体名、非生物名，后面部分的修饰成分能够描述说明本体的特征，前后部分存在某种相似。此

[1] 2017 级越南语专业学生；邮箱：1424218489@qq.com；指导教师：祁广谋教授。

类名称中类名显示其类别，使语义清晰明确；种名显示其命意，使植物名称形象生动。

从音节形式分析，本文中研究对象均为复合式植物词，因此无单音节形式。按照音节数目可分为双音节、三音节、四音节及以上形式。其中三音节的越南语植物词语数量最多，共 386 个，占 57.7%；其次是双音节，共 215 个，占 32.1%；四音节及其以上共计 58 个，占 10.2%。据统计，目前越南语中的双音节词汇占全部词汇的 75% 以上，等于或多余三音节的词汇并不多见，因此也有人称之为“双音节语言”（梁远，2012：1）。越南语植物词语结构符合此规律，但主要以三音节为主。这是因为相较于双音节词，三音节词在表意上有更大的自由度，让名称更加形象生动，可以弥补双音节词在表意上的不足与缺憾。其次，三音节的植物名词结构“类名 + 种名”表意明确生动，具有较强的能产性。

从语法结构形式分析，本文所研究的越南语植物名称的内部语法结构形式均为偏正结构。cây xoan（苦楝）由语素“cây”“xoan”组成，其中“cây”的含义有：①树木；②【植】茎；③（量词）一株，一根；④株形体；⑤高垛；⑥一张；⑦（绸缎的）一卷儿；⑧【俗】嗜好，迷醉。“xoan”的含义有：①盲者；②【植】苦楝。hoa cúc（菊花）由词素“hoa”“cúc”构成，其中“cúc”的含义有：①【植】菊花；②纽扣。“hoa”包含四个同音词：“花、华、譁、划”，含义有：①花；②花的，带花的，像花的；③【转】美女；④昏花；⑤【医】天花；⑥摇摆，舞动。由词素含义与植物名称含义可知“xoan”在该名称中使用了“苦楝”这个义项，“cúc”在该名称中使用了“菊花”这个义项，而“cây”“hoa”使用的是“树木”“花”这个义项，主要语素“cây”“hoa”决定了词汇的基本意义和词性，抽象概括在前，次要语素“xoan”“cúc”具体描述在后。这种构词方式有效利用了原有的语言资料，也符合社会默认的语言使用习惯。

3. 越南语植物词语的命名理据

命名与人类的认知活动密切相关，对事物命名是人类认知新事物的必经过程之一。人类运用已知领域的语言材料来认知和命名新事物，命名时使用的各语言要素早已客观存在于语言当中，因此不论人们是否能够正确认识新事物，都可以根据当地的语言习惯来运用这些语言要素（梁烨，2012：22）。

越南语植物的词语结构表现为“类别词 + 特征语素”。类别词一般指的是植物的自然类群的类属特征，体现概括性与抽象性。特征语素表现的是植物外在和表面的特征，如形状形态特点、颜色、生长环境等，是一种植物区别于其他种类的主要要素，展现了植物体共性（生物学类别）和个性（植物本体的外在特征）的结合。

命名呈现视觉优先的认知特点，名称中优先体现颜色、形态等具体的可感知的植物体属性。人们在观察植物的过程中，首先感知到的是来自视觉的反馈，味觉、嗅觉和触觉则次之。谭宏姣（2004：90）认为，在形体、性态、纹色、功能、气味、质地、滋味七大类取象名素中，以形体、纹色、性态为主的视觉感知优先，功能次之；性态中关于植物生长环境的空间取象优先；形体中展现具体特征的形态比具有空间特征的形状优先；形状中圆形与量度优先。颜色、大小、用途等具体的属性容易引起注意进而优先被人们感知，符合人们普遍的认知心理，因此以这些属性特点命名的植物词语在实际使用过程中也便于推广。

参照特征理据、习性理据、功用理据和文化理据这四种汉语植物词语的命名理据（丁艳，2020：29）与形状、状态、形貌等13种单一类型的中越传统药物命名方式（梁烨，2012：22），本文将越南语植物词语的命名理据分为以下几种类型。

1）植物的形状与形态

植物的形状特点包括长短、大小、厚薄等易引起视觉关注的外形特征。形态特点指的是植物整体或部分所展现的生长状态。两者都是指物体表面的、直观的、具象的外部特征。这些特点不仅易被感知且容易与人们已熟悉的客观事物产生类比联想，从而成为最常见的命名理据来源。如命名理据来源于形状的 cây bèo cái（水浮莲）、来源于形貌的 cây bướm bạc（杨玉叶金花）、cây lá móng（凤仙花，指甲花）、cây càng cua（蟹爪仙人掌）、cỏ nến（香蒲）、cỏ chân vịt（龙爪茅）、cỏ đuôi chó（狗尾草）、cây chỉ thiên（苦地胆）等。

2）植物的味道

味道通过味觉而被感知，酸、甜、咸、苦都可以在名称中得到体现。如 cây bông ngọt（余甘子，油甘子）、cây cam thảo（甘草）、cây chua me đất hoa đỏ（酢浆草属植物的一种）、cây chua me đất hoa vàng（酢浆草）、cây củ cải đường（甜菜，甜萝卜）、cây khổ sâm（苦参）、cỏ mật（虎尾草属的一种）等。

3）植物的气味

某些植物体所具有的特殊气味易于识别，因此也成为命名理据之一，通常分为“香”和“臭”两种。如 cây bá hương（柏香）、cây cửu lí hương（芸香，九里香）、cây dạ hương（洋丁香）、cây đinh hương（丁香）、cây hương bồ / cỏ nến（香蒲）、cây hương nhu（香薷）、cây mộc hương（木香）、cây thuỵ hương（瑞香）等。

4）植物的颜色

植物多彩的颜色也是其区别性特征之一，给人以视觉冲击，是植物词语的主要命名理据之一，汉越词语素与纯越词语素都占有一定比例，如 bạch/trắng，hồng/đỏ，ô/đen、hoàng/vàng。以此特征命名的植物词有 cây bạch đàn（白檀）、cây bạch quả（白果，银杏）、cây bông trang đỏ（橙红龙船花）、cây bông vàng chỉa lá（软枝黄蝉）、cây bướm rừng trắng（白龙船花）、cây hà thủ ô（何首乌）、cây hoàng bá（黄柏）、cây kim ngân（金银花）、cây ô rô（老鼠簕）、cây phèn đen（烂头砵，白仔）、cây thanh mai（青梅）、cây tử đàn（紫檀）等。

5）植物的生长环境

在发现和利用植物的过程中，人们关注到植物的来源与生长环境，有许多植物带有明显的区域性特征，某些植物也只在特定的环境下才能够生存。因此在命名时，人们会在名称中加入“núi”“nước”“biển”等地理环境词来表示植物的生长环境，如：cây bóng nước（凤仙花）、cây rau dừa nước（水龙）、cây rong biển（海藻）、cây sa nhân（砂仁）、cây thạch tùng（石松）、cây tóc tiên nước（苦草）、cây lục bình（大水萍）。还有一些植物词语从外国传入越南，为了表明植物的外来属性，在命名时会加上一些语素以作区分，如“Tây”。这类植物词有：cây dâu tây（草莓）、cây hành tây（洋葱）、cây khoai tây（马铃薯）、cây táo tây（苹果）等。

6）植物的习性

一些植物的名称与它们本身的生长时间、开花季节、成熟时间等生态习性有关。如 cây bán hạ（半夏）、cây dứa dại（剑麻）、cây đông trùng hạ thảo（冬虫夏草）、cây mạch môn đông（麦门冬）、cây rút dại（田菁）、cây vạn niên thanh（万年青）、cây xấu hổ（含羞草）、hoa hướng dương（向日葵）、hoa vạn thọ（绣球花）等。

7）植物的功能

根据功能命名指的是以植物的某一功能即食用、药用或其他功用作为命名理据。如 cây dầu giun（土荆芥）、cây hà thủ ô（何首乌）、cây ích mẫu（益母草）、cây sơn（酸漆树）等。

8）引用外文单词

越南语植物词语中存在一些音译外来词，这些植物一般引自外域或来自国外，因此这类词语都是由外语词直接音译为越南语。随着历史的发展，由越南语转写记录的语音形式与源语的形式产生了某些差异，人们很难从音译后的词语推断出它们原本的真实含义。现今的越南语词语中用符号“-”连接的词语大多数翻译自外来语。如 cây a-phiến（罂粟）、cây ác-ti-sô（洋蓟）、cây cà-phê（咖啡）、cây canh-ki-na（金鸡纳树）、cây cô-ca（古柯）、cây li-ê（软木树）、cây ô-liu（洋橄榄，阿列布）、cây xa-pô-chê（人心果）、cây xê-côi-a（红杉，巨杉）等。

受中越文化交流的影响，汉语借词成为越南语词汇的一大来源。越南语词汇中存在大量形式为“类别词 + 汉语借词”的植物类词语。汉语借词指的是全部借自汉语的词语（祁广谋，2011：206）。汉语与越南语构词方式相近，均以语序和虚词作为表达语法意义的主要手段，这也是汉语借词能够被大量使用的基础。中国传入越南的植物特别是中草药大多直接使用汉语借词。如：cây mã đề（车前草）、cây mạch môn đông（麦门冬）、cây mộc hương（木香）、cây ngải cứu（艾草）、cây sơn trà（山茶）、cây tam thất（土参，三七）、cây tử vi（紫薇）、cây vạn niên thanh（万年青）、cây ý dĩ（野薏苡）等。

中越之间交流的历史源远流长，在文化交流频繁的背景下，汉语对越南语产生了深刻的影响，汉语借词成为越南语词库中不可或缺的部分。在外文引进的植物词的类别中，由汉语借词构成的占有较大的比例，汉语借词是越南语植物名称中的重要组成部分。

4. 越南语植物词语的命名特点

通过上一节对越南语植物词语的命名理据和命名规律的研究，本文发现人们在为新植物进行命名时常常会关注植物最显著的外部特征。越南语植物词语的命名与汉语植物词语的命名有一些共通之处，如类比性、单一性、典型性、具象性、隐喻性、文化性等，但也有着鲜明的民族特色，如名称中出现大量汉语借词以及“cây”语素出现在木本植物和草本植物词语中的命名现象。

类比性是各种语言植物词语命名的共通特点，人们将已知领域的事物与需要命名的植物进行类比，选取二者间的相似之处，但这样的相似并不是完全意义上的相似，而是一种大体上的相似，如 hoa vạn thọ（绣球花）中的 vạn thọ（万寿）一词意思是长命百岁，常用做对帝王的祝贺语。词语意思与绣球花寿命周期长这一性质相吻合。cỏ sữa（奶汁草），源自在长成的时候，如果按压草的柄部就会有像奶一样的黏液流出等。植物的诸多特点并不能一一显现在词语中，人们往往只选取一个或几个外在表象特征作为命名的理据，这体现了命名的单一性，如 hoa dạ hương（夜来香，抓住了花朵在夜间散发香气这个特点）、hoa hướng dương（向日葵，体现了花朵会随着太阳转动的特点）等，命名的单一性有利于词义表达与交际。在命名时，人们往往从外形、生长习性、功能等方面入手，优先选择视觉感知方面的、有代表性的特点，如 hoa trứng gà（鸡蛋花，成熟的时候花的颜色和香气都与煮熟的鸡蛋相似）、cây nhọ nồi（鳢肠，在受到挤压时会流出像墨水一样的液体）等，这体现了命名的典型性。命名植物时常以某种直观的、实在的客观事物作为发散思维的基点，如根据颜色、形状、气味、味道等具体特点来命名，在词语中体现出由视觉、嗅觉、味觉激发的意象，如 cây xương khô（绿玉树，因为外形像珊瑚所以也被称为 làn san hô xanh）、cây rau má（积雪草，外形像圆形的硬币相互连接，因此也被称为 liên tiền thảo）等。通过具体形象的描写，将词语所指植物的形象清晰、生动的表述出来，这体现了命名的具象性。“隐喻的实质就是用一事物理解和体验另一事物（莱考夫、约翰逊，1980/2015：3）”，命名的隐喻性建立在源域与目标域的相似性基础上。在命名时使用隐喻手法，可以增添语言的表达能力，帮助人们更快地理解比较抽象的新事物，如 hoa mào gà（鸡冠花，花朵的颜色和形状与鸡冠相似）、cây mã thầy（马蹄，外貌形如马蹄）、cây càng cua（蟹爪仙人掌，枝干呈绿色，茎节扁平，形状似蟹爪）等。这些隐喻在一定程度上反映了一个民族的思维方式与认知特点。一些植物名称与神话传说有关，人类用想象、幻想将植物融入传说故事中，如 *Sự tích trầu cau*（《槟榔的故事》)、*Cây tre trăm mắt*(《百节竹》)、*Hoa thuỷ tiên*(《水仙花》)等，用植物故事讲道理，展现民族文化与民族精神，这体现了命名的文化性。此外，越南语植物词语命名还存在一物多名的现象，如 cây a-phiến（罂粟，别名 anh túc, thẩu, trẩu）、cây bán hạ（半夏，别名 củ chóc）、cây chân chim（五加皮，别名 ngũ gia bì chân chim）等。不同的名称反映了植物的不同特征，展现了不同的命名角度，受到社会文化、风气习俗等因素的影响，这是人类长期认知的结果。

此外，越南语植物词语中还出现了大量的汉语借词。越南在吸收中国文化的同时，结合本国的社会实践和生产经验为越南文化烙上了民族印记。有许多古代汉语词汇被引入越南语中，经过漫长的时代发展融入了越南语的方方面面。在植物词语的命名中也出现了大量的汉语借词，特别是在中药类植物名称中，汉语借词所占比例很高，如 bạc hà（薄荷）、bạch đàn（白檀）、bạch đậu khẩu（白豆蔻）、bạch quả（白果，银杏）、bán hạ（半夏）等。

通过对所收集到的语料进行分析可以发现，cỏ 和 hoa 语素只用于草本植物与花本植物，而 cây 语素出现在越南语植物名称的草本植物和木本植物中。如 cây bạc hà（薄荷）、cây bạch đậu khẩu（白豆蔻）、cây bán hạ（半夏）、cây bấc（灯芯草）、cây bèo cái（水浮莲）、cây chua me đất hoa vàng（酢浆草）等属于草本植物，特点为茎的木质部不发达。cây bồ đề（菩提树）、cây bồ hòn（无患子树）、cây bồ kết（皂荚树）、cây canh-ki-na（金鸡纳树）等属于木本植物，概念与草本植物相对。

5. 结语

《新越汉词典》与《越汉辞典》是越南语学习的两本权威词典，记载了较多的植物词语。本文对两本词典中以 cây、cỏ、hoa 开头的具有理据来源的越南语植物词语进行了较为详细的命名理据分析后，发现理据来源多种多样且具备特点。越南语植物词语的构词特点比较统一，为复合式植物词语，音节形式以三音节为主，语法结构形式均为偏正结构。植物词语命名方式可分为形状形态特征、味道、气味、颜色、生长环境、习性、功能、音译外来词八种类型。通过对以上命名方式的分析与研究，发现越南人在为植物命名时遵照视觉优先的原则，往往将能够直接观察感知到的事物外部特征作为命名的参照。植物命名具有类比性、单一性、典型性、具象性、隐喻性、文化性、一物多名等与汉语相通的特点。除此之外，越南语植物词语命名理据也有独特之处，即大量的汉语借词出现在名称中。其中木本植物和草本植物均会用语素 cây 进行命名，语素 cỏ 和 hoa 只用于草本植物与花本植物。

参考文献

[1] 丁艳 . 汉语植物词语研究 [D]. 内蒙古大学，2020.
[2] 何成 . 越汉辞典 [M]. 北京：商务印书馆，1960.
[3] 莱考夫，约翰逊 . 我们赖以生存的隐喻 [M]. 杭州：浙江大学出版社，2015.
[4] 梁烨 . 中越传统药物名称对比研究 [D]. 广西民族大学，2012.
[5] 梁远 . 现代越南语语法 [M]. 广东：世界图书出版广东有限公司，2012.
[6] 祁广谋 . 越南语文化语言学 [M]. 广州：世界图书出版公司，2011.
[7] 谭宏姣 . 古汉语植物命名研究 [D]. 浙江大学，2004.
[8] 王艾录，司富珍 . 理据三问——与黎良军先生商榷 [J]. 辞书研究，2002（2）：23–27.
[9] 曾瑞莲 . 新越汉词典 [M]. 南宁：广西出版传媒集团，2011.

五、外语教学问题探讨

中日英语学习者中介语语法偏误初探

黄晓倩[1]

摘　要： 本文采用亚洲学习者国际语料库的语料，对比分析中日英语学习者在限时主题作文中出现的数、一致性、时态、词类、语序、主题和主语等方面的偏误。研究发现，中日英语学习者在二语习得偏误上的共性大于差异性。从整体上看，日本学生所犯的语法错误多于中国学生。本研究可揭示中日英语学习者在二语习得过程中的中介语发展状况，促进中介语研究和为语言教学提供参考。

关键词： 中介语；偏误；中日英语学习者；语法

1. 引言

第二语言习得是当下常见的语言学习和实践活动。二语习得是一个假设建构和假设验证的创造性过程。在这一过程中，学习者会使用包括母语知识在内的一切已有知识来发展自己的第二语言，建构一种独特的、过渡性的语言系统，称为“中介语”。现如今，中介语研究的焦点不再是二语习得是否存在普遍语法，以及母语迁移是否存在，而是在接受普遍语法起着某种制约作用的同时，深入研究第一语言向第二语言迁移了什么，迁移了多少，是如何迁移的。我们还可比较不同母语的学习者的语言输出，同时将横向比较与纵向比较以及双向比较结合起来。（杨连瑞，2015：23–24）

因此，本文将对比分析中国的英语学习者与日本的英语学习者在二语习得过程中建构的中介语，研究重点是其中的语法偏误。我们采用 Grammarly 与人工批改相结合的方法，对亚洲学习者国际语料库（ICNALE）提供的中日英语学习者主题作文中出现的数、一致性、时态、词类、语序、主题和主语等方面的偏误进行对比分析，并探析两种中介语存在的共性与差异性。

2. 语料及分析工具

2.1　亚洲学习者国际语料库

亚洲学习者国际语料库是亚洲英语学习者国际语料库网络，由神户大学的 Shin

[1]　2017 级英语专业学生；邮箱：873148062@qq.com。

Ishikawa 博士开发。目前它已经成为亚洲地区从事中介语研究的最大的公开学习者语料库之一。语料库收集了包括来自亚洲 8 个国家（中国、印度尼西亚、日本、韩国、巴基斯坦、菲律宾、新加坡 / 马来西亚、泰国）的大学生或研究生以及英语母语者创作的一万多篇主题演讲或文章。由于包括在 ESL 地区（中国香港、巴基斯坦、菲律宾和新加坡）和在 EFL 地区（中国、印度尼西亚、日本、韩国和泰国）的学习者的数据，语料库让用户能够了解基于亚洲不同文化背景的各种中介语。目前，ICNALE 有四个模块：独白口语、对话口语、随笔写作和随笔编辑。该项目关注七个原则：1）关注亚洲学习者；2）收集不同学习者的英语模式；3）条件控制；4）熟练程度控制；5）学习者背景调查；6）母语者参考数据收集；7）开放公布。

本文选取 ICNALE 中 220 篇限时主题作文，其中包括 110 篇中国学生写的英语作文以及 110 篇日本学生写的英语作文。所选取的作文的字数每篇大概在 200 ～ 300 字，学生的水平与年纪主要集中在 19 ～ 21 岁。本文对这 220 篇作文进行偏误分析，并通过数据统计进而分析中介语情况并得出研究结果。

2.2 Grammarly 应用软件

Grammarly 是一个在线语法校正和校对工具。其主要功能包括拼写检查、上下文拼写检查、语法、标点、句子结构，并建议整体风格。它可以帮助用户检查一些单词、语法、时态错误等。根据用户的目标和受众，用户可以选择不同的上下文和调整语气，然后得到量身定制的写作建议，包括整体得分（表现）、正确性、清晰度、参与度和表达方式。此外还可以选择文献类型功能、剽窃功能和词汇增强功能。

本文将对收集到的语料库主题作文进行批改，结合 Grammarly 和人工批改这两种方法。这是因为单纯使用 Grammarly 是不够的，因为有很多语法错误不能辨析出来，故需要结合人工批改的方法。

3. 结果与分析

对 110 篇中国学生和 110 篇日本学生的英语限时主题英语作文分别进行统计，得出语法错误如表 1 所示。中国学生和日本学生在词类的语法范畴出现的错误是最多且最明显的，标点错误与数的错误也较为突出。总的来说，日本学生所犯的语法错误相对于中国学生来说会多一些。但在数、词类、标点范畴上，日本学生的错误多于中国学生；在一致性与其他错误方面，中国学生的错误多于日本学生；而在时态、词序与主题主语语法范畴上，两国学生所犯错误相差无几。在分析语料库的过程中，性、格等语法内容也在研究范围内，但由于两国学生在此方面出现的错误较少，因此不作统计。在主题主语的范畴上，中国学生只出现少许语法错误，笔者曾以为日本学生会由于母语的影响出现一定数量的错误，但是数据结果显示，日本学生也与中国学生一样，在主题主语方面所犯错误并不多，相同的情况发生在词序范畴上，两国学生的错误类型与数量存在极大的相似之处。

表 1　中日学习者错误类型及频数分布

语法类型	中国学生（比例）	日本学生（比例）
数	154（10.9%）	224（13.9%）
一致性	71（5.0%）	48（3.0%）
时态	35（2.5%）	33（2.1%）
词类	788（55.7%）	918（57.2%）
词序	14（1.0%）	16（1.0%）
主题和主语	3（0.2%）	5（0.3%）
标点符号	220（15.6%）	251（15.6%）
其他错误	129（9.1%）	111（6.9%）
合计	1 414（100.0%）	1 606（100.0%）

以下将对各类错误类型逐一分析。

3.1　数

中国的英语学习者和日本的英语学习者在数的语法范畴上都出现了较多错误，这跟三种语言在数的范畴上的差别密切相关。汉语与日语的名词和代词没有数的区分，也没有标准的定式去划分名词的单数与复数。但是在英语中却有明确的规则，存在单数与复数两种形式，并且英语的名词和动词表现出数的一致关系，例如"the pen""these pens""those pens"等。从句法和形态特征上来说，可数名词和不可数名词必然有区分的手段，由于各语言中名词具有不同的指称功能（属性或类别），这种差别必然会投射到形态–句法上面（尚新，2010：2）。根据统计数据，中国学生在数的范畴的错误率为 10.9%，而日本学生的错误率为 13.9%，两者的错误率有一定的差距，日本学生所犯错误更多，这与日语的语法迁移到中介语中有很大的联系，再加上中国学生对英语的掌握水平高于日本学生，由此造成了日本学生在数的范畴的错误频频出现的现象。与此同时，中日学生在数的范畴犯的错误类型基本一致。

（1）误：I think college students need a lot of money for texts or for some entertainments.

正：I think college students need a lot of money for texts or for some entertainment.

在例（1）中，日本学生已经开始意识到英语中名词有单复数的区分，因此当"entertainment"前面出现"some"的时候，日本学生很自然地在"entertainment"后加了“s”，但是却忽略了英语中的名词有可数名词与不可数名词的区分，因而出现了数的错误。

3.2　一致性

一致是指句子成分之间或词语之间在语法形式上的协调关系，一致性则主要是指主谓一致、人称一致。在英语中，句子中的谓语受主语支配，句子唯一的标志就是具有主谓结构，并且主谓必须保持一致。大多数动词需要在单词词尾加上“-s”，而第三人称单数的标志是“does”。欧洲的语言大多数是动词随着人称不同而变化的语言，英语虽然变化不大，但也可归为此类（金田一春彦，1985：137）。但是在汉语与日语中，并不存在第三人称单数的概念，主语与谓语之间不需要保持一致。由于目的语与母语的语法差距过大，中日学生都在一致性的范畴存在普遍的错误，且错误类型也基本一致。但日本学生的情况（错误率 3%）明显好于中国学生的情况（错误率 5%）。

（2）误：People should stop smoking because no one <u>want</u> to get cancer.

正：People should stop smoking because no one <u>wants</u> to get cancer.

（3）误：First and foremost, it is commonly acknowledged that smoking <u>do</u> great damage to smokers' health and even <u>make</u> smokers have lung cancers.

正：First and foremost, it is commonly acknowledged that smoking <u>does</u> great damage to smokers' health and even <u>makes</u> smokers have lung cancers.

（4）误：Secondhand smoke is a disease which <u>mean</u> a person who <u>breathe</u> in tobacco from someone who <u>are</u> smoking.

正：Secondhand smoke is a disease which <u>means</u> a person who <u>breathes</u> in tobacco from someone who <u>is</u> smoking.

在例（2）中，日本学生对“no one”等人称代词掌握不够，导致谓语动词没有发生相应的变化。例（3）与例（4）是中国学生在第三人称问题上出现的错误。

3.3　时态

英语中不同的时间和方式发生的动作或状态要用谓语动词的不同形式来表示，相对于汉语、日语而言，英语时态更加系统与复杂，主要的时态有 12 种。汉语与日语都只有过去、非过去的区分，时态范畴的语法比较简单。在分析语料库得出的数据中，中日学生会出现一定的时态错误，但总体来看，错误并不算突出。

（5）误：If I were the one who <u>encounter</u> such an unpleasant situation, I would surely hope to sweep smoking out of my country completely.

正：If I were the one who <u>encountered</u> such an unpleasant situation, I would surely hope to sweep smoking out of my country completely.

（6）误：Before I have this part-time job, I thought it is not important for college students to have a part-time job because it is more important for us to study.

正：Before I had this part-time job, I thought it was not important for college students to have a part-time job because it is more important for us to study.

英语中的过去时态涉及动词的变形，中国学生与日本学生在时态范畴出现的错误都主要集中在过去时态。如在例（5）中，中国学生并未意识到该句型是过去时态，因此在从句的动词没有进行相应的过去时态的变形。在汉语中，动词并不需要随着时态的变化而产生变化，汉语的迁移影响了习得英语后的产出。

3.4 词类

如表 2 所示，在词类方面，日本和中国学生的错误最多的是冠词，其次是介词，动词的错误也较多，连词的错误很少。在冠词和介词方面，日本学生的错误率比中国学生高；而在动词和名词方面，中国学生错误率较日本学生高。根据这些数据，笔者将对动词、介词与冠词进行分析，并重点分析冠词。通过进一步分析两国学生在此类范畴出现的错误，希望能从中窥探出中日学生在词汇学习方面的异同，以期获得一定启示。

表 2 词类错误分布

词类	中国学生（比例）	日本学生（比例）
名词	37（4.7%）	19（2.1%）
动词	154（19.5%）	129（14.1%）
形容词	19（2.4%）	14（1.5%）
代词	47（6.0%）	58（6.3%）
副词	7（0.9%）	4（0.4%）
冠词	356（45.2%）	447（48.7%）
介词	166（21.1%）	247（26.9%）
连词	2（0.3%）	0（0.0%）
合计	788（100.0%）	918（100.0%）

3.4.1 动词

动词在词类对比研究中属于重点部分，中日学生在动词范畴出现的错误比较集中，共性大于差异性。下面例句都是在作文中出现的动词高频错误。英语中有很多动宾短语都是固定搭配，而中日学生在使用此类动词时经常出错。如在例（7）与例（8）中，中日学生都对“make efforts”“(sth.) take sb's time”等英语搭配掌握不牢固，导致误用。这些动词以及固定搭配的错误的主要原因是学习者英语语言输入输出还远远不够，直接影响到中日两国学生的英语产出质量。诸如此类错误在二语习得过程中非常常见，中日学生在进一步掌握目的语知识后，该情况会得到明显改善。

（7）误：But I'm doing great efforts to be a good colleague of them.

正：But I'm making great efforts to be a good colleague of them.

（8）误：Some people are afraid that taking a part-time job will spend their too much time.

正：Some people are afraid that taking a part-time job will take their too much time.

3.4.2 冠词

无论从语言学还是从语言学习角度看，英语冠词系统都是一种复杂的句法现象（Grannis，1972：275）。从二语习得角度上看，由于习得产出的冠词存在着一定的变异性，导致了英语冠词成为二语学习中的难点（严筱雯，2021：113）。在统计数据中，冠词的错误率比较突出。汉语与日语属于不同类型的语言，并且语言规则中都没有显性的冠词系统。汉语没有具体的表示冠词的语法标志，通常只能通过语义或者语境来补充冠词的含义。英语中有定冠词、不定冠词与零冠词，由于汉语与日语中并不存在冠词，中日学生在英语冠词方面错误较多。初学者容易忽略冠词，有一定英语基础的学生即使有冠词的意识，但由于对冠词语法的不熟练，导致冠词冗余、缺失与误用的现象也层出不穷。

3.4.2.1 错误类型

冠词在习得英语过程中属于难点，出现偏误的可能性大（鲁健骥，1993：25）。在本研究中，冠词的错误类型划分为三种，分别是冠词缺失、冠词冗余与冠词误用，并且将重点分析“the”“a”“an”的错误情况。如表 3 所示，中国学生在词汇冗余方面所犯错误最多，占到冠词错误总数一半以上，而日本学生在冠词缺失方面的错误最多。在研究过程中，笔者发现“the”冗余的现象远高于“a”与“an”，这与初学者在接触到英语冠词后，对定冠词“the”的不适应有着很大的关系，即初学者下意识的选择多用“the”，以求与英语更接近或者更地道。在冠词冗余方面，中国学生的错误率高于日本学生；但在冠词缺失方面，日本学生所犯错误非常突出，远高于中国学生的错误率。由此可得出中国学生会倾向于多使用冠词，而日本学生则倾向于少使用冠词。

表 3 冠词错误类型

错误类型	冠词缺失（比例）	冠词冗余（比例）	冠词误用（比例）	合计（比例）
中国学生	122（34%）	203（57%）	31（9%）	356（100%）
日本学生	259（58%）	152（34%）	36（8%）	447（100%）

在例（9）与例（10）中，日本学生会经常忽略掉“a”“the”等冠词，而例（11）则是中国学生经常出现的错误，不厌其烦地在名词前加“the”，这与汉语中经常使用的“这”“那”也有一定的关系。首先，由于冠词在汉语与日语中是隐形的，学生在选择冠词时需要做出判断，即冠词修饰的对象是定指还是非定指。与此同时，在固定句型中、某些专有名词、序数词前等，中日学生经常会省略掉冠词。研究发现，中日学生的冠词错误类型也具有相似性，这可能是由于母语迁移、对冠词规则概念模糊、记忆不准等原因造成。但相对而言，日本学生为了避免冠词错误，会更加倾向于选择回避使用冠词，也由此造成冠词缺失率最高。其次，中国学生的中介语在冠词冗余方面出现的错误也较为突出，错误率高于日本学生。这可能是由于学习者过度概括了冠词的使用规则，即学习者已经掌握一定的冠词规则，但是却会不受限制、不厌其烦地使用冠词，特别是定冠词“the”。正如李景泉和蔡金亭（2001：61）曾经也遇到过这种奇怪的现象，那就是按照汉语的思维方式以及规则，在遣词造句的时候不应该出现这么多的冠词，但是学习者却依旧使用了过多的冠词，因此可以用过度概括来解释。学习者注意到英语中存在冠词，而且名词前一般要用冠词，所以见到名词在不能确定用不用冠词时就干脆用了冠词。

（9）误：First, we can have good social experience before we join society.

正：First, we can have a good social experience before we join the society.

（10）误：First part is definition, second is merits and demerits of part-time jobs and last is conclusion.

正：The first part is definition, the second is merits and demerits of part-time jobs and the last is conclusion.

（11）误：The cigarettes have a harmful effect on people’s health, especially pregnant women, babies and the old.

正：Cigarettes have a harmful effect on people’s health, especially pregnant women, babies and the old.

在冠词误用方面，中日学生的错误率相对较少，并且差别不大，错误类型也基本一致，如例（12）所示。而造成此现象的原因很可能是学生记忆不准、粗心等。

（12）误：First of all, what is the part-time job for the college students?

正：First, what is a part-time job for college students?

3.4.2.2　错误句子类型

本文对冠词所在的句型也进行了统计与分析。表 4 表明，中日学生在处理复杂句型时会更容易出现冠词的错误，在简单句中冠词错误率相对较少，而日本学生在复杂句出现的错误又比中国学生的错误更多。由此可推断出，中国学生对英语句型以及冠词的掌握更好，而日本学生的英语水平相对较弱。中日学生的语法错误的主要原因是，学生的英语语言输入和输出都不足够，而日本学生的语言基础更薄弱些。如例（12）所示，日本学生有很大的概率错误使用冠词，或者丢失冠词。

表 4　错误句子类型

句子类型	简单句（比例）	复杂句（比例）	合计（比例）
中国学生	125（35%）	231（65%）	356（100%）
日本学生	125（28%）	322（72%）	447（100%）

3.4.2.3　冠词后单词词性

在判断冠词错误类型的同时，冠词出现错误后的单词也值得探究。表 5 的统计表明，我们可得知中日学生在名词前的出错率比在非名词（主要是形容词与副词）前更高，即中日学生更容易在名词前犯错，而这些名词绝大多数都属于可数名词。这可能与英语名词的复杂性有很大的关系，学生对名词的泛指与特指、抽象与具体的概念模糊，也由此导致名词前冠词的错误使用，这也体现出中日学生对可数名词的认知比较敏感。

表 5　冠词后单词词性

冠词	可数名词（比例）	不可数名词（比例）	形容词（比例）	副词（比例）	合计（比例）
中国学生	214（60.1%）	16（4.5%）	124（34.8%）	2（0.6%）	356（100.0%）
日本学生	255（57.0%）	42（9.4%）	143（32.0%）	7（1.6%）	447（100.0%）

在例（13）中，“smoker”属于可数名词，但是日本学生混淆了“the”与“a”的用法。在例（14）中，冠词“the”的缺失发生在形容词“strong”的前面。对于此类冠词错误，主要原因很可能是中日学生未分清单词的词性，以及未能很好地掌握形容词与副词用法。对于中国学生来说，这种情况还可能受到母语思维方式的影响，在很大程度上是由于汉语的整体性思维、不关注每个词的范畴特征所致。

（13）误：I am not the smoker, so I will chose the non-smoking seats.

正：I am not a smoker, so I will choose the non-smoking seats.

（14）误：At the moment, strong smell of smoking attacked my nose;

正：At the moment, the strong smell of smoking attacked my nose.

3.4.2.4 冠词后单词首字母

通过数据统计，中日学生在以字母“S”“P”为首的单词前出现冠词错误最多，其次是以字母“R”为首的单词，以字母“K”“V”为首的单词错误最少，而以“Z”等为首的字母并没有出现，使用频率较低。由此我们可推断出，中日学生对“S”“P”“R”为首的单词使用频率最高，也更容易出现错误。

表 6 冠词后单词首字母

首字母	中国学生（比例）	日本学生（比例）
P	90（25.3%）	56（12.5%）
S	67（18.8%）	90（20.1%）
R	59（16.6%）	68（15.2%）
C	24（6.7%）	20（4.5%）
H	13（3.7%）	9（2.0%）
L	13（3.7%）	9（2.0%）
O	11（3.1%）	7（1.6%）
M	11（3.1%）	20（4.5%）
N	9（2.5%）	20（4.5%）
G	9（2.5%）	27（6.0%）
W	9（2.5%）	4（0.9%）
E	7（2.0%）	22（4.9%）
T	6（1.7%）	22（4.9%）
B	6（1.7%）	16（3.6%）
I	5（1.4%）	11（2.5%）
F	4（1.1%）	13（2.9%）
A	4（1.1%）	9（2.0%）
D	4（1.1%）	4（0.9%）
U	2（0.6%）	4（0.9%）
J	2（0.6%）	9（2.0%）
K	1（0.3%）	0（0.0%）
V	0（0.0%）	7（1.6%）
合计	356（100.0%）	447（100.0%）

3.5 介词

介词在词类范畴也占据重要的地位。汉语与英语中都存在大量的介词，在日语中虽不存在介词，但日语中的补格助词“に”“で”“から”等充当了汉英中介词，并且具有更加广泛的使用。英语的介词与动词组合构成固定的介宾短语，属于英语中的固定用法，但中日学生在此方面掌握得并不好，出现了较多的错误。如例（15）与例（16），日本学生对及物动词与不及物动词把握不清晰，因而导致介词冗余或缺失。

（15）误：If I didn't work for this shop, I would not be able to talk it.

正：If I didn't work for this shop, I would not be able to talk about it.

（16）误：However, if a person who doesn't do smoking becomes in such situation, he will want to claim about it.

正：However, if a person who doesn't do smoking becomes in such situation, he will want to claim it.

在例（17）– 例（18）中，中日学生所犯的错误是最常见的介词错误，混淆固定搭配以至于误用介词。

（17）误：This can improve his ability in communicating with others.

正：This can improve his ability to communicate with others.

（18）误：In the other hand, some parent do not want or disagree a college student to have a part time job.

正：On the other hand, some parents do not want or disagree with a college student to have a part-time job.

3.6 词序

语序的实质是语言成分按语法关系进行的线性的、横向的组合型序列。英语句型中以主语 – 谓语的顺序展开，谓语动词有 5 种不同的种类，故构成了 5 种不同的基本句型。而日语中句型的特征则是谓语位于句子的末尾，句子的名词、动词以及形容词等都放在定语与状语的后面。语序对于汉语来说是一种重要的语法形式，不同的顺序会造成句意完全变化。在句型结构上，英语与汉语都属于 S-V-O（主 – 谓 – 宾）结构，而日语属于 S-O-V（主 – 宾 – 谓）结构。

（19）误：When I began to do a part-time job, I know for the first time the difficulty of earning my living.

正：When I began to do a part-time job, I know the difficulty of earning my living for the first time.

（20）误：However, still there are a lot of people who are smoking in various public spaces.

正：However, there are still a lot of people who are smoking in various public spaces.

（21）误：He smoked always in his house, his office, and even during diets.

正：He always smoked in his house, his office, and even during diets.

（22）误：However, also there are a lot of them having a different view.

正：However, there are also a lot of them having a different view.

在例（19）与例（20）中，日本学生深受日语的影响，把状语等结构置于所修饰的名词之前，而按照英语的习惯，则应把状语“for the first time”放在句末，可见该日本学生对英语语序结构的掌握还不够。例（21）与例（22）中，日本学生对副词与动词的位置判断不清晰，导致出现与英语语序结构背道而驰的错误。这些发生于中日学生中介语的错误都可以在二语习得的进一步发展中得到改善。

3.7 主题和主语

中国的英语学习者的中介语存在较多具有浓厚“中国影子”的结构，这些结构植根于学习者的母语。由于汉语句型的特殊性，主题结构层出不穷，这与汉语句子中的主题位置紧密相关。而日本学生的中介语中的结构根植于日语，并且由于日语的语序与英语的语序有较大不同。笔者本以为日语句子结构中省略主语的现象会导致日本学习者的中介语出现较多的省略主语的现象，但通过语料库分析得到的数据却显示出日本学生并未在主题／主语方面出现很多错误，这说明中介语可能在某种程度上不受母语的直接影响，虽然中日学生的母语分别是汉语和日语，但是他们却犯了同样的主题／主语的错误。

（23）误：So I agree that is important for college students to have a part-time job.

正：So, I agree that it is important for college students to have a part-time job.

但也存在主语缺失的错误，如根据例（23）可以推测出日语结构对日本学生潜移默化的影响。英语中存在较多的形式主语，而日本学生与中国学生在使用时会忽略此语法，由此造成主语缺失的错误。

3.8 标点符号

英语中标点符号的使用有固定的规则，但汉语的标点符号相对来说较为随意，而日语的标点符号数量较少，因此中国学生与日本学生在英文中使用标点符号时，常造成逗号与句号的误用。英语中的部分连词在使用时需使用逗号，但日语却没有对连词等有标点符号的限制，因而经常造成逗号与句号，或者有无逗号的误用。例如，日本学生在使用 For example、however 等句式时，经常会忽略掉逗号。由此可见，中介语在标点符号方面会受制于母语与目的语之间的语法差距，再加上中日学生对句子以及篇章的掌握程度不够，因而造成错误率非常高。

（24）误：We want to play with our friends, for example we want to go to amusement parks and go on a trip, and do what we can do only now, and for example we get a driver license and of course for studying buy books or something to study.

正：We want to play with our friends, for example, we want to go to amusement parks and go on a trip, and do what we can do only now, and for example, we get a driver license and of course, for studying buy books or something to study.

（25）误：Today an increasing number of college students take part-time jobs.

正：Today, an increasing number of college students take part-time jobs.

（26）误：I can study right talking, in Japanese we call it keigo.

正：I can study right talking. In Japanese, we call it Keigo.

例（26）中，日本学生已经有了添加适当的逗号，以使得句子更为流畅的意识，但是却忽略了为了句意完整或表达新的信息时，需使用句号。与此同时，日本学生对专有名词有了一定的知识。此句的“Japanese”“Keigo”都属于专有名词，但“Japanese”的使用频率高于“Keigo”，因而前者使用正确，后者使用错误。

3.9 其他错误

3.9.1 词汇冗余

日本学生经常会出现词汇冗余的情况，会增加例如“actually”“I feel that”等实际意义不强的词组。中日学生也会出现相同错误的现象，比如中日学生都会使用“many kinds of people”去表达“many people”。在英语的语境中，“many people”已足够表达“许多各种各样的人们”。在母语迁移的影响下，中日学生均会过多地增加修饰语，以使得自己的句子更加“标准”。

3.9.2 拼写错误

中日学生都在会单词的书写上出现较多错误。单词拼写错误主要集中在长词与难词，都具有中介语典型的特点。同时很多学生会忽略单词连接符“-”，如“part time job”应为“part-time job”。除此之外，许多学生对于复合词掌握不够，如“anymore”“everyday”等。中日学生在此阶段的中介语状态下，对“anymore”与“any more”的辨析不够，经常导致无意识的误用，而此类情况可在习得英语的过程中得到不断的强化和修正。

（27）误：Maybe you won't want to stay in the restaurant any more.

正：Maybe you won't want to stay in the restaurant anymore.

（28）误：Firstly, there are a great number of people dining out in restaurants everyday.

正：Firstly, there are a great number of people dining out in restaurants every day.

（29）误：So I think it is important for young people to have part time job.

正：So, I think it is important for young people to have a part-time job.

（30）误：First and foremost, it is a perfect oppotunity for experence-lacked college students to practice themselves.

正：First and foremost, it is a perfect opportunity for experience-lacked college students to practice themselves.

在分析语料库的过程中，笔者发现日本学生的作文中存在一种非常特殊的错误，即很多日本学生会把“much”误用为“a lot of”。例（31）中，无论后续单词是可数还是不可数，许多都选择使用“much”，而中国学生此类错误却并不明显。

（31）误：In addition, generally, college students spend much money.

正：In addition, generally, college students spend a lot of money.

4. 结语

本文通过对 ICNALE 语料库中日英语学习者的主题作文进行分析，针对中介语的语法进行研究，并对词类中冠词的中介语情况进行了深入分析。研究发现汉语与日语属于不同的语言类型，但中国学生与日本学生在习得英语的过程中却存在很多共性，即中日学生的英语中介语的相似性多于差异性。由此可得出结论：

（1）中介语可能在某种程度上不受母语的直接影响。汉语与日语属于不同的语系，且语言之间存在较多差异，但中日学生的中介语存在共性，且多于差异性，中日学生在时态、词类、语序、标点符号等方面都具有较高的相似性。这说明在某种程度上，中介语可能并未受到母语的直接影响。

（2）中介语在某些方面会受制于母语和目标语之间的语法差距。语言迁移的影响对中介语的发展也占据重要的地位。例如，在词类中中日学生冠词的语法范畴都出现了较多的错误，错误率也占一半以上。事实上，日语和汉语都不存在冠词语法范畴，即就冠词而言，日语与英语之间的语法差距都很大，这就造成了中日学生在使用冠词时频频出错。

（3）中日学生的语法错误的主要原因与英语语言输入和输出不足够有关。在中日学生所犯的语法错误中，绝大多数错误是可以通过不断地进行英语强化练习而得到改善的。由于中日学生对英语知识以及对应语法规则掌握不够，因而出现较多的语法错误。

（4）对语法的过度概括与回避使用会影响到中日学生做出正确的语法判断。中日学生在具备一定英语基础之后，在遇到语法难点的时候，例如冠词的使用时，中国学生会倾向于过多地使用冠词，特别是定冠词“the”，而日本学生则更倾向于回避冠词的使用，因此，日本学生的冠词缺失错误率会高于中国学生。

参考文献

[1] GRANNIS O.C. The definite article conspiracy in English [J]. Language learning. 1972, (22): 275–289.

[2] 戴炜栋，蔡君梅 . 国内汉英中介语研究述评 [J]. 外语研究，2006（1）: 35–40.

[3] 鲁健骥 . 中介语研究中的几个问题 [J]. 语言文字应用，1993（1）: 21–25.

[4] 李景泉，蔡金亭 . 中国学生英语写作中的冠词误用现象———项基于语料库的研究 [J]. 解放军外国语学院学报，2001（6）: 58–62.

[5] 金田一春彦 [日]. 李德、陶振孝译 . 日语的特点 [M]. 北京：外语教学与研究出版社，1985.

[6] 尚新 . 英汉名词的“数”与语言类型学特征 [J]. 解放军外国语学院学报，2010，33（1）: 1–4，15，127.

[7] 严筱雯 . 中日学生英语冠词习得情况对比研究——文献评述及实验构想 [J]. 浙江万里学院学报，2021，34（2）: 112–116.

[8] 杨连瑞 . 中介语语言学多维研究 [M]. 北京：外语教学与研究出版社，2015.

[9] The Nagoya International Corpus Network of Asian Learners of English, i.e. ICNALE 2012–2013 [DB/OL]. http://language.sakura.ne.jp/icnale/index.htm.

标记理论视角下英语学习者语法习得偏误研究

廖敏芝[1]

摘　要： 本研究运用标记理论，采用《朗文常见偏误词典》的语料，对英语学习者在写作中出现的数、主谓一致、时态、语态和非谓语动词五个方面的语法偏误进行考察和分析。这些偏误表明，以英语作为外语或二语的学习者，其语法习得的难易程度与语法结构或成分的标记性有关。有标记或标记性强的语法现象对学习者来说较难掌握，也更容易犯错。

关键词： 标记理论；语法偏误；英语学习者；语法习得

1. 引言

英语是全世界使用范围最广的语言，学习英语已成为许多人共同的追求。在英语学习中，写作能力是英语学习者综合能力的具体体现。因为英语写作不仅要求学习者具备一定的逻辑思维能力，而且对其语言知识储备和语言应用能力提出了更高的要求。因此，英语写作始终是英语学习者语言输出的难点之一。由于对英语语言规则和使用缺乏正确而深刻的理解，英语学习者在写作中往往会出现许多偏误，如语法偏误、词汇偏误、语篇偏误、标点符号偏误等。

《朗文常见偏误词典》（*Longman Dictionary of Common Errors*）（以下简称“《词典》”）是一本专门研究学习者英语写作中常见偏误的词典，其语料来源于“朗文学习者语料库”和“英国国家语料库”。朗文学习者语料库涵盖了来自 70 多个不同国家学生的书面英语样本。本研究采用该词典的语料，侧重于英语学习者在写作中所出现的语法偏误，并运用标记理论对其进行考察分析。

2. 理论基础：标记理论

标记理论最早由布拉格学派于 20 世纪 30 年代初创立，是结构主义语言学中最重要的理论之一。1939 年，俄罗斯音位学家 N. Trubetzkoy 在其著作《音位学原理》中首次提出“有标记（Marked）”和“无标记（Unmarked）”的概念。Trubetzkoy（1939：39）认为：“在一对音位对立中，其中一个成分的特点是有标记的，而另一个成分则没有这种标记。”标记性概念扩展到词法、词汇、语法、句法等各个层面。布拉格学

[1] 2018 级英语专业学生；邮箱：605924080@qq.com；指导教师：沈莹，教授。

派认为标记是绝对的二分模式。具有某种特征的语言成分是“有标记的”，而缺少这种特征的语言成分是“无标记的”。例如，英语动词过去式比原形多一个形式标记“-ed”，过去式是有标记项，而其他形式则为无标记项。形容词的比较级和最高级是有标记的，而原级是无标记的。

后来标记理论在理论和应用两个方面都有所扩展。Chomsky（1968）认为，儿童在普遍语法帮助下发现的语言规则是“无标记的”，而那些不是通过普遍语法掌握的边缘原则是“有标记的”。有标记与无标记语法规则不是绝对的、截然分开的，而是相对的。这就是说，标记不再是绝对的二分模式，而是构成一个标记连续体，标记性就有了强弱之分。

Eckman（1977）和 Ellis（1994）将普遍语法的概念引入二语习得研究中。Eckman（1977）利用标记理论预测学习难点，并将标记程度与学习困难程度相联系，提出了“标记差异假设”。Ellis（1994）认为，标记是指某些语言特征相对其他更基本的特征显得特殊和凸显。Halliday（1994）认为，“无标记”是指一般的、普通的，而有标记则具有相反的意义。Halliday 将主位区分为“有标记主位”和“无标记主位”。

20 世纪 80 年代，标记理论被引入中国。此后该理论被运用于考察与二语习得、母语迁移的关系。刘雪琴（2012）探讨了英汉语言中的标记现象，以及如何通过英汉对比提高英语写作教学效率。周青兰（2013）、任群（2014）、李晓旭（2018）从标记理论视角探讨了英语写作中的母语迁移问题。赵楠（2015，2021）根据标记理论分析了大学英语写作中的偏误。郑占国、边雅（2017）探讨了类型标记理论在二语习得中的应用。

沈家煊（1999：32–33）参照 Greenberg（1966）和 Croft（1990）的标准，将标记性的判定标准归纳整理为六大类：

第一类：组合标准。在一个语法范畴中，组合成有标记项的语素数目要比组合成无标记项的语素数目多，至少也一样多。例如在英语词法中，名词由单数变为复数时须加上 -(e)s，因而名词复数比单数多一个或两个语素。

第二类：聚合标准。聚合成一个无标记范畴的数目要比聚合成一个有标记范畴的数目多，至少也一样多。例如，在英语的第三人称代词中，单数形式有 he、she、it 三种，而复数形式只有 they 一种。

第三类：分布标准。在句法中，无标记项能够出现的句法环境要比有标记项多，至少也一样多。例如，在语态这个范畴内，主动语态是无标记项，被动语态是有标记项。主动语态几乎可以使用任何及物或不及物动词在句子中作谓语，而被动语态会受到一些限制，如不及物动词 emerge、belong、appear 等就不能在被动语态的句子中作谓语。

第四类：频率标准。使用无标记项的频率要比使用有标记项的频率高，至少也一样高。例如，在汉语中，形容词“长”“宽”“高”的使用频率远高于“短”“窄”“低”。

第五类：意义标准。无标记项表达的意义往往要比有标记项广泛，也可以认为有标记项表达的意义包含在无标记项的意义之中。例如，在英语中，woman 只能指女性，而 man 则可以泛指人类，即同时包含男性和女性。

第六类：历时标准。从历时的角度来看，在一种语言里如果有标记项和无标记项都有标记，那么与无标记项的标记相比，有标记项的标记往往是先出现、晚消失。如构成某种语言的名词单数和复数都须加标记，复数的标记总是先于单数的标记出现，而晚于单数的标记消失。

3. 英语学习者语法习得偏误探析

3.1 《朗文常见偏误词典》偏误统计

《朗文常见偏误词典》（以下简称"《词典》"）共收录 1 401 个关键词和 2 268 个例句。据统计，《词典》中学习者的偏误大致可以分为词汇、衔接、语法和其他四种类型。如表 1 所示，词汇偏误（899 句）是最常犯的偏误类型，衔接偏误排在第二位（581 句），语法偏误排在第三位（516 句）。

表 1 《朗文常见偏误词典》偏误统计

偏误类型	词汇偏误	衔接偏误	语法偏误	其他偏误	共计
数量	899 (39.6%)	581 (25.6%)	516 (22.8%)	272 (12.0%)	2 268 (100%)

本文主要研究语法偏误。笔者将该词典的语法偏误分为介词、数、时态、语态、非谓语动词、主谓一致、词性、代词、冠词、虚拟语气、倒装句和其他 12 种类型。

如表 2 所示，在所有类型的语法偏误中，介词偏误是英语学习者最常犯的语法偏误，其次是数、时态、语态、非谓语动词、主谓一致、词性等。鉴于有关介词偏误的研究数不胜数，限于篇幅，笔者仅分析五类偏误，即数、主谓一致、时态、语态和非谓语动词，找出产生这些偏误的原因，并总结出一些有益于英语学习的启示。

表 2 语法偏误类型统计

类型	数量（百分比）
介词	163 (31.6%)
数	63 (12.2%)
时态	58 (11.2%)
语态	53 (10.3%)
非谓语动词	49 (9.5%)

续表

类型	数量（百分比）
主谓一致	39 (7.6%)
词性	36 (7.0%)
代词	16 (3.1%)
冠词	15 (2.9%)
虚拟语气	8 (1.5%)
倒装句	5 (1.0%)
其他	11 (2.1%)
合计	516（100%）

3.2 案例分析

下面将运用标记理论，对数、主谓一致、时态、语态和非谓语动词等五个方面的偏误进行探讨和分析。

3.2.1 数

名词指代人、事、物等概念。在英语中，根据是否可数，名词可以划分为可数名词和不可数名词。其中，可数名词单数和不可数名词的表达形式都为“名词本身”；而可数名词复数的基本表达形式为“名词 +-(e)s”。但在实际写作中，在处理名词的复数形式时，英语学习者经常会犯错。主要有以下几种：

1）在需要使用名词复数形式时却不使用。例如：

① 误：*If you have any question, ask your teacher.*

正：*If you have any questions, ask your teacher.*

（《词典》第 28 页）

② 误：*She doesn't have any friend.*

正：*She doesn't have any friends.*

（《词典》第 28 页）

从标记理论的角度来看，名词的单数形式是无标记的，而复数形式是有标记的。同时，当“any”与可数名词连用时，该名词通常是复数。上述例子表明，与“question”和“friend”相比，“questions”和“friends”多了一个语素“-s”，使用频率较低。因此，“question”和“friend”是无标记项，而“questions”和“friends”是有标记项。可见，有标记项出现偏误的可能性要高于无标记项。

2）错误地把不可数名词用作可数名词。

不可数名词是指物质名词和抽象名词，如“air”“butter”“money”“grass”“carefulness”

等。不可数名词可与量词连用，如“much”“little”“a great amount of”等。然而，在实际应用中，许多英语学习者对不可数名词的概念比较模糊，对量词的使用也不熟练。因此，他们有时会在不可数名词后添加复数语素“-(e)s”或误用量词。例如：

③ 误：*It is full of good advices on healthy eating.*

正：*It is full of good advice on healthy eating.*（《词典》第 9 页）

④ 误：*We were surprised by their peculiar behaviours.*

正：*We were surprised by their peculiar behaviour.*（《词典》第 47 页）

⑤ 误：*We have received a great deal of complaints.*

正：*We have received a large number of complaints.*（《词典》第 93 页）

⑥ 误：*Only small amounts of students will be admitted.*

正：*Only small numbers of students will be admitted.*（《词典》第 23 页）

根据标记理论，可数名词是无标记的，而不可数名词是有标记的。在例（3）和例（4）中，“advice”和“behaviour”是不可数名词，因此不能使用复数形式。在例（5）和例（6）中，量词“a great deal of”和“amount of”只能修饰不可数名词。这些例子同样表明，有标记项更加容易出现偏误。

3）不会使用不规则的复数形式。

在英语中，大多数可数名词的复数形式是在词尾加“-(e)s”，但也有一些可数名词的复数形式比较特殊，并不是简单地在词尾加“-(e)s”。例如：

⑦ 误：*All the aircrafts have to be checked and refueled.*

正：*All the aircraft have to be checked and refueled.*（《词典》第 16 页）

⑧ 误：*These decisions should not be based on purely financial criterions.*

正：*These decisions should not be based on purely financial criteria.*（《词典》第 85 页）

根据标记理论，名词的单数形式是无标记的，复数形式是有标记的，但不规则的复数形式比规则的复数形式标记性更高。与简单复数后缀“-(e)s”相比，例（7）和例（8）中的“aircraft”和“criterion”的复数形式更复杂。这些例子说明，标记性高的语法项目要比标记性低的容易出现偏误。

3.2.2 主谓一致

主谓一致是指主语和谓语必须在人称和数上保持一致。主谓一致偏误是英语写作中十分常见的一类语法偏误。英语学习者在实际写作过程中往往不注意保持主语和谓语的一致性，尤其是第三人称主语须使用表示单数的动词。

⑨ 误：*A tremendous amount of research have been carried out.*

正：*A tremendous amount of research has been carried out.*（《词典》第 23 页）

⑩ 误：*Every job have its good points.*

正：*Every job has its good points.*（《词典》第 122 页）

⑪ 误：*Anyone are welcome to join us.*

正：*Anyone is welcome to join us.*（《词典》第 29 页）

从标记理论的角度来看，主语为第一人称或第二人称时，使用一般的动词形式，这是常态，属于无标记现象，而主语为第三人称时使用第三人称单数的动词形式，这是非常态，属于有标记现象。例（9）—例（11）同样表明，有标记的语法结构更难习得。

3.2.3 时态

一般现在时、一般过去时和现在完成时是英语写作中常用的三种时态。其中，一般现在时表示经常发生的动作或存在的状态，其表达形式为“动词原形或动词的第三人称单数现在式”；一般过去时表示过去的动作或存在的状态，其表达形式为“动词的过去式”；现在完成时表示发生在过去的动作且对现在造成的影响，其表达形式为“have/has+ 动词过去分词”。在实际写作过程中，英语学习者常见的时态方面语法偏误是没有使用正确的时态。

⑫ 误：*I am writing in reply to your letter that I have received two days ago.*

正：*I am writing in reply to your letter that I received two days ago.*（《词典》第 14 页）

⑬ 误：*Next July I am going to Hong Kong. I booked the tickets already.*

正：*Next July I am going to Hong Kong. I have booked the tickets already.*（《词典》第 19 页）

⑭ 误：*Last year I have been to England for a month.*

正：*Last year I went to England for a month.*（《词典》第 46 页）

⑮ 误：*I have been born in a town just outside Paris.*

正：*I was born in a town just outside Paris.*（《词典》第 54 页）

从标记性角度来看，与一般现在时和一般过去时相比，现在完成时使用更多的语素，表达的意义更复杂。因此，现在完成时是有标记项，而一般现在时和一般过去时是无标记项。前者比后者更难掌握。

3.2.4 语态

语态是动词在表达主语和谓语之间关系时的一种形式。当主语是动作的发出者时，谓语动词用主动语态；当主语是动作的承受者时，谓语动词则用被动语态。被动语态的构成形式为“be+ 及物动词的过去分词”。在写作中，英语学习者在被动语态方面的语法偏误主要表现为不使用被动语态。

⑯ 误：*If your feelings arouse easily, you cannot concentrate.*

正：*If your feelings are easily aroused, you cannot concentrate.*（《词典》第 34 页）

⑰ 误：*The first role-play base on a conversation at a hotel reception desk.*

正：*The first role-play was based on a conversation at a hotel reception desk.*（《词典》第 44 页）

⑱ 误：*I shall never forget the place where I brought up.*

正：*I shall never forget the place where I was brought up.*（《词典》第 57 页）

在实际使用中，主动语态分布广，覆盖范围大，而被动语态相对少用，且构成形式必含“助动词 be”和“及物动词的过去分词”。两相比较，主动语态是无标记的，被动语态是有标记的。后者习得更难。

3.2.5 非谓语动词

非谓语动词，又称非限定动词，是指在句子中不是谓语的动词，主要包括不定式、动名词和分词（现在分词和过去分词），即动词的非谓语形式。非谓语动词除了不能独立作谓语外，可以承担句子的其他成分。非谓语动词是英语学习的难点之一。在写作中，英语学习者在这方面的偏误主要表现为错误使用非谓语动词。

⑲ 误：*I was about leaving when the telephone rang.*

正：*I was about to leave when the telephone rang.*（《词典》第 3 页）

⑳ 误：*Nowadays many doctors advise to live in the countryside.*

正：*Nowadays many doctors advise living in the countryside.*（《词典》第 10 页）

㉑ 误：*Where I come from, we are not accustomed to see so many things in the shops.*

正：*Where I come from, we are not accustomed to seeing so many things in the shops.*（《词典》第 6 页）

这一类偏误也可以用标记理论进行解释。与谓语动词相比，不定式、现在分词和过去分词的使用受到更多的词法或句法制约，如例（20）和例（21）表明，非谓语形式与动词或动词结构搭配是规约性的。因此，谓语动词是无标记的，而过去分词、现在分词和不定式这些非谓语动词都是有标记的，学习者需要花费更大的心力才能习得。

4. 结语

标记理论可以用来解释英语学习者在语法习得中出现偏误的原因。所谓语言的标记性指的是一个范畴内部存在的不对称现象。“有标记”和“无标记”还是一个程度问题，是相对的，而不是绝对的，标记程度是从小到大的一个连续体。从无标记性的语法特征到有标记性的语法特征，显著性依次递减，无标记特征比有标记特征在认知上更容易引起人的注意，更容易被储存和提取。对于学习者而言，英语中无标记性的结构和成分较早也较容易掌握，而有标记性的结构和成分则难以掌握。语法范畴中某些成分的标记等级越高，习得难度就越高，犯错的可能性就越大。

参考文献

[1] CHOMSKY N, HALLE M. The sound pattern of English [M]. New York: Harper and Row, 1968.

[2] CROFT W. Typology and universals [M]. Cambridge: Cambridge University Press, 1990.

[3] ECKMAN F. Markedness and the contrastive analysis hypothesis [J]. Language learning, 1977 (27): 315–330.

[4] ELLIS R. The study of second language acquisition [M]. Oxford: Oxford University Press, 1994.

[5] GREENBERG J H. Universal of language (2 ed.) [M]. Cambridge, Mass: MIT Press, 1966.

[6] HALLIDAY M A K. An introduction to functional grammar [M]. London: Arndd, 1994.

[7] TRUBETZKOY N S. The principles of phonology [M]. Berkeley: University of California Press, 1939.

[8] 李晓旭 . 标记理论视角下英语写作中母语迁移问题探析 [J]. 厦门广播电视大学学报，2018，21（01）: 50–55.

[9] 刘雪琴 . 标记理论在英汉对比写作教学中的运用 [J]. 外国语文，2012，28（4）: 139–141.

[10] 任群 . 由标记理论看英语习作中的母语迁移问题 [J]. 湖北函授大学学报，2014，27（21）: 146–148.

[11] 沈家煊 . 不对称和标记性 [M]. 南昌：江西教育出版社，1999.

[12] 赵楠，孙南南 . 标记理论对大学英语写作中的形式错误分析 [J]. 辽宁经济职业技术学院学报，2015（06）: 125–127.

[13] 赵楠 . 标记理论视域下大学英语写作中的错误研究 [J]. 牡丹江教育学院学报，2021（7）: 66–70.

[14] 郑占国，边雅 . 语言类型标记理论视角下英语专业学生句子重读习得研究 [J]. 外语电化教学，2017（02）: 51–57.

[15] 周青兰 . 标记理论与母语迁移关系的研究 [J]. 福建工程学院学报，2013，11（5）: 495–498.

德语虚拟式和英语虚拟语气的对比分析

李声薇[1]

摘　要： 对比分析用来对比两种或者两种以上不同语言，且重点在于不同点。通过对德语虚拟式和英语虚拟语气的对比分析，我们发现，两者的不同首先在于德语使用第一和第二两种虚拟式；第一虚拟式运用于表达间接引语，常见于媒体报道，口语中并不常用。其次，在表达虚拟意义时，德语动词的屈折变化比英语复杂多样，此外德语还涉及性、数、格的同步变化。

关键词： 德语虚拟式；英语虚拟语气；对比分析

1. 引言

本文把关注点放在德语虚拟式和英语虚拟语气的比较分析上。英语中的虚拟语气主要用于表达说话者的态度，例如愿望（wishes）、建议（suggestions）、假设（assumptions）等，德语中所说的虚拟式（Konjunktiv）也有像英语虚拟语气一样的功能。但是，有一点值得关注，德语虚拟式包括第一虚拟式（Konjunktiv Ⅰ）和第二虚拟式（Konjunktiv Ⅱ），这是区别于英语虚拟语气一个较大的方面，德语第一虚拟式用于间接引语，通过第三者进行转述，其中不包含转述者的个人态度和观点。德语第二虚拟式，拥有虚拟语气相同的功能，即表达愿望、建议、假设等。

广泛查阅国内外资料，发现对于德语虚拟式和英语虚拟语气的比较分析研究成果较少，与此相关的研究多见于中德双语在虚拟语气方面的比较，或者是汉语或者德语单方面对于虚拟语气的研究分析。吴佑曾（1994：35）认为，“现代德语逐渐向英语靠近。这一点在德国大学生的语言中可以明显感觉到。他们的谈话中夹杂着大量英语词汇和句子”。因此，对英德双语的虚拟语气的研究具有重要意义。在另一方面，英语作为世界通用语言之一，世界上各个国家的人都掌握不同程度的英语知识，英德这两种语言的比较研究成果将会帮助语言学习者特别是德语学习者通过已有的英语知识掌握德语。

对比语言学是语言学中一个分支，其目的是对两种或者多种不同的语言进行共时地对比分析，从而描述不同语言的异同，并最终把研究成果应用于其他领域。（许余龙，2010：3）适用于对比语言学研究的有错误分析、对比分析、行为主义以及外语教学的理论。这些理论都可用来分析与解释德语虚拟式和英语虚拟语气的异同。

[1]　2018 级英语专业学生；邮箱：lishengwei199912@163.com；指导教师：梁颂宇。

本文尝试运用对比语言学视角对德语虚拟式和英语虚拟语气进行对比研究。研究问题是：1）德语的第一虚拟式与第二虚拟式分别应用于哪种情况下，以及两者与英语虚拟语气的应用情况的不同点与相同点。2）德语第一虚拟式和第二虚拟式在不同时态下表达形式是怎样的，以及第二虚拟式所大致包含的三种形式、遵守的规则与英语虚拟语气的表达形式与规则的异同。

2. 德语虚拟式和英语虚拟语气的应用

2.1 德语虚拟式

德语虚拟式分为两种：第一虚拟式（der Konjunktiv I）和第二虚拟式（der Konjunktiv Ⅰ I)。其中，第二虚拟式最为常见，用于表达：1）愿望、假设、要求等与事实相反的情景；2）委婉或礼貌。第一虚拟式（der Konjunktiv I）用于转述，即复述他人说过的话，或者是转达别人的观点。朱建华（2005：95）认为，第一虚拟式用于表达间接引语，通常只用在书面语上，而第二虚拟式大多数情况下用于口语。

在第一虚拟式中出现的动词包括“sagen”（“说”）、“erzählen”（“解释”）、“denken”（“认为”）、“glauben”（“相信”）、“fragen ob”（“询问是否”）等。这些动词都可用于转述，即引出别人说话的内容。（黄川原，2021：20）如例（1）和例（2）。

（1）a. Li sagt: “Ich lese ein Buch.”（直接引语）
（“李说：‘我读这本书。’”）
Li sagt, sie lese ein Buch.（间接引语）
（“李说，她读这本书。”）

（2）Der Mann glaube: “Ich kann meine Hausaufgaben erledigen.”（直接引语）
（“这个男人说：‘我能够完成我的作业。’”）
Der Mann glaube, er deine Hausaufgaben erledigen könne.（间接引语）
（“这个男人相信自己可以完成作业。”）

当直接引语转变为间接引语时，人称需要变化，如例（1）从“ich”（“我”）变成了“sie”（“她”）；有时还有所有格的转变以及动词的屈折变化，如例（2）。如果直接宾语是命令句或祈使句，句子需要用添加情态动词“sollen”（“应该”）和“mögen”（“喜欢”）。前者用于表达要求和命令，后者则表达礼貌和委婉，如例（3）和（4）。

（3）Zhang sagt zu Li: “Öffnen Sie das Fenster!”（直接宾语）
（“张对李说：‘开窗！’”）
Zhang sagt zu Li, sie solle das Fenster öffnen.（间接宾语）
（“张对李说，她应该开窗。”）

（4）Zhang sagt zu Li: “Machen Sie bitte regelmäßig Sport!”（直接宾语）

（“张对李说：‘请进行有规律的锻炼！’”）

Zhang sagt zu Li, sie möge regelmäßig Sport machen.（间接宾语）

（“张请李进行有规律的锻炼。”）

与第一虚拟式不同，第二虚拟式用来表达与事实相反的愿望、假设、要求等。其用法包括非真实愿望句和非真实条件句。非真实愿望句由“wenn”（“如果”）引导，通常使用“doch”和“nur”语气词和句末的感叹号。“wenn”有时是可以省略但此时动词需要放在句子的开头，如例（5）。

（5）Wenn ich jetzt doch/nur viel Geld hätte!

（“如果我有很多钱就好了！”）

Wäre ich noch doch/nur jung wäre!

（“如果我还年轻就好了！”）

非真实条件句也是由“wenn”引导，此时从句在主句之前，动词则放在句子开头，如例（6）。

（6）Wenn ich Zeit hätte, würde ich durch die ganze Welt reisen.

（“如果我有很多钱，我就去环游世界。”）

Hätte ich viel Geld, würde ich ein Auto kaufen.

（“如果我有很多钱，我会买一辆车。”）

除了非真实愿望句和非真实条件句，其他一些固定表达也可用来引导第二虚拟式，如“als ob”和“als wenn”，两者都是“好像”的意思，如例（7）和例（8）。例（8）包含的“zu...als dass”（“太……以至于不能……”）的连续从句表达否定的语气。

（7）Er spricht Deutsch, als ob (als wenn) er ein Deutscher wäre.

Er scpricht Deutsch, als wäre er ein Deutsch.

（“他说德语，就好像他是一个德国人。”）

（8）Die Aufgabe ist zu schwer, als dass ich lösen könnte.

（“作业太难了，以至于我难以独立完成。”）

在表达与事实相反的愿望、假设、要求等方面，德语第二虚拟式与英语虚拟语气有很多相似的地方，其中包括动词形态或动词短语其他成分的相应变化。此外，与英语虚拟语气相同的是，德语第二虚拟式也能表达礼貌，如例（9）。

（9）Könnten Sie mir bitte das Papier geben?

（“您可以给我这张纸吗？”）

Würde es Sie stören, wenn ich rauche?

（“如果我吸烟，会打扰到您吗？”）

2.2 英语虚拟语气

英语中，虚拟语气用来表达与事实相反的愿望和假设，也用来表达委婉的请求等。这方面与德语第二虚拟式的用法相同。英语中有很多形式用来引导或表达虚拟语气，如由“if”“as if” / “as though”“even if”“even though”“if only”引导的条件状语从句，再如可省略“if”的条件状语从句、由“wish”引导的宾语从句等。此外还有“would rather”这样的形式。

3. 德语虚拟式和英语虚拟语气的表达形式

从性、数、格、语序和时态等方面看，德语的语法系统与英语有很大区别。德语虚拟式和英语虚拟语气都体现在与时态有关的动词的屈折变化上，德语的形式相对于英语要更复杂多样。

3.1 德语虚拟式的形式

第一虚拟式的动词时态形式包括现在时、过去时和将来时，动词随着人称变化，动词变化具有规则性。如果第一虚拟式中动词的形式和第二虚拟式的动词一致，则使用第二虚拟式，如表 1 所示。第一虚拟式的过去时表达发生在过去的动作，与英语虚拟语气中一般过去时有相似之处。表 2 展示德语第一虚拟式过去时的变化规则。例（10）表转述，用第一虚拟式过去时。第一虚拟式的将来时表达某些动作发生在将来，与英语虚拟语气中一般将来时也有相似之处，见表 3 和例（11）。

表 1　第一虚拟式现在时（转引自朱建华，2012：94）

	Sein	**Haben**	**werden**	**können**	**kommen**	**machen**
ich(I)	sei	hätte	würde	könne	würde kommen	würde machen
du(you)	Sei(e)st	habest	werdest	könnest	kommest	machest
Er(he)/sie(she)/es(it)	sei	habe	werde	könne	komme	mache
wir(we)	seien	hätten	würden	könnten	würden kommen	würden machen
Ihr(you 的复数)	seiet	habet	werdet	könnet	kommet	machet
Sie(you 的敬语)/sie(they)	seien	hätten	würden	könnten	würden kommen	würden machen

表 2　第一虚拟式过去时（转引自朱建华，2012：95）

Konjunktiv Ⅰ of “Sein” / “haben” + P. Ⅱ（“第二分词”）

表 3　第一虚拟式将来时的（转引自朱建华，2012：95）

Konjunktiv Ⅰ of “werden” + Inf.

（10）Li sagt: “Ich las (past tense) das Buch.”（直接引语）
（“李说：‘我读了这本书。’”）
Li sagt, sie habe das Buch gelesen.（间接引语）
（“李说，她读了这本书。”）
（11）Li sagt: “Ich werde das Buch lesen.”（直接引语）
（“李说：‘我会读这本书的。’”）
Li sagt, sie werde das Buch lessen.（间接引语）
（“李说：她会读这本书的。”）

德语第二虚拟式在日常生活中使用更为频繁，动词的屈折变化复杂多样。表 4、5、6 分别展示规则动词、情态动词和不规则动词的屈折变化。第二虚拟式的过去分词和不定式形式分别见表 7 和表 8，由例（12）和例（13）分别例示。

表 4　规则动词（转引自朱建华，2011：237）

	machen(make)	arbeiten(work)
ich	machte	arbeitete
du	machtest	arbeitetest
er/sie/es	machte	arbeitete
wir	machten	arbeiteten
ihr	machtet	arbeitetet
Sie/sie	machten	arbeiteten

表 5　情态动词（转引自朱建华，2011：237）

	können	dürfen	müssen	wollen	sollen
ich	könnte	dürfte	müsste	wollte	sollte
du	könntest	dürftest	müsstest	wolltest	solltest
er/sie/es	könnte	dürfte	müsste	wollte	sollte
wir	könnten	dürftet	müssten	wollten	sollten
ihr	könntet	dürftet	müsstet	wolltet	solltet
Sie/sie	könnten	dürften	müssten	wollten	sollten

表 6　不规则动词（转引自朱建华，2011：238）

	schreiben(write)	kommen(come)	sein(be)	haben(have)	werben
ich	schriebe	käme	wäre	hätte	würde
du	schriebest	kämest	wärest	hättest	würdest

续表

	schreiben(write)	kommen(come)	sein(be)	haben(have)	werben
er/sie/es	schriebe	käme	wäre	hätte	würde
wir	schrieben	kämen	wären	hätten	würden
ihr	schriebet	kämet	wäret	hättet	würdet
Sie/sie	schrieben	kämen	wären	hätten	würden

表 7　过去分词的组成（转引自朱建华，2011：238）

Hätte/wäre + P. Ⅱ

表 8　不定式的组成（转引自朱建华，2011：238）

würde + Inf.

（12）Ich hätte das Buch gelesen, wenn ich nicht fertig wäre.
（"如果我不累，我就把这本书读完。"）

（13）Wenn ich nicht krank wäre, würde ich das Buch lessen.
（"如果我没有生病，我就会读这本书。"）

3.2　英语虚拟语气的形式

英语虚拟语气的时态没有德语虚拟式那样复杂，与德语相比更为灵活。

3.2.1　"if" 引导的状语从句

如果陈述与现在事实相反，"did" 和 "were" 用于从句，主句动词部分的构成是 "would" / "could" / "should" / "might" + "do"，见例（14）。如果陈述与过去事实相反，"had done" 用于从句，主句动词部分的构成是 "would" / "could" / "should" / "might" + "have done"，见例（15）。如果陈述与将来事实相反，"did" / "should do" / "were to do" 用于从句，主句动词部分的构成是 "would" / "could" / "should" / "might" + "do"，见例（16）。如由 "were" / "had" / "should" 引导条件状语从句，条件状语从句应该放在句首，见例（17）。错综时间条件句意思是主句的时态与从句的时态不同，动词形式应按照具体情况而定，见例（18）。

（14）If I were you, I would work harder.

（15）If I had listened to your advice, I would had succeeded.

（16）If it were to rain at night, I would not go outside.

（17）Should it be rainy tomorrow, I would not come.

（18）If I had listened to your advice, I would be better in the future.

3.2.2 "wish"和"if only"引导的宾语从句

在"wish"和"if only"引导的宾语从句的虚拟语气中，从句的形式与"if"引导的条件状语从句中的一样，见例（19）。

（19）I wish I were a boy.

If only I were a boy!

I wish I had worked harder.

If only I had worked harder!

I wish it would be rainy tomorrow.

3.2.3 "would rather"

"would rather"引导的虚拟语气表达某人宁愿在现在、过去、将来做某事，如果陈述与现在和将来事实相反，"did"和"were"用于从句，见例（20）。如果陈述与过去事实相反，"had done"用于从句，见例（21）。

（20）I would rather listened to your advice.

（21）I would rather had listened your advice.

3.2.4 "as though" / "as if" / "even if" / "even though"引导的虚拟语气

在"as though" / "as if" / "even if" / "even though"引导的虚拟语气中，从句的形式与"if"引导的条件状语从句的虚拟语气形式相同，见例（22）。

（22）She looks happy as if she had a million dollar.

He talked about the Forbidden City, as though he had been there.

He says he is so angry, as if he would wolf down a whole chicken.

3.2.5 在其他结构中的虚拟语气

英语虚拟语气还出现在宾语从句、主语从句和同位语从句中。在"insist"、"command"、"order"和"suggest"等动词后的宾语从句中，需运用"(should)" + 动词原形的形式，见例（23）。

（23）The head insists that we should arrive on time.

在主语从句中，虚拟语气有两种形式：1）It is/was *adj.*/past participle that somebody/something (should) do；2）It is/was noun that somebody/something (should) do。同位语从句如：It is high time that somebody/someone did/should do，此时"should"不可以省略。

4. 德语虚拟式和英语虚拟语气的异同

4.1 相同之处

德语虚拟式和英语虚拟语气最大的相同点为两者都有表达与事实相反意义的功能。

在运用时态变化表达与事实相反的情景方面，德语和英语在对现在和过去的虚拟假设方面有相似之处。在“if”“wish”“if only”“as though”“as if”“even if”“even though”引导的英语虚拟语气中表达对现在的虚拟时，从句的动词屈折变化会出现“时态倒退”，即表达对现在的虚拟式，动词用一般过去时，表达对过去的虚拟时，用过去完成时，如“If I were you, I would work harder”，“If I had listened to your advice, I would had succeeded”。在德语中也存在这样的“时态倒退”，在表达对过去的虚拟时，从句使用“Hätte/wäre + P. Ⅱ”过去完成时的形式，如“Wenn ich gestern Zeit hätte，kommen ich gerne zu eurer Party wuede”（“要是我昨晚有时间，我就会来你们的派对了”）。

在德语第二虚拟式和英语虚拟语气中，存在着相似的词组表达类似的虚拟意义。在德语中“wenn”引导的非真实愿望句表达“……就好了！”的意思，在英语中，可以找到其对应，即“if only”。除此之外，德语中的“als ob”与英语中“as if”所表达的意思相似，都为“好像”。例如，在德语中“er ist gluecklich, als waere er ein Millionaer”（“他很开心，就好像他是一个百万富翁”）在英语中可以表达为“he looks happy as if he were a millionare”。

另外一个相同点就是德语虚拟式和英语虚拟语气都表达礼貌与委婉，如果一个男人想要与一位女士约会，但是这位女士不愿意，那么她可以这样回答：“I would go with you if I did not have to look after my mother”。在德语中，第二虚拟式同时也可以用来表达委婉与礼貌：“es wäre besser, wenn Sie hier nicht Lärm Machen”（“如果你不发出噪声，这会更好”）。

4.2 不同之处

德英两者之间一个突出的不同是德语的虚拟式包含两个部分，即第一虚拟式和第二虚拟式。第一虚拟式常用于引出间接引语，在媒体、论文和新闻报道等领域多见。与第二虚拟式相比，第一虚拟式并不常用。间接宾语传达的信息可能是不真实的。例如，某人告诉他的朋友：“Der Mann sagte, er hätte die Prüfung bestanden”（“这个男人说，他已经通过了考试”），现在时的形式是“er hat die Prüfung bestanden”，但是这个句子使用“haben”（“have”）的虚拟语气形式，这就有一层隐含意味：说话人并不对内容的可靠性负责。德语第一虚拟式的这一语用蕴含和英语虚拟语气存在差异。

在时态方面，上述说到了德语和英语都会发生“时态倒退”，但是在对未来的虚拟方面，德语第二虚拟式使用过去的虚拟式表达将来，而在英语虚拟语气从句中则会运用诸如“did”“should do”“were to do”等来表达对未来的虚拟。除此之外，在上述讲到了英语虚拟语气中会出现错综时间复杂句，即主句和从句的时态是不一样的，在德语第二虚拟式中并不存在这种情况。

德语第二虚拟式的非真实愿望句，非真实条件句以及“als ob”固定搭配这三种主要类型都遵循着同一动词屈折变化的原则，而在英语的虚拟语气中，根据不同词组的引导有不同的虚拟语气形式，而其中的屈折变化规则并不遵循同一规则，例如，如果句子中存在“insist”、“command”、“order”和“suggest”等动词，运用“(should) + 动词原形”的形式，而在“if”引导的虚拟语气中，屈折变化会有不同。

德语虚拟式中众多动词的变化形式在很大程度上区别于英语虚拟语气中动词的变化，且在数量上相较于英语显得更多，更繁杂，在这种情况下语言学习者可能会感到沮丧。但是，经过一段时间的学习，学习者不难观察到德语虚拟式动词屈折变化的规则。

5. 结语

本文阐述了德语虚拟式和英语虚拟语气的相同点与不同点。德语虚拟式包含第一虚拟式和第二虚拟式，各自拥有不同的意义和功能，这是德语虚拟式最大的特点。不仅仅与英语虚拟语言一样都表达愿望、命令、假设以及礼貌，第一虚拟式还表达间接引语。此外，德语虚拟式和英语虚拟语气都存在“时态倒退”的现象，而且德英双语中都能找到一一对应的词或词组来表达虚拟的情景。德语第一虚拟式除了在媒体、论文和新闻报道等方面，并不常用，主要用于媒体、论文和新闻报道等方面。但是，英语虚拟语气不论是在口语中还是书面语中都很常见。从对德语虚拟式的分析可以看出，德语第二虚拟式包含非真实愿望句、非真实条件句以及“als ob”的固定搭配虚拟句子，都遵循着同一套规则，而英语虚拟语气包含的表达形式更为丰富多样，且各自有其变化规则。在动词屈折变化方面，因为涉及性、数、格的变化，所以德语虚拟式则更为复杂。针对德语虚拟式和英语虚拟语气的对比研究，可有助于德英两种语言的习得和实践教学。

参考文献

[1] 黄川原．德汉虚拟语句对比研究 [D]. 上海：上海外国语大学，2021.

[2] 吴佑曾．论现代德语发展的特点及德语与英语的趋近 [J]. 上海科技翻译，1994，(03): 34–35，26.

[3] 许余龙．对比语言学 [M]. 上海：上海外语教育出版社，2010.

[4] 朱建华．新编大学德语 2[M]. 北京：外语教学与研究出版社，2011.

[5] 朱建华．新编大学德语 3[M]. 北京：外语教学与研究出版社，2012.

中国人民大学出版社外语出版分社读者信息反馈表

尊敬的读者：

感谢您购买和使用中国人民大学出版社外语出版分社的 ________________ 一书，我们希望通过这张小小的反馈卡来获得您更多的建议和意见，以改进我们的工作，加强我们双方的沟通和联系。我们期待着能为更多的读者提供更多的好书。

请您填妥下表后，寄回或传真回复我们，对您的支持我们不胜感激！

1. 您是从何种途径得知本书的：

   □书店　□网上　□报纸杂志　□朋友推荐

2. 您为什么决定购买本书：

   □工作需要　□学习参考　□对本书主题感兴趣　□随便翻翻

3. 您对本书内容的评价是：

   □很好　□好　□一般　□差　□很差

4. 您在阅读本书的过程中有没有发现明显的专业及编校错误，如果有，它们是：

   ____

   ____

   ____

5. 您对哪些专业的图书信息比较感兴趣：

   ____

   ____

   ____

6. 如果方便，请提供您的个人信息，以便于我们和您联系（您的个人资料我们将严格保密）：

您供职的单位：______________________________________

您教授的课程（教师填写）：__________________________

您的通信地址：______________________________________

您的电子邮箱：______________________________________

请联系我们：黄婷　程子殊　吴振良　王琼　鞠方安

电话：010-62512737，62513265，62515538，62515573，62515576

传真：010-62514961

E-mail：huangt@crup.com.cn　chengzsh@crup.com.cn　wuzl@crup.com.cn
crup_wy@163.com　jufa@crup.com.cn

通信地址：北京市海淀区中关村大街甲 59 号文化大厦 15 层　邮编：100872

中国人民大学出版社外语出版分社